KB194493

당신의 저녁에
클래식이 있다면 좋겠습니다

DECLASSIFIED

당신의 저녁에
클래식이 있다면 좋겠습니다

DECLASSIFIED

클 래 식 이   우 리   인 생 에   스 며 드 는   시 간

아리아나 워소팬 라우흐 지음 **고정아** 옮김

다산
초당

나의 가족에게.

나에게 모든 것을 주고,
내가 아는 것 대부분을 가르쳐주고,
그러고도 이 책에서 기꺼이 놀림의 대상이 되어준
나의 부모님.

나에게 부모님만큼이나 많은 것을 주고,
내가 보장할 수 없을 만큼 나를 믿어주는
나의 동생.

세상에 둘도 없는 음치지만
내 인생에서 가장 아름다운 노래인
나의 남편.

이 책을 쓰는 동기가 되어주고,
때로 글을 쓰게 허락해 준
나의 아이들.

차례

일러두기

1. 각주는 옮긴이 주로 따로 표시한 것을 제외하고 모두 저자가 썼습니다.
2. 본문 안의 사진 및 그림과 캡션은 원서에 없는 것을 편집부에서 따로 추가했습니다.
3. 곡은 홑화살괄호(〈 〉)로, 책은 겹꺾쇠(『 』)로, 영화·단편소설·그림 등은 홑꺾쇠(「 」)로 묶었습니다.

들어가는 말

우리 부모님이 자주 하는 이야기가 있다. 내가 어쩌다 바이올리니스트가 되었나 하는 것이다. 이야기는 내가 두 돌 반 때 목소리를 잃어버린 것으로 시작하는데, 그 원인은 모차르트의 오페라 〈마술피리〉에 나오는 무지막지한 〈밤의 여왕의 아리아〉를 쉬지 않고 노래했기 때문이다.

소프라노 표준 음역의 한계 너머에서 온갖 묘기를 부리며 숨막히는 파워와 테크닉을 자랑하는 이 격렬한 아리아가 두 살짜리의 성대에 좋지 않다는 걸 누가 알았겠는가?

부모님이 나를 병원에 데려가자 의사는 성대결절이라고 진단했다. 그는 또, 유명한 말을 남겼다. "아이가 입을 다물게 할 방법을 찾으셔야겠네요." 집에 돌아와 부모님은 나를 앉혀놓고 혹시 피아노를 배우고 싶지 않으냐고 물었다. 엄마 아빠는 내가 음악을 좋아한다는 걸 알았고, 우리 집에는 이미 아빠의 피아노가 두 대 있었으니까.

하지만 나는 싫다고 했다. 나는 바이올린을 배우고 싶었다.

남은 이야기는 그저 한숨만 나온다. 이 한숨에는 "그 애는 늘 골칫거리였지"라는 말과 내가 음악가로 성장하고 경력을 쌓은 세월이 압축적으로 담겨 있다. 줄리아드스쿨에서 받은 학사와 석사 학위, 콩쿠르 우승과 콘서트 투어, 앨범 발표, 그리고 존 애덤스가 직접 지휘하는 존 애덤스의 오페라 〈클링호퍼의 죽음〉

에서 콘서트마스터[1] 독주를 망친 일까지. 그 한숨에 따르면, 이 모든 일은 우리 부모님이 당신들의 직감을 믿고 오만한 딸의 요구에 굴복한 순간 예견된 것이었다. 적어도 내가 직업 바이올리니스트의 길에 올라선 지 겨우 몇 년 만에 바이올린을 그만두고 음악계를 떠나기 전까지는 말이다. 그러나 누구도 내가 음악계를 떠날 거라고는 예상하지 못했다. 고등학교 시절 상담 교사였던 캐럴 선생님만 빼고 말이다.

어쨌건 제법 그럴듯하지 않은가? 여기에는 우리가 이야기에서 찾는 모든 것이 있다. 역경, 운명, 고집 센 아이, 성대결절.

하지만 헛소리이기도 하다.

우선 상당히 의심스러운 비약들이 있다. 먼저 이 이야기는 '노래한다'는 말의 정의를 아주 넓게 잡고 있다. 그리고 전제 자체에도 문제가 있는데, 바이올린을 배우고 싶다고 했을 때 내가 그 의미를 제대로 알았을 리가 없기 때문이다. 게다가 주목해야 할 이야기의 핵심은 내가 그때 바이올리니스트가 되기로 결심했다는 것이다.

하지만 사실은 그때가 아니다. 내가 바이올리니스트가 되기로 한 것은 레슨을 받기 시작하면서였다. 그러나 나는 발레 레슨도 받고, 스키 레슨, 테니스 레슨, 골프 레슨도 받았다. 두 살 때 누가 나에게 커서 뭐가 되고 싶냐고 물었다면 화요일에는 "스키 올림픽 금메달리스트"라고 대답하고, 수요일에는 "아메

---

1 오케스트라 단원을 이끄는 역할을 하며 보통 제1바이올리니스트가 맡는다. 악장樂長이라고도 하는데 이 책에서는 악장樂章, movement과 구별하기 위해 콘서트마스터로 옮겼다.─옮긴이

리칸 발레단의 수석 발레리나"라고 하고, 또 다른 날에는 "제임스 본드"라고 답했을 것이다.

그렇다면 내가 나의 심장과 영혼과 깨어 있는 모든 시간을 음악에 바치기로 맹세한 것은 언제였을까? 일곱 살 때였고, 한 소년 때문이었다. 이 이야기는 나중에 하겠다.

어쨌건, '클래식 음악'이란 무엇인가?

내가 어렸을 때 클래식 음악이란 건 없었다. 그냥 '음악'이었다. 바흐, 모차르트, 브람스, 베토벤의 음악. 우리 집에는 음악이 넘쳐났다. 낮에는 늘, 밤에도 자주 음악이 흘렀다. 엄마가 개들이 외로워할까 걱정했기 때문이다.

아빠는 콘서트 피아니스트였다가 나중에는 매사추세츠주 앤도버에 있는 기숙형 고등학교 필립스아카데미의 교사가 되었다. 아빠는 피아노 레슨을 하거나 음악 이론을 가르치거나 집에 있는 스타인웨이(또는 베히슈타인) 피아노를 치거나 나나 첼로를 배우는 여동생을 지도하지 않을 때면, 쿼드 정전형 스피커 앞에서 악보에 파묻혀 있었다.

부모님은 내가 고등학교를 졸업할 무렵 유기견을 한 마리 입양했다. 이름은 호건이었다. 우리 집에 왔을 때 녀석은 아사 직전이었다. 그리고 끝까지 굶주림에 대한 공포를 떨치지 못했다. 호건이 먹을 것을 대하는 태도, 그러니까 닭고기와 오트밀과 개 사료를 세 그릇씩 먹고도 싱크대에서 큼직한 브리 치즈 덩

어리를 채 가고, 그런 뒤 세탁 바구니를 뒤지며 양말 아홉 짝을, 그것도 다 짝짝이로 집어삼키는 모습은 아빠가 한때 음악을 대하던 모습과 똑같았다. (참고로 말하자면 아빠는 여전히 음악을 사랑한다. 다른 점이라면 요즘은 골프도 많이 친다.)

영어 교사인 엄마는 겉으로 보면 우리 가족의 유일한 비음악인이지만, 엄마도 학창 시절에 프렌치호른을 배웠고, 평생토록 바흐와 브람스 같은 오스트리아 독일 계열의 거장들을 사랑했다. 엄마는 한때 우리가 자기 장례식에서 차이콥스키 피아노 3중주를 연주하지 않으면 꿈에 나타나겠다는 협박도 했다.[2] (하지만 이제는 그저 남태평양의 특정 군사기지로 유골을 밀반입해 해 질 녘에 당신이 가장 사랑하는 대양 한구석에 뿌려달라고 하신다.)

엄마 아빠는 앤도버에서 '언어와 음악'이라는 수업을 공동으로 진행한 적도 있다. 두 분은 함께 오페라를 분석하고 제임스 조이스의 단편소설 「죽은 사람들」 같은 음악적 텍스트를 가르치고, 멘델스존의 〈한여름 밤의 꿈〉과 프로코피예프의 〈로미오와 줄리엣〉처럼 문학작품에서 영감을 받은 악곡에 대해 쉽게 설명했다. 그들은 또 음악적 절정을 오르가슴에 비유하는가 하면, 존 다울런드의 작품 〈다시 돌아와요〉는 가사와 악곡 형식 모두 섹슈얼리티가 가득하다고 말해서 10대의 두 딸을 민망하게 만들기도 했다. (그런데 그 말은 맞다. 정말 그렇다.)

나는 애초부터 이러한 음악에 둘러싸여 살았다. 여러분 중에

---

2   차이콥스키 피아노 3중주 A단조 Op.50은 3중주곡 중에서도 길고 어렵기로 손꼽히는 작품이다. 엄마가 이 곡을 고른 이유도 대체로 그래서다. 거기다 그 곡의 눈부신 비극적 울림이 종종 아주 밋밋한 환경에서도 신파적인 울음을 이끌어낸다는 이유도 있다.

는 그러니까 내가 클래식을 사랑하는 거라고 결론 내린 사람도 있을 것이다. 클래식 음악은 캐비아처럼 익숙해져야 맛을 아는 것이라고. 하지만 그렇지 않다.

우선, 캐비아는 고약하다. 나는 10년이 넘도록 캐비아를 먹어보려고 노력했다. 내 머릿속 나의 이미지는 그런 것을 먹는 우아하고 세련된 사람이었기 때문이다. 그럼에도 캐비아가 먹기 고역인 사실은 변함이 없다. 캐비아를 깨물면 혀에서 콧물 가득한 물집이 터지는 느낌이다. 클래식 음악은 전혀 그렇지가 않다.

두 번째로 클래식 음악은 '장르'가 아니다. 물론 나는 이 책에서 종종 클래식을 장르라고 부르겠지만 실제로 클래식은 다른 시대의 음악에 대한 총칭이다. 그리고 1장에서 얘기하겠지만 그 시대는 꽤나 길다. 물론 지나간 시대이기는 하다. 하지만 그게 무슨 상관인가? 옛것도 훌륭할 수 있다. 케이크를 좋아하는가? 만약 베르사유궁전의 왕실 요리사가 우리 시대로 와서 케이크를 만들어준다면 여러분은 "요즘은 호스티스사의 호호스 케이크가 있는데요"라며 거절할 텐가? 베르사유 케이크도 먹고 호호스 케이크도 먹는 게 좋지 않겠는가? 나라면 그렇게 할 것이다. 그리고 은유적으로 말하자면, 이미 그렇게 했다.

우리 가족의 주요 메뉴는 오페라와 교향곡이었지만 우리는 이 외에도 온갖 음악을 들었다. 청소할 때는 팝 음악, 파티할 때는 엘라 피츠제럴드와 루이 암스트롱, 그리고 엄마가 우리에게 인간의 고통을 조금이나마 이해시키고 싶을 때 들려준 사정없이 우울한 민요들. 이런 다양한 소리를 구분하는 유일한 기준

은, 어쨌건 처음에는, 내가 좋아하느냐 아니냐였다. 바흐? 최고
다. 본 조비? 역시 좋다. 사이먼 앤 가펑클? 그건 좀. 그러니까
성대결절이 생길 정도로 〈밤의 여왕의 아리아〉를 불러 대던 시
절 나는 내가 듣는 음악이 '비주류 음악'이라고는 생각하지 않
았다.

그리고 클래식은 실로 비주류가 아니었다. 클래식 음악은 서
구 세계에서 1500년 동안 정식으로 작곡된 유일한 음악이었고,
장송곡에서 춤곡, 콘서트 연주곡까지 사회의 모든 수요를 채워
주었다.[3] '클래식'이라는 말은 관념적인 수식어에 불과하다.

이 사실은 중요하다. 클래식 음악이 특정 애호가 집단이 아
니라 '모든 사람'을 위해 만들어졌다는 뜻이기 때문이다. 모차
르트 시대에는 클래식을 즐기는 데 무슨 비법이나 특별한 교육
이 필요 없었다. 우리는 베토벤 〈교향곡 5번〉 초연 공연장의 맨
앞줄 정중앙에 앉았던 사람들만큼이나 이 음악을 즐길 자격이
충분하다. 하지만 우리 사회는 클래식 음악은 지루하고 어려워
서 평범한 사람이 즐길 만한 게 아니라는 신호를 때로는 은근
히, 때로는 노골적으로 전달한다. 나는 이 말이 진실과 거리가
너무도 멀다는 사실을 여러분에게 알려주려고 한다.

어린 시절에 읽은 동화 중에 이런 게 있었다. 아기 곰이 엄
마 곰에게 말한다. "엄마, 추워요. 몸을 감쌀 게 필요해요." 엄마
곰이 모자를 만들어주자 아기 곰은 2초 동안 좋아하다가 다시
돌아와서 말한다. "그래도 추워요. 몸을 감쌀 게 필요해요." 엄

---

3 민속음악도 중요하지만 그것은 구송으로 전승되었다. 구전과 문헌 전승을 구별하기 위
　해 '예술 음악'이라는 용어를 남발하는 사람들도 있지만 나는 그런 사람이 아니다.

마 곰이 코트를 만들어주자 아기 곰은 좋아하다가 다시 돌아와서 말한다. "그래도 추워요. 몸을 감쌀 게 필요해요." 그래서 엄마가 장화를 만들어주는데…. 그러다가 결국 아기 곰은 태어날 때부터 갖고 있던 털가죽이 어떤 모자, 코트, 장화보다 더 따뜻하다는 사실, 그러니까 있는 그대로도 아무 부족함이 없다는 사실을 깨닫는다. 이 책의 목적은 클래식 음악을 즐기는 데 필요 없는 게 무엇인지 알려주어 여러분이 지금 이대로도 충분하다는 자신감을 가지고 클래식을 듣게 하는 것이다.

왜냐하면 그게 사실이기 때문이다. 여러분은 있는 그대로 클래식을 즐기면 된다.

문제라면 오히려 부족한 게 아니라 과도한 쪽이다. 우리는 너무 많은 자극에 노출되어 있고, 너무 바쁘게 살며, 클래식 업계에 대한 사회의 인식을 너무 잘 배웠다.

이 책은 여러분이 그런 것들과 작별하게 도와줄 것이다. 어쩌면 부부 관계 회복 프로그램과도 비슷할 수 있다. 단지 여기서 여러분의 상대는 오해와 불만으로 점철된 관계가 아니라 오해로 점철된 음악이다. 그런데 이 상담사는 여러분의 생각은 듣지도 않고 자기 생각만 떠들 것이다. 어떤가? 괜찮다고? 그렇다면 나도 기쁘다.

우리는 다음의 것들을 함께 살펴볼 것이다.

- 클래식 음악(장르 아님)의 일곱 시대. 그리고 자신의 취향에 맞는 시대를 찾는 방법.
- 클래식 업계에 대한 흔한 고정관념, 그러니까 바이올리니

스트는 드세다는 것에서부터 오케스트라의 남자 금관악기 연주자들은 떠들썩하고 탈모가 있다는 것까지.

- 공연 중 박수를 칠 때와 치면 안 될 때.
- 이따금 마주칠 정떨어지게 복잡하고 암호 같은 곡 제목을 해독하는 법.

추가로 「분노의 주먹」부터 「쇼생크 탈출」, 「양들의 침묵」까지 영화에 나오는 최고의 클래식 음악들, 클래식 명곡에 얽힌 황당한 미신들(베토벤의 머리카락에 귀신이 들렸다는 둥, 9번 교향곡에는 저주가 있다는 둥), 꼭 들어보기를 권하는 작품들의 짧은 목록도 소개할 것이다. 우리는 1000년이라는 긴 시간을 다루어야 하고 모든 곡의 가치가 똑같지는 않기 때문에 최대한 목록을 짧게 유지했다.

거기에 약간의 배경지식도 전하고(1년 전 작품이건 400년 전 작품이건 당시의 트렌드와 그 시대의 문화적 아이콘을 알면 도움이 된다), 재미난 일화들, 업계의 뒷이야기, 그리고 여러분이 "엥?" 할 만한 엉뚱한 딴 얘기들도 할 것이다.

간단히 말해 이 책을 읽으면 여러분은 지난 세월 동안 여러분이 클래식 음악에 다가가는 걸 가로막던 재수 없는 고상쟁이들만큼의 지식을 갖추게 될 것이다. 하지만 여러분은 수준이 더 높기 때문에 그들의 대열에 합류하지는 않을 것이다.

우리 아빠 말처럼, 아코디언을 연주할 수 있지만 연주하지 않는 사람이 진정한 신사다.

하지만 그냥 클래식 음악에 관심이 없다면?

어쩌면 여러분이 이 음악을 외면하는 게 재수 없는 고상쟁이들 때문이 아닐 수도 있다. 그냥 인생 자체가 너무 바쁠 수도 있다. 아니면 넘쳐나는 영상 스트리밍 서비스들과의 밀월이 아직 끝나지 않았을 수도 있다. 그럼에도 클래식 음악에 약간의 시간을 내주어야 할 세 가지 이유가 있다.

첫째, 당신은 클래식을 즐길 자격이 있으니까

모두가 알다시피 지금은 인권, 민주주의, 공중보건의 시대다. 모두 중요한 것들이다. 하지만 예술도 마찬가지다. 예술은 우리 인간이 인생의 혼란과 다툼 속에서도 아름다움을 창조할 능력이 있음을 알려줄 뿐 아니라 일차원적 욕구와 본능 너머를 볼 수 있게 해준다. 욕구와 본능은 흔히 공포를 통해 현대사회의 갈등을 조장한다. 예술은 이런 갈등을 벗어난 연결의 장, 그러니까 일종의 만남의 장소를 제공해 준다.

그 못지않게 중요한 것은 예술이 기존 질서에 항의하는 형식으로 약자들에게 힘을 주고 변화를 촉발할 수 있다는 것이다. 클래식 레퍼토리 중에는 동료애를 일으키고, 불의에 항거하고, 짓밟힌 자를 옹호하는 작품들이 있다. 물론 많은 클래식 걸작이 기존 권력 구조를 지탱하고 찬양하며 특정 집단을 떠받드는 일에 사용되기도 했다. 지금 당장 봐도 그렇다. 클래식 레퍼토리 전체가 (백인) 특권의 송가 모음 같지 않은가.

나는 이 작품들이 특권이 아니라 통합의 송가로 쓰이기를 원한다. 클래식계를 그토록 깊은 고립과 오해와 허위에 빠뜨린 엘리트주의와 특권의 벽을 부수고 싶다. 클래식 음악은 그럴 만한 가치가 있기 때문이다. 여러분이 클래식을 즐길 자격이 있기 때문이다. 이 세상 그 무엇도, 존경도, 법의 보호도, 교육도, 음악도 자신이 남들보다 우월하다 여기는 소수의 무리가 독차지하게 두어서는 안 되기 때문이다.

둘째, 고차원 클래식 농담을 이해할 수 있어서

영화 007 시리즈 「나를 사랑한 스파이」에서 악당 칼 스트롬버그는 여자 조수를 상어 수조에 무참히 떨군다. 그는 호화로운 자신의 식당에서 이 일을 편안하게 수행한다. 그가 파란 창을 통해 여자가 물속에서 버둥거리는 모습을 바라볼 때 사운드 시스템으로 바흐의 관현악 모음곡 3번의 선율이 울려 퍼진다. 여자의 느린 발차기로는 가랑이 사이로 파고드는 상어를 물리칠 수 없고(1970년대까지만 해도 상어는 그런 일을 해도 되었다), 곧 여자는 모두가 예상한 대로 목숨도 옷도 잃은 채 속옷 차림으로 수면 위로 떠오른다. 이 장면은 수족관을 보여주던 화면이 신고전주의 수중 거주민의 필수 아이템인 보티첼리의 그림 「비너스의 탄생」으로 덮이면서 끝난다.

여기서 식인 상어의 활약을 보는 즐거움 말고 또 재미있는

것은 이 장면 내내 바흐의 〈관현악 모음곡 3번 2악장〉이 은은
하게 흐른다는 것이다. 이 곡은 흔히 〈G선상의 아리아〉로 알려
져 있다.[4]

셋째, 클래식은 아름다운 음악이므로

바이올린을 그만두기 몇 년 전에 나는 캐나다 몬트리올의 예
술 센터인 플라스데자르에서 콘서트를 관람했다. 나는 모차르
트 아리아로 성대를 날린 어린 시절 이후로 좋건 나쁘건 아주
많은 일을 경험한 처지였다. 줄리아드를 졸업했고, 유명한 공연
장에서 연주했으며, 멋진 아파트에 살았고, 손가락에는 관객들
의 눈을 멀게 만드는 화려한 약혼반지를 끼고 있었다.

하지만 이런 반짝이는 외양과 달리 모든 것이 그렇게 장밋빛
은 아니었다. 반지는 의미 있는 사랑의 상징이라기보다 3년 넘
게 내 눈앞에 깜박이는 할 일 알림처럼 느껴졌다. 아름다운 아
파트는 나를 집사로 둔 주인 같았다. 내가 참여하는 콘서트들
은 야심을 자극할 뿐 만족시키지는 못했고, 그래서 나는 다른
사람들의 공연을 즐기기가 어려워졌다. 특히 바이올리니스트
의 공연이 그랬다. 바이올리니스트 중에서도 특히 화가 날 만
큼 나보다 잘나가는 당시 내 약혼자의 공연이 그랬다. (이 책에
서는 그를 골든 바이올린 보이, 줄여서 '골든보이'라고 부르겠다.)

---

4 'G선g-string'은 바이올린의 가장 낮은 현을 가리킨다. 한편 'g-string'은 끈 팬티 중에서 특
   히 가는 것을 가리키기도 한다.

나는 의무적으로 객석에 앉아 있었고 즐겁지 않았다. 연사들의 연설도 도움이 되지 않았다. 참고로 몬트리올에서는 모든 연설을 프랑스어로 한 번, 영어로 한 번, 총 두 번씩 한다.[5]

나는 연설은 듣지 않고 자괴감만 곱씹고 있었다. '왜 내가 저 무대에 못 오른 거지? 나도 줄리아드 협주곡 경연에서 우승했잖아? 나도 줄리아드 오케스트라의 콘서트마스터였고, 학교가 소유한 스트라디바리우스와 과르네리 델 제수 바이올린으로 연주한 적도 있어. 그런데 왜 사람들은 골든보이한테만 열광하는 거지?'

무대 위의 연사는 예술의 중요성이 어쩌고저쩌고 말하고 있었다. "생물학적 한계를 초월하여 어쩌고저쩌고… 아무개 선생님 부부의 후원에 힘입어 어쩌고저쩌고…."

남자 연사가 연단을 떠난 뒤 다른 연사가 등장했다. 프랑스어 사용자 같은 스타일과 태도에 영어 사용자 같은 미소를 지닌 키가 큰 여자였다. 그녀는 그 공연을 후원하는 은행의 관계자였다. 자신은 클래식 음악에 대해 잘 모르고 자주 듣지도 않지만 사람들에게 해주고 싶은 이야기가 있다고 했다.

다섯 살배기 딸과 함께 차를 타고 가던 그녀는 문득 라디오에서 클래식 채널을 틀었다. 집에서는 클래식 음악을 들어본 적이 없어서 딸의 반응이 궁금해졌다.

"이런 음악을 뭐라고 하는지 아니?" 잠시 후 여자가 물었다.

딸이 고개를 끄덕였다.

---

5 몬트리올 사람 절반은 영어를 못 알아듣는 척하고(혹은 너무 불쾌해서 영어에서 어떤 의미도 도출하지 못하든지), 나머지 절반은 프랑스어를 그렇게 대한다.

"정말? 무슨 음악이야?" 여자가 놀라서 물었다.

"아름다운 음악." 딸이 말했다.

이 이야기가 번개처럼 나에게 꽂혔다. 이 이야기를 듣고 나는 내 인생에 문제가 있다는 사실을 더 이상 외면할 수 없게 되었다. 아마도 내가 사랑하고 있을 약혼자의 성공에 기쁜 마음이 들지 않는다는 사실과는 별개의 것이었다. 나는 내가 어렸을 때 이 음악을 어떻게 들었는지 잊고 있었다. 그때 클래식 음악은 '고전적인classical 음악'이 아니라 내 어린 시절을 이룬 풍성한 소리의 태피스트리의 일부이자 내가 가장 좋아하는 부분이었다. 나는 클래식이 겨우 내 직업, 또는 내가 잘하는 것에 그치지 않는다는 걸 잊고 있었다. 클래식은 내가 사랑하던 것이었다.

그래서 이 책을 썼다

이것이 우리 부모님이 말한 '내가 바이올리니스트가 된 이유' 이야기의 핵심에 묻혀 있는 진실이다. (진실에 감싸인 거짓에 감싸인 진실이라고나 할까.) 나는 클래식 음악을 사랑한다. 성대를 날려먹은 두 살 때도 사랑했고, 스물네 살이던 몬트리올의 그날에도 사랑했다. 다섯 살 소녀가 따귀를 때리듯 그 사실을 상기시켜 주었다.

그렇게 따귀를 맞은 뒤 나는 많은 사람들이 나와 같은 처지라는 생각이 들었다. 내가 직업적 좌절로 인해 클래식 음악과의 관계가 뒤틀린 것처럼, 훌륭한 청취자가 될 수 있는 많은 사람들이 이 장르가 매력 없다는 낙인과 문화적 인습으로 인해 클래식 음악과 제대로 관계를 맺지 못하고 있다. 클래식 업계에 대한 나쁜 이미지가 이 장엄하고 감동적이고 아름다운 세계, 인간 공통의 경험을 압축해 담은 이 감동적인 소리의 세계를 좀먹는 모습을 우리 모두가 그냥 보고만 있었던 것이다.

이런 바보짓을 피하고자 하는 마음에 결국 이 책을 쓰게 되었다.

나는 모든 사람이 클래식 음악을 그 캐나다의 아이처럼 듣기를 바란다. 나도 한때 그랬고 이제 다시 그렇게 들을 수 있게 되었다. 다시 말해 여러분이 이 음악을 본래의 모습 그대로, 그러니까 아름다운 음악으로 듣기를 바란다.

1장

클래식 음악? 그거 별거 아니다

내 멋대로 정리한 1400년 동안의 음악

어린 시절 나는 청력 상실의 위험을 감수하면서 아빠의 피아노 밑에 누워 아빠가 연주하는 바흐의 〈골트베르크 변주곡〉을 듣곤 했다. 「양들의 침묵」을 보기 전이었다.

밤의 여왕을 알기 전, 성대결절이 생기기 전, 바이올린 레슨을 받기 전이기도 했다. 클래식이 아름다운 음악이라고 한 몬트리올의 그 아이와 약간 비슷하던 시절이었다. 바흐의 음악은 그저 '아름다운 음악'이고, 내 귀는 스펀지처럼 열정적으로 소리를 빨아들였다.

바흐는 내가 어린 시절에 가장 좋아한 작곡가다. 그의 작품에는 알쏭달쏭한 퍼즐과 웅웅 울리는 어두운 동굴과 흐린 날에 구름을 뚫고 내리꽂히는 눈부신 햇살이 가득했다. 모든 것이 매혹적이었다.

바흐의 음악은, 아마도 그 퍼즐 같은 특징이, 나더러 너도 뭔가 창조해 보라고 다그치기도 했다. 그래서 음악 공부를 시작하고 몇 년이 지난 어느 날(그러니까 대여섯 살 때), 오만하기 짝이 없던 나는 오선지 노트와 집 안을 굴러다니는 작은 골프 연필 한 자루를 들고 세계 최고의 바이올린 곡을 작곡하겠다고 자리에 앉았다. 그리고 꽤나 길게 느껴진 시간 동안 악보를 끄적이며 다양한 음의 결합을 실험했다. 종이를 뜯어내서 과장되게 구겨 버리고, 지우고 다시 쓰고 한 끝에 마침내 완벽함을 찾았다. 악절 하나가 완성되자 나는 그것을 들고 아빠한테 갔다. 음표 몇 개를 잘못 그리긴 했지만 음악 자체는 아주 훌륭하다고 나는 확신했다.

그리고 내 생각이 맞았다. 그것은 아주 훌륭했다. 독창적이지 않았을 뿐이다. 그것은 바흐의 〈G단조 바이올린 소나타〉의 첫 두 소절이었다.

비발디도 그 시절에 내가 좋아한 작곡가 중 한 명이었다. 그의 모든 곡을 좋아하지는 않았지만(나는 광고에 무수히 나오는 '봄'이나 '여름'은 좋아하지 않았다), 〈두 대의 첼로를 위한 협주곡〉, 아리아 〈나의 사랑하는 님 만나리Vedrò con mio diletto〉와 '겨울'은 투명한 사운드, 리드미컬한 전개, 이따금 드러나는 어두운 강렬함이 좋았다. 나는 비탈리도 좋아하고 코렐리도 좋아했다.

그리고 우리가 곧 만나볼 바로크음악도 좋아했다.

내가 좋아하지 않은 것은 무엇일까? 중세음악이다. 나는 중세음악은 싫었다.

그러나 그때는 여러 해 동안 싫어하는지도 몰랐다. 아니 중

중세 시대를 대표하는 음악으로 꼽히는 그레고리오성가의 악보. 일정한 음역 안에서만 멜로디가 움직이는 이 성가는 현대인의 귀엔 아무래도 그 음악이 그 음악 같이 들린다.

세음악이라는 게 세상에 있는지도 몰랐다. 내가 알던 것은 이따금 집 스피커에서 수척한 해골 같은 음악이 나오면 갑자기 하늘이 어두워지고 집에 있는 모든 식물이 시들며 어린 나의 마음속 기쁨이 모두 쪼그라들었다는 것뿐이다. 하지만 음악이 끝나면 모든 게 정상으로 돌아갔다.

나는 바로크음악도 듣지 않았다. 바흐와 비발디와 비탈리와 코렐리가 좋다는 것만 알았지 이 작곡가들이 서로 어떤 연관이 있다는 것, 그러니까 모두 한 집단에 속한다는 사실은 몰랐다. 나중에 내가 여덟 살 무렵 엄마가 화장실에 클래식 음악의 여섯 시대를[1] 개관하는 포스터를 붙여준 다음에야 나는 그들의 연관성을 알게 되었다. 그리고 그 화장실에서 머릿속의 모든 것이 하나로 합쳐지기 시작했고, 내가 싫어하는 음악 대부분이

---

1 그때는 시대를 여섯 개로 구분했는데 지금은 일곱 개로 구분한다. 내가 태어난 시대는 21세기가 밝아오면서 끝났다. (2000년부터 새 시대다.)

한 시대에 속한다는 사실을 알게 되었다. 이것을 깨닫자 나는 사람들이 이 사실을 더 일찍 알려주지 않았다는 데에 화가 났다. '중세'라는 말 한마디만 알았어도 그렇게 많은 시간을 괴로워하며 보내지 않아도 되었을 텐데 말이다.

내가 1장에서 음악의 시대 구분을 다루는 이유가 바로 그래서다.

클래식 음악이란 건 없다

두세 살 때의 내 아이는 그 시절의 나보다 훨씬 귀여웠다. 그래야 했다. 아이를 먹이는 게 보통 일이 아니었기 때문이다. 아이는 녹색이 들어간 어떤 음식도 먹으려 하지 않았다. 아보카도든, 키위든, 아빠가 밸런타인데이에 간신히 사 온 마지막 남은 피스타치오 마카롱이든 상관없었다. 푸르스름한 색조가 슬쩍 어려 있기만 해도 아이는 누가 손을 쓰기도 전에 음식을 쓰레기통에 던져 넣었다.

아이의 논리는 분명했다. 이미 녹색 음식을 한번 먹어보았는데 맛이 없었다. 그러니까 다른 녹색 음식도 먹어보나 마나라는 것이다.

많은 사람들이 클래식 음악도 비슷하게 생각한다. 영화나 광고나 엘리베이터에서 나오는 짧은 조각들만 듣고 그걸로 그 세계 전체를 판단해 버린다. (그 조각들은 영화, 광고, 엘리베이터가 원하는 고정관념을 키우기 위해 선택한 일부분일 뿐이다.) 그러나 케일과 청사과의 맛이 다르고, 청사과와 피스타치오 마카롱의 맛이 다른 것만큼이나 모차르트는 쇼스타코비치와 다르고, 쇼스타코비치는 바그너와 다르다. (하지만 바그너는 실제로 정말 재수 없는 인간이다.)[2]

많은 사람들의 생각과 달리 클래식 음악이란 것은 없다. 서문에서 말했듯이 그것은 그저 여러 세기에 걸쳐 있는 온갖 종류의 음악을 하나의 장르에 욱여넣은 것이다. 그 안에는 수백 가지 서로 다른 음악적 스타일이 있다. 때로는 "클래식 음악은 아름답다"라거나 "클래식 음악을 좋아한다" 같은 말을 하는(서너 쪽 정도 앞에서 말한 것처럼) 나 같은 사람도 정말로 싫어하는 클래식 음악이 상당히 많다. 그러니까 중세 시대 음악 같은.

사람들은 다른 장르에 대해서는 이런 선택과 구별을 하는 것 같다. 비욘세는 좋지만 저스틴 비버는 싫어할 수 있다. 비틀스를 좋아하는 많은 사람이 니켈백은 싫어할 것이다. 아이러니한 것은 비욘세와 비버, 또는 비틀스와 니켈백은 몬테베르디와 쇤베르크 후기 또는 드뷔시와 바흐에 비하면 차이가 훨씬 작다는 것이다. (게다가 4중주와 오페라 또는 피아노 소나타와 교향곡의 차이, 그리고 실제로 그 작품을 연주하는 음악가들의 차이는 아직 언급도 하지 않고 있다.)

그러니까 내 말은 클래식 음악 전체를 좋아하지 않아도 그 일부를 듣는 건 얼마든지 가능하다는 것이다.

내가 꿈꾸는 일은 여러분이 이 책을 읽고 나서 "나는 클래식

---

2 이 이야기에는 한 권의 책이 더 필요하다. 1년 내내 화를 낼 마음의 준비가 끝나면 이 책을 쓸 것이다.

리하르트 바그너가 〈탄호이저〉 초연을 위해 프랑스 파리에 머무를 때 찍은 사진. 바그너는 1850년 「음악에서의 유대주의」라는 제목의 글을 발표하며, 자신이 반유대주의자임을 밝히고 멘델스존, 마이어베어 등의 유대인 작곡가들을 공격했다.

음악이 좋아"라고 말하는 게 아니라 "나는 베토벤이 좋아" 또는 "라흐마니노프가 좋아" 또는 "하이든과 모차르트의 완벽한 균형 감각과 시적 정취도 좋지만, 신고전주의 시기의 프로코피예프처럼 그 특징이 좀 더 날카롭고 기발하고 화성적인 불협화음 속에서 전개되는 게 더 좋아" 하고 말할 수 있게 되는 것이다.

　하지만 이미 여러분을 싫어하는 사람이 아니라면 실제로 누구 앞에서 이런 말을 하지는 말자.

클래식 음악의 시대 구분

　클래식 음악은 실제로 두 종류가 있다.

　뭐라고? 처음에는 클래식 음악이란 건 없다더니 이제는 두 가지 종류가 있다고? 잠깐만 내 얘기를 들어주기 바란다.

처음에는 정말로 클래식 음악이란 게 없었다. 하지만 사람들이 라벨을 붙이기 시작했다. (이 사람들은 다 죽고 없기 때문에 우리가 아무리 소리쳐 봐야 소용없다.)

장르로서의 클래식 음악[3]을 가장 넓게 정의하면 서기 500년에서 1900년대까지 서구에서 작곡한 대부분의 음악과 1900년대 이후 같은 전통에 따라 작곡한 모든 음악(그러니까 팝, 재즈, 포크가 아닌 것)을 두루 가리킨다. 하지만 클래식 음악이라고 하면 사람들은 대부분 1600년에서 1900년 사이에 작곡한 음악과 그 이후로 아주 소수의 작곡가들이 만든 음악만 생각한다.

그리고 '고전주의 시대Classical period'가 있다. 이것은 장르 안의 장르로 대략 1730년에서 1820년까지를 아우른다.[4] 고전주의 시대와 클래식 장르는 모두 이후 세대가 붙인 라벨이지만(이 시대의 작곡가인 모차르트, 하이든 등은 자신을 '고전주의 작곡가'라고 생각하지 않았다), 그나마 고전주의라는 분류는 클래식 장르라는 분류보다는 덜 불쾌한데, 그 이유는 다음과 같다.

팝 아티스트나 밴드와 마찬가지로 작곡가들은 각자 고유한 사운드가 있다. 그것은 작곡가의 인생 흐름에 따라 변할 수도 있고 실제로 자주 변한다. 하지만 시대별로 음악적이나 미적으로 크게 흥하는 광범위한 스타일과 경향이 있고, 클래식 음악계에서는 이런 경향에 따라 시대를 구분한다.

---

3 이미 말했듯이 이것은 진정한 장르가 아니지만 대부분의 사람들이 그렇게 생각하기 때문에 이 말을 계속 쓰겠다.

4 정확한 연대에 대해서는 의견이 갈리지만(1750~1830년으로 보는 경우도 많다), 대략적으로는 모두 비슷해서 나는 위키백과를 따르기로 했다.

시대의 경향은 음악에 국한되지 않고 패션, 언어, 예술운동 등 사회 전반의 유행을 반영하며 그 일부를 이룬다. 엄격하면서도 사랑스러운 폴란드 여자였던 어린 시절 내 바이올린 선생님은(그녀의 마음을 약하게 만드는 건 레드 와인뿐이었다) 과제곡을 내줄 때 그 시대의 미술과 건축도 같이 공부시켰다. 나는 그런 숙제가 반가웠다. 선생님이 요구하는 반복 연습을 쉴 기회이기도 했고, 당시의 의상과 나신들을 볼 훌륭한 핑계가 되었기 때문이다.[5] 하지만 그뿐 아니라 바흐의 작품이 17세기의 종교적 형식성을 본뜬 것이라든가, 모차르트의 작품이 18세기 말 건축과 미술에 담긴 균형과 조화와 상대적 제약을 반영하는 것, 그리고 그 후로 두 세기 동안 작곡가와 예술가들이 표현성과 낭만성으로 우르르 몰려갔다가, 이후 추상성과 비전통성으로 옮겨가는 모습을 보는 것이 재미있었다.

같은 시대라고 해도 개별 작곡가의 스타일은 여전히 큰 차이가 있지만, 전체적인 경향은 자신의 취향에 맞는 음악을 찾는 사람들에게 유용한 가이드라인이 된다. 하이든의 전체적 사운드를 좋아하는 사람은 모차르트와 베토벤도 좋아할 가능성이 높다(특히 베토벤의 초기와 중기 음악). 바흐가 마음에 든다면 다음으로 헨델과 비발디를 들어 보는 것이 합리적인 선택이다. 이렇게 꼬리 물기가 계속된다. 또 이런 스타일 취향은 매체를 초월한다. 카스파르 다비트 프리드리히의 차분하고 엄숙한 풍경화를 좋아한다면 브람스에게 끌리고, 모네의 팬이라면 드뷔

---

5 그때 나는 열한 살, 호기심이 모든 제약을 이기는 나이였다.

시의 반짝임에 매혹될 가능성이 높다. 어떤 경우건 각 시대의 특징과 예술운동에 대한 기본적인 개관은 이 장르를 이해하는 데 큰 도움이 된다.

클래식 장르의 일곱 시대는 크게 중세, 르네상스, 바로크, 고전주의, 낭만주의, 20세기, 현대로 나뉜다.

이중 바로크, 고전주의, 낭만주의 시대를 공통 음악어법 시대라고 한다. 모차르트, 베토벤, 차이콥스키 등 클래식 음악계에서 가장 유명한 이름 대부분이 있는 시기다. 하지만 사실 여기서 '공통'이라는 말은 인기나 명성과는 상관없다. 그것은 이 시대 작곡가들이 지킨 표준 음악어법, 좀 더 정확하게는 '조성'을 통해 만들어진 소리를 가리킨다.

공통 음악어법 시대 이후로 이어지는 20세기와 21세기에도 똑같이 중요한 연주 레퍼토리들이 있고 스트라빈스키, 프로코피예프, 한스 짐머처럼 우리에게 꽤 익숙한 이름이 많이 있다. 한편 중세와 르네상스 시대는 이후 시대의 음악적 토대를 놓는 중요한 역할을 했지만 오늘날에는 대개 주변적 영토로 여겨진다.

그러면 이 시대 각각의 음악이 어떤 사운드냐 하면…

그걸 아는 최고의 방법은 직접 들어 보는 것이다. 스카치위스키와 함께라면 더 좋다. 중세음악을 듣는 여러분의 고통을 덜어주고 싶기도 하지만, 그게 별로라는 내 말 때문에 여러분의 경험이 제한되는 것은 싫다. 또 모르지. 어떤 사람은 좋아할 수도 있다. 중요한 것은 여러분의 감상이다.[6]

---

6 트위터(현 X)와 인스타그램에서 여러분과 열띤 토론을 나누길 기대한다.

하지만 어떤 사운드를 듣게 될지 미리 아는 것도 좋은 일이니, 시대별 기본 지식과 (어쩔 수 없이) 편견 어린 설명을 전하고 들어볼 만한 곡도 추천할 것이다. 이 곡들을 들을 때는 다음을 유념해 주기 바란다. 첫째, 곡마다 그 안에 아주 다양한 캐릭터와 사운드가 있다. 그래서 도입부의 사운드가 그 음악을 1분 이상 들었을 때의 사운드와 항상 비슷하지는 않다. 둘째, 이 목록에는 무엇을 선택해야 할지 정말로 결정하기 어려운 것들이 있었다. 당신이 이 목록을 잘 활용하지 않는다면 내 노고는 헛수고가 되고 말 것이다.

중세 시대

시기: 넓게 보면 서기 500~1400년에 해당하는 기간이고 통상적으로는 1150~1400년을 이른다.

대표 작곡가:

힐데가르트 폰 빙겐Hildegard von Bingen[7](1098~1179)

레오냉Léonin(1150?~1200?)

페로탱Pérotin(1155?~1205?)

기욤 드 마쇼Guillaume de Machaut(1300~1377)

특징: 고통, 절망, 억압. 중세 시대는 우리가 역사 수업 혹은 갑옷 입은 트롤과 풍만한 엘프가 가득한 컴퓨터 게임에서 배웠

---

7 힐데가르트 폰 빙겐은 여자다. 하지만 앞으로 한동안은 이런 젠더 다양성을 보기 어렵다.

힐데가르트 폰 빙겐은 수녀라는 본업 하나
에만 만족하기엔 재능이 너무 많았다. 그
는 예술가이자 작가, 카운셀러, 언어학자,
자연학자, 과학자, 철학자, 의사, 약초학자,
시인, 인권운동가, 예언자, 작곡가였다.

듯 암흑기였다. 당시의 음악도 어두웠다. 이 음악이 태동된 시
대의 어둠 때문에 그럴지도 모르지만, 나는 이 음악이 중세의
어둠을 만들었다고 해도 놀라지 않을 것 같다. 이 시대의 곡 중
에도 사실 괜찮은 것들이 있다. 하지만 대부분은 중세 흑사병
을 음악으로 구현한 듯한 느낌이다.

초기의 음악은 조성 음악이 아니라 선법 음악이었다. 이는
초기 음악이 현대의 화음 개념 이전의 다른 음계에 토대해 있
었다는 뜻이다. 그것은 오늘날 우리가 사용하는 음계의 원형과
약간 비슷하다. 섬뜩하고 영혼 없는 불안한 눈과 기이한 신체
비율을 한 아이들 장난감 같다. 이 시대의 흔한 선법 중에 도리
아 선법이라는 것이 있다. 이것은 인류의 모든 발명품 가운데
단연 가장 우울한 것이다. 도리아 선법이 그토록 불쾌한 이유
를 명확히 설명할 수는 없지만, 여러분이 명랑한 하루를 보내
다가 어디선가 흘러나오는 사이먼 앤 가펑클의 노래 〈스카버러

페어〉를 듣고 갑자기 있지도 않은 창고에 가서 대들보에 목을 매달고 싶은 충동을 느낀 적이 있다면 내 말을 이해할 것이다. 도리아 선법은 사람들에게 그런 기분을 안겨준다. 내가 중세음악을 (그리고 사이먼 앤 가펑클을) 피하는 이유가 그것이다.

중세에는 그레고리오성가도 있다. 이것은 로마가톨릭교회에서 발전한 초기 전례음악이다. 이것은 클래식 음악의 원시 형태 같은 느낌이다. 대부분 이미 들어보았을 것이다. 영화 「몬티 파이선의 성배」에서는 수도승들이 이 노래를 한목소리로 읊조리면서 자신의 이마를 계속 널빤지로 때리는 장면이 있다. 만약 매일 그레고리오성가를 부르며 살아야 한다면 나도 딱 그렇게 반응할 것 같다.

나처럼 중세음악을 싫어하지 않는 사람에게는 이렇게 들릴 수 있다: 지하 묘지 카타콤. 감춘 열정. 잎을 다 떨군 외로운 나무. 근원에의 탐구. 어쩌면 어두운 겨울처럼 춥고 배고프고 고통스러운 인간 조건에 대한 수용.

그래도 중세음악이 궁금하다면:

◎ 〈아베 마리아, 생명을 지으신 이여*Ave Maria, O auctix vite*〉 힐데가르트 폰 빙겐

◎ 〈이제 그가 우리에게 열어주었다*Nunc aperuit nobis*〉 힐데가르트 폰 빙겐

◎ 〈나는 행복하게 살아야 하네*Je vivroie liement*〉 기욤 드 마쇼(도리아 선법 주의)

◎ 〈복된 육신*Beata viscera*〉페로탱

◎ 〈세상의 모든 끝이 보았노라*Viderunt omnes*〉[8] 페로탱

◎ 그레고리오성가를 듣고 싶다면 '그레고리오성가'라고 검색해서 아무거나 들으면 된다. 정말로 모두 똑같이 들린다.

르네상스 시대

시기: 1400~1600년

대표 작곡가:

기욤 뒤페Guillaume Dufay(1397~1474)

조스캥 데프레Josquin de Prez(1450/55~1521)

토머스 탤리스Thomas Tallis(1505~1585)

조반니 피에를루이지 다 팔레스트리나Giovanni Pierluigi da Palestrina(1525~1594)

윌리엄 버드William Byrd(1539/40~1623)

존 다울런드John Dowland(1563~1626)

클라우디오 몬테베르디Claudio Monteverdi(1567~1643)[9]

특징: 중세 시대로 현장학습을 나간 느낌. 중세 콘셉트의 공간들이 르네상스 느낌의 음악을 쓰는 것도 당연하다. 진짜 중세음악을 쓰면 아무도 오지 않을 것이다. 아무튼 적어도 재방

---

8 사실 이 곡은 좀 좋아한다.

9 나는 작곡가의 활동 시기가 두 시대에 걸쳐 있는 걸 싫어한다. 몬테베르디가 바로 그런 작곡가이지만, 내가 볼 때는 이 시대에 속한다.

문은 하지 않을 것이다. 집에 가는 길에 자살했을 테니까.

많은 르네상스 음악이 궁정 광대와 지그Jig 춤[10]의 느낌을 주는데 나는 둘 다 별로 좋아하지 않는다. 내가 이 시기에서 좋아하는 것은 노래와 합창곡이다. 중세음악을 싫어하다 보니 토머스 탤리스의 작품에 담긴 천상의 울림 같은 소리는 더욱 마음을 밝게 해준다. 나에게 그의 음악은 천년의 고통 이후 처음 비쳐 든 희망의 햇살, 나뭇가지에 처음 움트거나 언 땅을 뚫고 돋아난 새싹처럼 느껴진다. 내가 서양 종교에 대해 잘 아는 건 아니지만 음악적 풍경으로만 짐작해 보면, 중세 시대와 르네상스 시대 중간의 어느 지점에서 종교 지도자들이 지옥과 영원한 형벌에 대한 강조를 줄이고 천국과 구원에 좀 더 중점을 두기로 한 것 같다. 하지만 이 시기에는 아직도 도리스 선법으로 작곡한 곡이 많아서 장단기 우울증 촉발에 매우 효과적이라는 사실을 유념해야 한다.

흥미로운 것은 이 시대의 많은 노래(노래song란 독창자와 반주로 이루어진 작품을 말한다)[11]가 구조와 길이와 화성적 단순함으로 볼 때 이후 몇백 년 동안의 작품들보다 훨씬 더 팝 음악에 가깝다는 점이다. 아마 그래서 스팅이 2006년에 류트 연주자 에딘 카라마조프와 함께 16세기 노래 앨범을 만들었을 것이다. 그 앨범은 스팅의 다른 앨범들만큼 상업적 성공을 거두지는 않았지만, 그가 부른 존 다울런드의 〈다시 돌아와요〉(우리 부모님

---

10 아일랜드에서 유래한 경쾌한 포크댄스.—옮긴이

11 클래식에 속한 다른 종류의 작품은 모두 '곡piece'이라고 부른다.

르네상스 후기 16세기 이탈리아에서 발생한 세속곡으로는 마드리갈이 있다. 교회 음악과 달리, 마드리갈은 사랑, 기쁨, 이별, 슬픔 등 인간의 희로애락을 노래하는 내용을 담고 있었다.

이 '언어와 음악' 수업 때 나를 부끄럽게 만드는 무기로 사용한 노래)를 듣고 나서 나는 그가 섹스 아이콘이 될 만하다고 인정했다. 그래서 더는 그것을 두고 사람들과 말다툼할 필요가 없어졌다.

 이전 시대의 기억을 지워주는 덜 우울한 음악들:

◎ 〈노하지 마소서, 주님*Ne irascaris, Domine*〉 윌리엄 버드

◎ 〈다시 돌아와요*Come Again*〉 존 다울런드

◎ 〈내 심장을 주었네*J'ai mis mon cuer*〉[12] 기욤 뒤페

◎ 〈돌아온 서풍*Zefiro torna*〉 클라우디오 몬테베르디

◎ 〈교황 마르첼로의 미사*Missa Papae Marcelli*〉 조반니 피에를루이지 다

---

12 이 목록에서 유일하게 궁정 광대 느낌이 나는 곡.

팔레스트리나

◎ 〈그대가 나를 사랑하신다면If Ye Love Me〉[13] 토머스 탤리스

바로크 시대

시기: 1600~1750년

대표 작곡가:

장바티스트 륄리Jean-Baptiste Lully(1632~1687)

아르칸젤로 코렐리Arcangelo Corelli(1653~1713)

헨리 퍼셀Henry Purcell(1659~1695)

요한 제바스티안 바흐Johann Sebastian Bach(1685~1750)[14]

게오르크 프리드리히 헨델Georg Friedrich Händel(1685~1759)

도메니코 스카를라티Domenico Scarlatti(1685~1757)

안토니오 비발디Antonio Vivaldi(1678~1741)

특징: 엄숙함. 또는 천재성. 또는 힘. 망토를 두르고 앉아서 캔터베리 대주교가 우리를 대영제국의 군주로 선포하는 순간을 기다릴 때의 느낌. 아니면 우리가 한니발 같은 잔혹한 천재 범죄자가 되어 아이러니하게 평온한 음악을 배경으로 교도관의 얼굴을 물어뜯을 때의 느낌. 그 비슷한 것.

---

13 이 목록에서 내가 제일 좋아하는 작품이다.

14 사람들이 말하는 바흐는 항상 이 바흐, J. S. 바흐를 가리킨다. 하지만 그의 자녀 중 몇 명이(그는 천 편이 훌쩍 넘는 곡을 작곡하는 중에도 자녀를 스무 명이나 낳았다) 아버지의 길을 따랐기 때문에 카를 필리프 에마누엘 바흐와 요한 크리스티안 바흐 같은 다른 바흐들도 이따금 튀어나온다. 그들의 음악도 괜찮지만 아버지의 음악이 더 좋다.

바로크음악은 형식성으로 유명하고(그래서 의식에 많이 쓰인다), 이지적인 것으로도 유명하다(그래서 사악한 천재를 연상시킨다). 음악가들은 이런 이미지를 싫어하지만 여기에는 합당한 이유가 있다. 바로크음악의 상당수가 명시적으로 종교적 또는 의식적 용도로 작곡되었기 때문이다. 실제로 헨델이 조지 2세의 대관식용으로 작곡한 〈제사장 사독Zadok the Priest〉은 이후 모든 영국 군주의 대관식에서 연주되었다. 궁정의 공식 무도회도 작곡가들에게 주요한 영감의 원천이었다. 게다가 바로크 시대가 계몽과 과학혁명의 시대와 겹친다는 것도 유념해야 한다. 작곡가들은 자신들이 살아가는 시대의 분위기에 영향을 받기 때문에 이 시대의 작품들도 얼마간 지적 탐구심을 품고 있다.

바로크 시대의 전성기가 되면 특정 작곡 기법과 원칙들이 표준화된다. (예를 들어 대위법이 있다. 이것은 두 개 이상의 강력한 성부를 특정한 화성 규칙에 따라 결합하는 방식이다.) 작곡가들은 그것을 시험하고 확장했다. 바로크음악이 때로 수학적이고 거의 기하학적인 느낌마저 주는 이유 중 하나다. (특히 바흐의 음악은 암호와 프랙털 같은 요소까지 있는 구조적 복잡성으로 유명하다.)

나의 많은 동료들은 바로크음악을 해부학적 기교만으로 치부하는 것을 반대한다. (첨언하자면 나도 반대한다.) 바로크음악이 형식적이지 않다는 게 아니다. 그것이 난해한 퍼즐 같을 때가 없다는 것도 아니다. (내가 어렸을 때 이 음악에 이끌린 이유 중 하나다.) 하지만 '형식적'이라거나 '이지적'이라는 말이 이 음악을 설명하는 최적의 형용사는 아니라는 것이다.

바로크 시대는 르네상스 시대에 싹튼 희망과 믿음이 음악적

봄으로 피어난 시대다. 정밀성과 구조적 완벽성은 이 음악의 목적이 아니라 더 높은 목적의 부산물이며, 그 목적이란 웅장한 것을 만드는 것이다. 이 음악은 신앙의 이름으로, 혹은 인간이 느끼고 추구하는 알 수 없는 초월적 불꽃의 이름으로 돌 대신 음으로 만든 성당과도 같다.

헨델의 〈제사장 사독〉을 생각해 보라. 이 음악은 부드러운 물결로 시작한다. 조용하고 경건한 가운데 기대감이 반짝인다. 그러다 그 고귀함 속에 한 줄기 선이 나타난다. 선율이라고 하기에는 너무 밋밋하지만 그래도 강렬한 매혹이 느껴진다. 그것은 동트는 여명처럼 중단 없이 솟아오르며 강도와 결연함이 커지면서 마침내 그 밑으로 흐르던 잔물결을 더 이상 억누를 수 없게 되고 결국 음악은 통합된 파도로 솟구쳐서 경건하고 무결한 선언이 된다. 듣는 이는 그 힘과 웅장함에 경외감과 겸허함을 느끼고 복종할 수밖에 없게 된다.

〈제사장 사독〉이 아직도 대관식에 잘 어울리는 것은 역사 때문이 아니라 헨델의 음악이 가진 영향력 때문이다. 사실 이 작품은 경외감과 겸허함을 일으키는 능력이 아주 탁월해서 유럽축구연맹UEFA은 이것을 챔피언스 리그의 주제가로 사용하고 있다. UEFA는 팝 음악을 선택할 수도 있었다. (예를 들면 퀸의 〈위 아 더 챔피언We Are the Champions〉.) 아니면 원하는 스타일의 곡을 작곡해 달라고 의뢰할 수도 있었다. 하지만 1992년에 주제가를 선정할 때 그들은 200년도 더 전에 헨델이 작곡한 대관식곡에 끌렸고, 이 곡은 아직도 해마다 수천만 축구 팬(바이에른 뮌헨의 광팬인 내 남편 포함)의 마음을 울리고 있다.

천재 악당들이 음으로 지은 성당:[15]

◎ 〈골트베르크 변주곡〉 BWV 988 바흐

◎ 〈성 요한 수난곡〉 BWV 245 바흐

◎ 바이올린 소나타 1번 G단조 BWV 1001 바흐

◎ 〈평균율 클라비어 곡집〉 BWV 846~893 바흐

◎ 합주 협주곡 G단조 Op.6 no.8 〈크리스마스 협주곡〉 아르칸

  젤로 코렐리

◎ 〈수상 음악〉 모음곡 1번 F장조 HWV 348 헨델

◎ 〈제사장 사독〉 HWV 258 헨델

◎ 피아노 소나타 B단조 K.27 도메니코 스카를라티

◎ 두 대의 첼로를 위한 협주곡 RV 531 비발디

◎ 오페라 〈주스티노*Gistino*〉 중 '나의 사랑하는 님 만나리' 비발디

고전주의 시대

시기: 1730~1820년

대표 작곡가:

요제프 하이든Joseph Haydn(1732~1809)

볼프강 아마데우스 모차르트Wolfgang Amadeus Mozart(1756~1791)

루트비히 판 베토벤Ludwig van Beethoven(1770~1827)[16]

특징: 돈. 어쨌건 할리우드와 뉴욕 광고계는 그런 이미지를

---

15 목록의 순서는 작곡가 성의 알파벳순이다. 왜냐하면 논의의 여지 없이 바흐가 맨 앞에
    와야 하기 때문이다. 이후 목록은 주로 연대순일 것이다.

만들고자 한다. 고전주의음악은 바로크음악과 함께 흔히 까탈스러운 고급 취향을 가리킬 때 사용된다.

하지만 할리우드가 원하는 이미지, 그러니까 이 음악이 대위법 같은 규칙과 관습에 얽매여 있다는 것은 (바로크 시대 작품들보다 명랑하고 선율적인 작품들의 경우에도) 표층일 뿐이다. 잠시만 관심을 가지고 들어보면 여기에도 억눌린 황홀감과 격정, 절절한 깨달음, 끓어넘치는 기쁨과 분노 등 여러 층이 있다는 걸 알 수 있다. 그리고 이런 상반된 면, 이런 외면과 내면 사이의 긴장이 이 음악에 힘을 준다.

익살도 있다. 현대인들은 음악적 농담을 들어도 관련 배경지식이 없거나 공감하지 못할 때가 많지만 당시의 청중은 이런 종류의 음악에 편안함을 느꼈다.[17] 예를 들어 모차르트는 〈피가로의 결혼〉에서 혐오스러운 알마비바 백작을 조롱하기 위해 그의 아리아에 우스꽝스러운 딸꾹질 같은 소리와 과장되게 단순한 선율을 넣는다. 심지어 그의 성적 무능력을 암시하기 위해 노래가 때 이르게 클라이맥스에 이르게 하기도 한다. 또 모차르트는 〈돈 조반니〉에서 〈피가로의 결혼〉의 다른 아리아를 사용해 스스로에 대한 조롱과 칭찬을 동시에 표현한다. 그 음악

---

16 베토벤이 고전주의 작곡가냐 낭만주의 작곡가냐에 대해서는 논쟁이 있다. 사실 베토벤은 독자적인 범주를 가져야 한다. 하지만 그러면 모차르트도 그렇고 바흐도 그렇고, 그러면 다른 작곡가들이 소외감을 느낄 것이다. 나는 그를 낭만주의보다는 고전주의 후기 겸 중간 단계의 작곡가로 보고 싶다. 또 한 가지 이유는 낭만주의 작곡가가 너무 많은데 베토벤 같은 사람에게는 더 많은 지면을 할애해 주어야 하기 때문이다.

17 그렇다고 현대인을 나무라는 것은 아니다. 그 시절에는 드라마 「석세션」이나 게임 「헤일로」 같은 다른 형태의 고품질 엔터테인먼트가 없었을 뿐이다.

<세비야의 이발사>가 흥행에 성공하자 모차르트는 원작자인 피에르 보마르셰의 속편 <피가로의 결혼>을 오페라로 만들기 위해 대본 작가 다 폰테를 설득했다. 원작에는 신분제도를 비판하는 내용이 많아 공연이 금지되었기에 다 폰테는 풍자적 요소를 순화해 공연 허가를 받았다.

은 조반니의 저녁 식사의 배경음악으로 나오는데, 조반니의 건방지지만 충성스러운 하인 레포렐로가 가는 데마다 <피가로>가 들려서 지겹다고 투덜거린다.

이것은 똥오줌 이야기가 가득한 모차르트의 다른 작품들에 비하면 아무것도 아니다. 이 이야기는 나중에 하겠다.

다른 재미난 작곡가들도 있다. 하이든은 Op.33 no.2 4중주 <농담> 끝부분에서 뜬금없이 연주를 멈추거나 늦추어서 관객들이 착각하고 박수를 너무 일찍 혹은 너무 늦게 치도록 만든다. 2악장에서는 그다지 미려하지 않은 꾸밈음을 많이 써서 끈적하고 술 취한 듯한 분위기를 만드는데, 그것은 그 시대의 미감, 아니 어느 시대의 미감에도 정면으로 맞서는 것이다.

이 시대의 위대한 작곡가들은 특징적인 우아함과 서정성을 고수하지만 거기에 그치지 않고, 항상 더 재미있거나 심오한 것을 더했다.

돈 냄새 나는 소리를 들어보자:[18]

◎ 피아노 협주곡 21번 C장조 K.467 모차르트

◎ 피아노 4중주 1번 G단조 K.478 모차르트

◎ 〈피가로의 결혼〉 모차르트

◎ 클라리넷 5중주 A장조 K.581 모차르트

◎ 첼로 협주곡 1번 C장조 Hob.VIIb:1 하이든

◎ 현악 4중주 E♭장조 Op.33 no.2 '농담' 하이든

◎ 피아노 협주곡 3번 C단조 Op.37 베토벤[19]

◎ 교향곡 3번 E♭장조 Op.55 '영웅-*Eroica*' 베토벤

◎ 현악 4중주 10번 E♭장조 Op.74 '하프*Harp*' 베토벤

◎ 피아노 3중주 B♭장조 Op.97 '대공*Archduke*' 베토벤

낭만주의 시대

시기: 1820~1915년

대표 작곡가:

프란츠 슈베르트Franz Schubert (1797~1828)

펠릭스 멘델스존Felix Mendelssohn (1809~1847)

---

18 모차르트가 가장 먼저고(그야 모차르트니까) 그 다음은 연대순이다. 베토벤은 개인적으로 가장 좋아하지만 그의 음악은 이 시대의 양식과 그리 잘 들어맞지는 않는다. 하이든도 훌륭하지만 이 구역은 경쟁이 치열하다.

19 이미 언급했듯이 베토벤은 가교 역할을 하는 작곡가이고 그 점에서 독보적이다. 그의 후기 음악(이것에 대해서는 추후에 다루겠다)은 고전주의 시대의 양식과 완전히 결별하지만, 이 작품들도 정도는 다를지언정 모두 낭만주의적 경향을 띤다.

프레데리크 쇼팽Frédéric Chopin(1810~1849)

로베르트 슈만Robert Schumann(1710~1856)

리하르트 바그너Richard Wagner(1813~1883)

주세페 베르디Giuseppe Verdi(1813~1901)

클라라 슈만Clara Schumann(1819~1896)

요한네스 브람스Johannes Brahms(1833~1987)

표트르 일리치 차이콥스키Pyotr Il'ich Tchaikovsky(1840~1893)

안토닌 드보르자크Antonín Dvořák(1841~1904)

자코모 푸치니Giacomo Puccini(1858~1923)

구스타프 말러Gustav Mahler(1860~1911)

리하르트 슈트라우스Richard Strauss(1864~1949)[20]

에이미 비치Amy Beach(1867~1944)

세르게이 라흐마니노프Sergei Rachmaninoff(1873~1943)

새뮤얼 콜리지 테일러Samuel Coleride-Tayor(1787~1912)

특징: 감정. 때로는 사랑, 비애, 경이를 정확하게 포착해서 경탄을 일으키고 영혼을 뒤흔든다. 때로는 아빠가 아닌 남자 사람에게서 문자를 받을 때마다 병적으로 질투에 불타오르던 우리의 전 남자 친구의 머릿속을 살 떨리게 상기시켜 준다.

낭만주의 시대는 모든 것이 더 크고 많아진다. 작품들이 더 길고 시끄럽고 강렬해진다. 움직임이 커지고, 화성이 화려해지고, 앙상블이 대형화되며 다양화된다. 그래서 소리가 더 풍성하

---

20 세상 모든 왈츠를 다 작곡한 사람은 이 사람이 아니라 요한 슈트라우스 2세다. (요한 슈트라우스 1세도 작곡가였다. 세상이 너무 단순하면 곤란하기 때문이다.)

고 충만해진다. 이 시대는 또한 내가 눈물을 머금고 목록에서 빼야 했던 중요한 작곡가들의 수도 더 많다.

이 시대의 음악은 공식적으로 '낭만주의 음악'이라고 부른다. 하지만 나는 이 이름이 마음에 들지 않는다. 마치 지금이 2001년이고, 내가 홈쇼핑 채널에서 세계 최고의 낭만적 노래 500곡 시디 세트를 파는 것 같기 때문이다.

이 시대의 음악은 욕조 주위에 촛불을 가득 켜놓는 종류의 낭만과는 별로 관계가 없다. 물론 욕조에서 이 음악을 듣는 일은 언제든지 환영이다. 여기서 말하는 낭만주의는 18세기 후반 독일에서 일어난 문학 운동인 '질풍노도'나 프랑스 혁명의 이상과 더 큰 관련이 있고, 그것이 정확히 무엇인지는 몰라도 어쨌건 에드거 앨런 포나 조지 고든 바이런 같은 사람들이 사촌과 사랑에 빠지게 만드는 것이었다.

그중 일부는(특히 초기의 경우) 여전히 형식성에 묶인 채 구조적 엄격함 속에서 풍부한 표현을 실험한다. 하지만 후기의 어떤 작품들은 아주 길고 기 빨리는 집단 상담 같은 느낌을 주기도 한다. 그러니까 심오한 깨달음도 많이 주지만 나 자신은 털어놓고 싶지 않은 불평불만과 울음과 고백이 넘쳐나는 그런 상담.

아마 그게 핵심 같다. 시대가 진보하고 형식과 균형 같은 요소보다는 자기표현이 더 중요해지면서 구조와 규율이 느슨해지는 (또는 관점에 따라서는 실종되는) 과정의 일부다.

이 시대의 음악은 확실히 이 장르의 음악 중 가장 대중성이 높고, 또 많은 이들이 좋아하는 정서적 유동성이 있다. 하지만 내가 두 시간 동안 소란을 피우면 미성숙의 징표인 데 비해 말러가 그러면 혁신적인 천재라고 칭송받는다는 사실이 짜증스럽게 느껴질 때도 있다. (물론 말러에게는 그것을 음악 형식으로 만들 수 있는 선견지명이 있었기 때문이겠지만 말이다.)

낭만 없는 낭만주의 음악을 들어보자:[21]

◎ 즉흥곡 G♭장조 Op.90 no.3(D.899 no.3) 슈베르트

◎ 발라드 1번 G단조 Op.23 쇼팽

◎ 피아노 3중주 2번 C단조 Op.66 클라라 슈만

◎ 피아노 3중주 G단조 Op.17 클라라 슈만

◎ 첼로 협주곡 A단조 Op.129 로베르트 슈만

◎ 피아노 5중주 F단조 Op.34 브람스

◎ 바이올린 협주곡 D장조 Op.35 차이콥스키

◎ 〈파르지팔〉 리하르트 바그너[22]

◎ 피아노 3중주 4번 E단조 Op.90 B.166 '둠키' 안토닌 드보르자크

◎ 오케스트라를 위한 발라드 Op.33 새뮤얼 콜리지 테일러

◎ 〈영웅의 생애〉 Op.40 리하르트 슈트라우스

◎ 피아노 협주곡 C#단조 Op.45 에이미 비치

◎ 교향곡 4번 G장조 구스타프 말러

◎ 피아노 협주곡 2번 C단조 Op.18 세르게이 라흐마니노프

---

21 이 목록은 연대순이다.

22 다시 한번 말하지만, 재수 없는 놈이다.

20세기

시기: 진심? 이걸 묻는다고?

대표 작곡가 (전기):

클로드 드뷔시Claude Debussy (1862~1918)

잔 시벨리우스Jean Sibelius (1965~1957)

(초기) 아르놀트 쇤베르크Arnold Schönberg (1874~1951)

찰스 아이브스Charles Ives (1874~1954)

모리스 라벨Maurice Ravel (1875~1937)

버르토크 벨러Bartók Béla (1881~1945)

이고리 스트라빈스키Igor Stravinsky (1882~1971)

안톤 베베른Anton Webern (1883~1945)

알반 베르크Alban Berg (1885~1935)

플로렌스 프라이스Florence Price (1887~1953)

세르게이 프로코피예프Sergei Prokofiev (1891~1953)

릴리 불랑제Lili Boulanger (1893~1918)

파울 힌데미트Paul Hindemith (1895~1963)

에리히 볼프강 코른골트Erich Wolfgang Korngold (1897~1957)

드미트리 쇼스타코비치Dmitri Shostakovich (1906~1975)

대표 작곡가 (후기):

애런 코플런드Aaron Copland (1900~1990)

올리비에 메시앙Olivier Messiaen (1908~1992)

엘리엇 카터Elliott Carter (1908~2012)

1911년 클로드 드뷔시가 자신의 서재에서 이고리 스트라빈스키와 함께 찍은 사진. 뒤편에 호쿠사이의 「가나가와 해변의 높은 파도 아래」가 보이는데 드뷔시는 이 목판화에서 영감을 받아 교향시 「바다la mer」를 쓰기도 했다. 이 사진을 촬영한 사람은 놀랍게도 에릭 사티다.

새뮤얼 바버Samuel Barber(1910~1981)

존 케이지John Cage(1912~1992)

비톨트 루토스와프스키Witold Lutoslawski(1913~1994)

벤저민 브리튼Benjamin Britten(1913~1976)

조지 워커George Walker(1922~2018)

리게티 죄르지Ligeti György(1923~2006)

피에르 불레즈Pierre Boulez(1925~2016)

다케미쓰 도루武満徹(1930~1996)

콜리지 테일러 퍼킨슨Coleridge-Taylor Perkinson(1932~2004)

특징: 때로는 낭만주의 음악 같기도 하고 때로는 고전주의 음악에 블랙코미디를 섞은 것 같기도 하다. 때로는 아주 매력

적인 방식으로 귀를 긁고 두드린다. 때로는 힐다 이모의 고양이가 피아노 위를 걸어가는 것 같다.

이 시기는 통일된 사운드나 미감이 없다. 이 시기의 음악은 음렬주의, 신고전주의, 미니멀리즘, 모더니즘 등 클래식 음악 일반의 다양한 스타일과 운동의 집합체다. 하지만 이 시대 전체를 아우를 수 있는 설명은 전통적 음계와 정형적 리듬에서 벗어나 점차 새롭고 비정통적인 작곡 방식으로 이동해 갔다는 것이다.

20세기 음악은 추상적이고 비전통적인 실험을 즐긴다. 새로운 기법과 때로는 음악 외적인 요소까지 도입하고, 예상되는 화성을 거부하며 불규칙한 요소를 사용해 균형을 살짝 무너뜨린다.

여기에는 조화와 감동을 모두 갖춘 음악의 작곡가 새뮤얼 바버나 청년기의 아르놀트 쇤베르크가 있고, 피에르 불레즈와 청년기 이후의 아르놀트 쇤베르크도 있다. 이 후기의 쇤베르크는 '12음 기법'을 실험했는데, 이것은 음악과 수학의 경계를 넘나들면서 전혀 다른 음악적 미학을 고수하는 엄격한 작곡 방식이다.

그 뒤로 스트라빈스키, 프로코피예프, 힌데미트 같은 사람들이 있다. 이들의 작품은 전통적 조성을 거부하지만 고전주의와 바로크 시대의 작곡 모티프와 기법도 실험한다. 그리고 스티브 라이시, 카를하인츠 슈토크하우젠도 있고, 개념이 내용만큼이나 중요한 존 케이지 같은 작곡가도 있다. 슈토크하우젠의 〈헬리콥터 현악 4중주〉는 네 대의 현악기와 네 대의 헬리콥터를 위한 작품이다.[23] 그리고 존 케이지의 〈4분 33초〉는 음악가가(혹은 다른 아무라도) 무대에 나와서 4분 33초 동안 가만히 앉아 있다가 나간다. 관객의 반응 소리가 음악이다.

보수성이 강한 클래식 팬들은 20세기 음악을 피하지만(다빈치와 르누아르의 일부 팬이 테이트 모던이나 뉴욕현대미술관을 피하는 것처럼), 이전 시대와 다른 다양성, 시야, 지적 풍부함을 좋아하는 사람도 많다. 이 시대에는 내가 싫어하는 곡도 많지만 좋아하는 곡도 여럿 있다.

여기서 인상주의 이야기를 해야 할 것 같다. 인상주의는 프랑스에서 19세기 말부터 20세기 초에 일었던 예술운동이다. 그걸 왜 여기에 배치하느냐고 하는 사람들도 있겠지만 인상주의 음악의 조성의 모호함은 낭만주의 시대와는 더 맞지 않는다. 앞에서 말했듯이 공통 음악어법 시대의 3분의 1은 낭만주의 시대에 걸쳐 있고, 이 시기는 통일된 조성을 공유한다.

사람들은 흔히 가브리엘 포레가 이 음악의 아버지라고 하지만 인상주의의 거물은 클로드 드뷔시와 모리스 라벨이다. (라벨은 심지어 포레와 함께 공부한 사이다. 드뷔시는 포레와 동문은 아니지만 그와 같은 묘지에 묻혀 있다.)

이 음악의 예술적 스타일은 기본적으로 인상주의 그림과 같

---

23 나는 어쩌다가 줄리아드의 블랙박스 극장에서 슈토크하우젠의 〈헬리콥터 현악 4중주〉를 공연한 적이 있다. 그 공간에는 헬리콥터 네 대가 들어갈 자리가 없었지만, 교묘한 조명과 악보를 날려버릴 듯이 거대한 바람을 일으키는 선풍기로 그 효과를 흉내 냈다. 그로 인해 사라진 위험의 요소를 표현하기 위해서 우리는 치명적인 18세기 요부의 복장을 했다. 치마 가장자리에 전선과 문어발 플러그를 둘렀더니 "나는 달아올랐어요" 하는 표현과 몇 가지 스트립쇼적인 요소를 도입해야 할 것만 같았다. 이 계획은 실행되지는 않았지만 그래도 우리 공연에 활기를 불어넣었다.

52

다. 어떤 분위기를, 그리고 햇빛과 물 같은 시각적 현상을 묘사하는 것이다. 이 음악은 딱 떨어지는 결론보다 떠오르는 느낌을, 확고한 구조보다 실제 효과를 중시한다. 그러니까 낭만주의의 튼튼한 재질과 달리 액체 수은에 더 가깝다. 갑자기 새로운 색채와 반짝이는 질감이 터져 나오고, 이따금 중세와 르네상스 분위기로 빠져든다.[24] 사운드는 프랑스 느낌이 가득하지만 프랑스의 모든 것을 싫어하는 우리 아빠조차(그럴듯한 이유라고는 프랑스 음식을 먹으면 소화가 안 된다는 것뿐이지만) 이들의 음악이 효과적이고 생동감 넘친다는 것은 부정하지 못한다.

흥미롭게도 드뷔시는 인상주의라는 용어도, 또 그를 인상주의자라고 명명한 바보들도 인정하지 않았다. 어쨌건 드뷔시는 오늘날의 정의에 따르면 전형적인 인상주의 작곡가고, 파시 묘지에 포레와 함께 묻혀 있는 그가 이제 와서 그걸 어떻게 할 수는 없는 일이다.

플레이리스트에 넣을 만한 곡들:[25]

◎ 현악 4중주 G단조 Op.10 드뷔시

◎ 〈목신의 오후 전주곡〉 L. 86 드뷔시

◎ 피아노 3중주 A단조 모리스 라벨

◎ 〈라 발스〉 모리스 라벨

◎ 〈봄의 제전〉 이고리 스트라빈스키

---

24 다행히 도리스 선법은 드물다.

25 이것 또한 연대순인데, 조성에서 점차 멀어지는 것을 강조하기 위해서다.

◎ 〈하늘의 빈터〉 릴리 불랑제

◎ 고전 교향곡 1번 D장조 Op.25 세르게이 프로코피예프

◎ 피아노 5중주 Op.15 에리히 볼프강 코른골트

◎ 모음곡 〈이상한 중국 관리〉 Op.19 Sz.73 버르토크 벨러

◎ 비올라 협주곡 윌리엄 월튼

◎ 바이올린 협주곡 알반 베르크

◎ 〈시간의 종말을 위한 4중주〉 올리비에 메시앙

◎ 현악 4중주 8번 C단조 Op.110 드미트리 쇼스타코비치

◎ 〈탄식: 흑인/민속 노래 모음곡〉 콜리지테일러 퍼킨슨

◎ 〈사행시IIQuatrainII〉 다케미쓰 도루

◎ 〈헬리콥터 현악 4중주〉 카를하인츠 슈토크하우젠

현대

시기: 현재 살아 있는 작곡가들의 시대

대표 작곡가: 세대별로 구분(출생 연도는 알아도 아직 사망 연도는 알 수 없으므로)

◎ **침묵의 세대:**

존 코릴리아노John Corigliano

필립 글래스Philip Glass

메러디스 몽크Meredith Monk

아르보 패르트Arvo Pärt

스티브 라이시Steve Reich

엘런 테이프 즈윌릭Ellen Taaffe Zwilich

◎ 베이비부머:

존 애덤스John Adams

존 루서 애덤스John Luther Adams

토머스 아데스Thomas Adès

엘리너 앨버Eleanor Alberga

조지 벤저민George Benjamin

진은숙

탄 둔Tan Dun

마이클 고든Michael Gordon

제니퍼 히그던Jennifer Higdon

애런 제이 커니스Aaron Jay Kernis

데이비드 랭David Lang

카이야 사리아호Kaija Saariaho

줄리아 울프Julia Wolfe

한스 짐머Hans Zimmer

◎ X세대:

앤디 아키호Andy Akiho

마르코스 발테르Marcos Balter

레이븐 차콘Raven Chacon

가브리엘라 리나 프랭크Gabriela Lena Frank

제이크 헤기Jake Heggie

존 매키John Mackey

미시 마졸리Missy Mazzoli

앤드루 노먼Andrew Norman

파올라 프레스티니Paola Prestini

세라 커클랜드 스나이더Sarah Kirkland Snider

크리스토퍼 테오파니디스Christopher Theofanidis

에릭 휘태커Eric Whitacre

◎ 밀레니얼 세대:

티모 안드레스Timo Andres

코트니 브라이언Courtney Bryan

리나 에스메일Reena Esmail

제시 몽고메리Jessie Montgomery

니코 뮬리Nico Muhly

기티 라자스Gity Razaz

엘런 리드Ellen Reid

캐럴라인 쇼Caroline Shaw

◎ Z세대: 아직 모름

새로운 음악을 듣는 즐거움 중 하나는 우리가 역사에 적극적으로 참여한다는 것이다. 그것은 마치 〈복면가왕〉을 보면서 투표하는 것과 같다. 나는 투표는 하지 않고 결과를 기다리는 편이기는 하다. 거기 나온 돈 많은 유명인들의 일시적인 꿈을 짓

밟는 일이 힘들기 때문이다. 어쨌건 이 음악들을 들을 때의 단점은 아직 시간의 평가가 이루어지지 않았다는 점이다. 지난날 인기를 누린 많은 고전주의나 바로크 작곡가들도 그 후 잊혔다. 여기 내가 제시한 목록은 나의 개인적 선호와 이 음악가들의 현재 인기 및 성공 수준에 토대한 것이지만, 오늘날의 많은 작곡가 중 누가 미래에 여기 적힌 앞선 시대의 작곡가와 같은 반열에 오를지는 오직 신묘한 점쟁이만이 말할 수 있을 것이다. 그리고 내가 예언에서 신통력을 발휘한 분야는 내 동생의 연애사뿐이었다.[26]

특징: 20세기 음악. 앞서 말했듯이 현대음악은 20세기 음악의 연장선에 있다. 떠들썩했던 Y2K 예언과 달리, 2000년대가 시작될 때 '20세기'라는 용어가 만료된 것을 빼면 마술적인 변화는 없었다. 그리고 많은 작곡가가 20세기와 21세기에 걸쳐서 활동했기 때문에 현대음악은 20세기 음악의 연장선에 있다.

여기서 나는 두 가지 경향을 언급하고 싶다.

첫째, 다양한 사운드 세계의 경계가 흐려지고 있다는 것. 어떤 음악은 일반적으로 생각하는 클래식보다 팝이나 재즈와 더 가깝다. 둘째, 사운드의 경계가 흐려지면서 자연스레 오늘날의 클래식 음악이 대체로 무조성적이고 실험적인 방향으로 가고 있긴 해도, 지난 몇십 년 동안은 20세기의 경향과 반대로 조성으로 돌아가는 작곡가들이 많았다는 것.

---

26 동생은 내 예언을 좋아했다.

현대 작곡가들은 다양한 스타일을 사용한다. 심지어 한 작품 안에서도 그런다. 존 코릴리아노의 〈붉은 바이올린〉은 비교적 균일하고 조성적이지만, 그의 교향곡 3번 〈키르쿠스 막시무스〉는 두드러진 화성적 충돌뿐 아니라 뭐랄까 '술집 라이브' 같은 소리에 정지된 무중력, 무조성 소리 풍경, 그리고 이미 짐작했을지 모르지만 서커스 음악까지 포괄한다. 주요 악장인 '채널 서핑'은 대조적인 음악적 요소들을 정신없이 넘나드는 방식으로 제목이 말하는 효과를 표현한다.

존 애덤스도 이런 짜깁기 스타일을 좋아한다. 그의 오페라 〈클링호퍼의 죽음〉의 도입부는 손드하임의 뮤지컬 같은 울림을 사용하고, 콘서트마스터의 독주는 쇤베르크의 초기 독일 낭만주의의 영향을 받았다. (나도 애덤스가 지휘하는 공연에서 이를 우연히 개작한 적이 있다.) 그 오페라에서 음악이 김빠지고 공허하고 팝 음악 같은 소리로 변하는 순간이 또 있는데, 애덤스는 이것으로 특정 등장인물의 어리석음을 강조한다. (팝 장르에 대한 일종의 모욕이다.) 애덤스는 자신의 음악을 '후기 스타일'이라고 하는데 나는 그것이 마음에 든다. 그에게 까이기 싫어서 하는 말만은 아니다.

그러면 어디에 투표할까?:[27]

◎ 〈벤저민 브리튼을 기리는 칸투스〉 아르보 패르트

◎ 바이올린 협주곡 1번 필립 글래스

27   혹시 내가 계속 연대순이라고 말하는 게 지겨운가?

◎ 〈클링호퍼의 죽음〉 존 애덤스

◎ 〈바이올린과 피아노를 위한 공기Air for Violin and Piano〉 애런 제이 커니스

◎ 〈일곱 마리의 나비Sept Papillons〉 카이야 사리아호

◎ 〈잠〉 에릭 휘태커

◎ 〈물의 수난곡Water Passion after St. Matthew〉 탄 둔

◎ 교향곡 3번 〈키르쿠스 막시무스〉 존 코릴리아노

◎ 〈성냥팔이 소녀 수난곡The Little Match Girl Passion〉 데이비드 랭

◎ 〈대양의 시Oceanic Verses〉 파올라 프레스티니

◎ 〈실Hilos〉 가브리엘라 리나 프랭크

◎ 8성부 파르티타 캐럴라인 쇼

◎ 첼로 협주곡 진은숙

◎ 〈여왕의 초상Portrait of a Queen〉 카를로스 사이먼

◎ 〈젊은 날을 위한 카덴차Cadenza for the Once Young〉 기티 라자스

◎ 바이올린 협주곡 2번 '나르키소스Narcissus' 엘리너 앨버가

◎ 〈평화Peace〉 제시 몽고메리

엘리제를 위하여

어린 시절 나는 오르골이 많았다. 가까운 어른들이 너도나도 하나씩 선물했기 때문이다. 그중에 뚜껑을 열면 발레리나가 나와서 베토벤의 〈엘리제를 위하여〉에 맞추어 뻣뻣하게 회전하는 오르골도 있었다.

나는 지금도 이 작품이 그 오르골 소리처럼 빈약하게 들린다. 그리고 그렇게 갈수록 흔들리고 음이 낮아지다가 넷째 소절에서 멈출 것 같다.

지금까지 나는 〈엘리제를 위하여〉를 4067582번 이상 들었을 것이다. 그런데도 여전히 그것은 콘서트 악곡이 아니라 오르골 음악 같다. 나쁜 작품이라는 게 아니다. 그런지 아닌지는 알 수가 없다. 모두가 그렇지 않을까? 우리 모두는 이 곡을 너무 자주, 너무 많은 상황에서, 너무 서툰 연주로 들어서 이 곡을 편견 없이 평가할 수가 없다. 하지만 특별히 좋은 곡은 아닐 것이다. 베토벤이 이 작품을 발표하지 않았기 때문이다. 이 작품은 그가 죽은 뒤 다른 미발표 수정본과 함께 발견되었다.

이것이 클래식 장르 전체의 모델이 된 것은 안타까운 일이다.

여러분이 여기까지 읽은 것에서 무엇을 얻었건 간에(바로크 시대의 연대[28]나 대위법의 정의[29]를 기억하건 말건) 무엇보다 클래식 음악에는 아주 다양한 소리가 있고, 그것들을 공평하게 대할 필요는 없다는, 심지어 그게 도움이 된다는 사실을 기억했으면 좋겠다.

나는 중세음악을 싫어한다. 베토벤은 〈엘리제를 위하여〉를 싫어했다. 나중에 말하겠지만 차이콥스키는 브람스를 싫어했다. 그리고 줄리아드스쿨의 한 선생님은 1900년 이후에 작곡된

---

28 1600~1750년이다.

29 두 가지 이상의 독립적 선율을 특정한 화성 규칙에 따라 결합하는 일.

베토벤의 「엘리제를 위하여」는 자필 악보는 물론이고, 필사본조차 소실되어 남아 있지 않다. 베토벤에 이 곡을 작곡했다는 유일한 증거는 베토벤이 1810년에 남긴 악보 스케치에 「엘리제를 위하여」의 주제 선율이 발견된다는 점이다.

음악을 가르치지 않았다.[30]

여러분도 싫은 것을 싫어할 권리가 있다. 마음에 드는 음악을 찾는 데 방해가 되지 않는 한, 이 음악 중 일부를 싫어해도 된다. 그래도 좋아하는 곡을 찾는 일을 멈추지는 말기를. (하지만 모차르트를 싫어한다면 나하고는 친구가 되기 어려울 것 같다.)

---

30 어느 해의 연말 평가 때(학생들이 한 명씩 연주하면 교수들이 그에 대해 짧은 코멘트를 달고 성적을 매겼다) 한 학생이 힌데미트의 1923년 작품인 첼로 소나타를 연주했다. 그 교수가 코멘트 칸에 남긴 것은 거대한 물음표뿐이었다.

2장

별거 아닌 건 재능도 마찬가지

솔직히 말하면 재능이라는 게 있기는 하다
하지만 생각만큼 대단한 것은 아니다

나는 〈반짝반짝 작은 별〉을 1년 동안 배웠다. 1년 동안.[1] 그리고 이런 눈부신 음악적 성장을 이루기 전에는 먼저 바이올린 잡는 법과 바이올린을 들고 서는 법을 배워야 했다. 빈 티슈 상자에 테이프로 자를 붙이고 피자 박스 종이에 발 위치를 그려 연습하곤 했다.

활은 나무로 만든 것이 아니라 5색 형광펜이었다. 여러 색깔의 짜리몽땅한 펜 여러 개를 길게 결합한 형태의 형광펜이었는데, 나는 아직도 연습할 때마다 해체되어 버린 그 펜을 다시 주우려고 우리 집 부엌의 보기 흉한 리놀륨 바닥을 기어다닌 일이 기억난다. 또 그로부터 13년 후에 진짜 활을 부러뜨려서 다

---

1   물론 내가 검지와 엄지를 맞대는 법을 갓 배운 나이이기는 했다.

른 바닥을 기어다닐 때 그 보기 흉했던 리놀륨 바닥을 기어다
닌 일을 기억하던 일도 기억한다. 내가 부러뜨린 활은 1900년
대 초에 런던의 W. E. 힐 앤드 선스사에서 만든 것으로 부모님
이 7000달러나 주고 산 것이었다. 물론 그 일이 일어난 순간에
는 머릿속에 온갖 형태의 욕설이 떠올랐지만, 약간 진정한 뒤
에는 충분히 예견된 일이었다는 것을 깨달았다.

티슈 상자 이후 나는 주황색 공장제 바이올린으로 옮겨 갔
다. 그것은 장난감에서 조금 벗어난 수준이었고, 소리는 접시에
포크를 짤그랑거리는 소리에 다람쥐 소리 필터를 씌운 것 같
았다. (혹은 내가 두 살 반 때 모차르트 아리아를 부르던 목소리 같았
다.) 5색 형광펜은 튼튼한 플라스틱 활로 바뀌었다. 활에는 색
색의 테이프가 감겨 있어서 특별히 머리 쓰지 않고도 위, 중간,
아래 부분을 구별할 수 있었다.

그런 뒤 '작은 별'의 해가 왔고, 특별히 즐겁지는 않았어도
그 시절은 이후에 비하면 연습에 압박감이나 좌절감이 거의 없
었다. (그러니까 나는 그랬다는 것이다. 하지만 연습 때 늘 곁에 있던
아빠는 압박감과 좌절감이 컸을 것이다.)

단계 하나하나, 동작 하나하나가 다 설계되어 있었다. 직관
적인 것은 아무것도 없었다. '손가락을 둥글게 굽혀라, 팔을 움
직여서 포지션을 이동해라, 활로 여동생의 코를 파지 말아라.'
내 근육이 동작을 흡수하고 마침내 약간 우아하고 능숙한 척할
수 있게 되자 비로소 모든 것이 좀 더 자연스럽게 느껴졌다. 아
니 사실 꽤나 자연스러웠다. 나는 음반의 아름다운 연주를 듣
고 똑같은 기교를 사용해서 그 곡을 연주하곤 했다. 그런 다음

많은 음악 샛별들이 접하는 〈작은 별 변주곡〉은 보통 동요로 알려져 있지만 이것은 모차르트의 변주곡에 가사를 붙여서 만든 것이다. 그 원형인 프랑스 민요 〈아, 어머니께 말씀드리죠〉는 한 소녀가 어머니에게 진심을 털어놓는 전혀 다른 가사의 노래다. 위의 그림은 해당 가사를 앙리 제르보의 삽화와 함께 꾸민 카드.

에는 다른 방식을 시도해 보고, 또 다른 방식, 또 다른 방식을 시도하며, 나답게 느껴지는 방식을 찾으려 했다. 이 시절에 나는 정말로 '연습'한 것이 아니라 그저 음악을, 소리를 만드는 재미를 즐겼던 것이다.

 그러다 내가 당시 선생님의 수준을 넘어서자[2] 다른 선생님을 만났는데 그분은 내가 하나부터 열까지 다 잘못되어 있다고 했다. 왼 손목이 너무 안으로 들어와 있고, 엄지는 유연하지만 너무 밖으로 나가 있고, 손가락과 현이 만나는 각도가 잘못되어 있다고 했다. 모든 게 다시 어색하고 불편해졌고, 모든 게 다시

---

[2] 나는 학창 시절에 총 일곱 명의 개인 레슨 선생님을 두었다. 이는 직업 바이올리니스트의 평균보다 높은 편이다. 이런 사제 관계는 대체로 일대일이지만 나의 경우 석사과정 때는 동시에 두 선생님을 두기도 했다.

기술로 돌아갔다.

이게 다 우리 엄마가 심심할 때마다 인터넷 어느 구석에서 재능이 너무 출중해 아무 노력 없이도 대가의 경지에 이르렀다고 하는 사람들의 기사를 발굴해서 내게 보내주기 때문이다. 이 일로 인해 내가 점점 더 좌절과 광기에 빠져드는 모습을 보는 것이 우리 엄마의 놀이다. 엄마가 이런 일을 즐거워하는 이유는 보통 사람들이 재미있어하는 시트콤이나 코미디 프로그램 같은 것이 엄마에게는 효과가 없기 때문이다.

네브래스카주 오갈랄라 출신 남자의 이야기를 들은 적 있는가? 자기 집 다락에서 낡은 트럼펫을 발견하고 일주일 후에 바흐의 〈브란덴부르크 협주곡〉 2번을 연주했다는?[3] 그리고 어느 날 아침 대학 구내식당에서 맛감자를 열 접시 먹은 남자가 화장실에서 사흘을 보내고 넷째 날에 탈수증 때문에 피아노 의자에 앉아 어쩌다 거기에 있게 되었지만 한 번도 치지 않은 피아노 위에 엎어졌다가 리스트의 〈라 캄파넬라〉를 악보도 안 보고 칠 수 있게 되었다는, 그럼에도 그는 여전히 리스트가 누구인지 모른다는 이야기는?[4]

'타고난 연주자'라는 말을 들으면 나는 머리털을 쥐어뜯는다.

3　여섯 곡으로 이루어진 〈브란덴부르크 협주곡〉은 바흐의 가장 정교한 작품 중 하나이고, 특히 2번 곡은 아무리 용감한 트럼펫 연주자의 심장에도 공포심을 불어넣는다. 보스턴 심포니 오케스트라의 트럼펫 연주자인 내 친구의 말에 따르면 이 곡을 연주하는 것은 아침에 일어나자마자 양 손바닥으로 관자놀이를 누른 채 20분 동안 완벽한 팔세토 창법으로 노래하는 것과 같다고 했다.

4　프란츠 리스트는 역사상 최고의 피아니스트 중 한 명이었고 그가 남긴 피아노 곡들은 기교로 유명하다. 〈라 캄파넬라〉는 그중에서도 특히 지독하게 어려운 곡으로 꼽는다.

언젠가 택시를 탔더니 기사가 내 바이올린을 보고 나더러 '재능'을 타고났고, '항상 즐거운 일'을 직업으로 가졌으니 복이 많다고 했다. 자신도 한때 바이올린을 배워보려고 했지만 악기를 들고 있는 게 너무 아프고 불편했다고, 바이올린이 그렇게 느껴지면 안 되는 것 같았다고 했다.

나는 그에게 피부가 벗겨진 손끝과 활을 잡는 손 검지의 굳은살, 그리고 턱받침이 닿는 목 부분에 진물이 흐르는 채로 딱지가 앉은 것을 보여주고 싶었다. 공연의 압박감을, 무대에서 토할 것 같은 어이없지만 벗어날 수 없는 공포를, 내 손가락이 연습한 지점에서 0.1밀리미터 어긋날 때마다 밀려드는 강렬한 자기혐오에 대해 말하고 싶었다. 그러나 그러지 않았다. 대신 그에게 20퍼센트 팁을 주었다. 어떤 면에서 내가 복을 받은 것은 사실이기 때문이다. (직업 만족도 같은 걸로 불평할 수 있는 사람은 누구나 그렇다.) 그리고 이토록 어두운 자기 연민의 수렁으로 빠져본 적 없는 많은 음악가들은 아마 그의 말에 동의했을 것이다.

그렇다고 타고난 재주가 아무 역할도 못 한다는 말은 아니다. '작은 별'을 일 년 동안 연습한 나조차도 음악을 만드는 데 필요한 민첩함, 협응력, 신경적 성향을 내 남편 슈테판보다는 약간 더 타고난 것 같다. 슈테판은 법학 분야에는 재능이 있지만 그가 부르는 독일 국가는 프랑스 국가와 똑같이 들린다. (그가 독일인이고, 두 곡이 같은 곡이라고 생각해서 그런 것은 아니다.)[5]

---

5 슈테판은 자기 이름만 독일식으로 제대로 발음해 주면 내가 놀려도 상관하지 않는다.

하지만 그럼에도 내가 바이올린을 연주하면서 겪은 모든 경험을 포괄하는 '타고난' 무언가에 대한 확실한 정의는 없다.

타고나지 않은 것들

그러면 어떤 독자들은 이렇게 말할지도 모른다. "무례한 말일지 모르겠지만 그 문제는 당신의 재능이 부족해서 그런 거 아닐까요?"

그것은 내가 아이스크림 없이는 대답할 수 없는 질문이지만, 그래도 어쨌건 내 대답이 중요하지 않다는 것은 말해줄 수 있다. 세계적인 클래식 음악가 누구에게 물어봐도 거짓말쟁이 한 명을[6] 빼면 모두가 직업 연주가가 되는 일에는 끝없는 연습, 꾸준한 관리, 그리고 좌절과 육체적 불편에 대한 극도의 인내가 필요하다는 것을 확인해 줄 것이다. 처음부터 바로 좋은 소리를 내는 사람은 없다. 재능 있는 바이올리니스트와 재능 없는 바이올리니스트의 차이는 처음에는 좋고 나쁨의 차이가 아니다. 그것은 소리라는 수프를 만드는 데 자신의 첫 아이를 바칠 것이냐 그냥 사랑하는 이모들 중 하나를 바칠 것이냐의 차이다.

더 나아가기 전에 '재능talent'이라는 말을 자세히 살펴보자. 이 일은 쉽지 않다. 〈옥스퍼드 영어사전〉은 이 단어를 일곱 가

---

[6] 누군지 본인은 알 것이다.

지 뜻으로 정의하는데 첫 번째가 '아시리아, 바빌로니아, 그리스, 로마 등의 고대 국가에서 화폐로 사용한 무게의 단위'이기 때문이다. 성경에 나오는 '달란트'가 바로 이것이다. 하지만 음악과 관련해서 재능이란 대체로 적성과 취향, 그리고 신성한 권리처럼 거의 형이상학적인 어떤 것을 의미한다. 여기서 중요한 것은 재능은 '잠재력'을 의미하지 성취를 의미하지 않는다는 것이다.

재능에 대해서 첼리스트 데이비드 소여가 했다는 말이 있다. 그는 줄리아드스쿨 교수이자 내가 좋아하는 퉁명스러운 클래식 음악 관련 명언을 많이 남긴 사람이다. 그는 한 입학 지망생의 협주곡 연주를 끝까지 듣고 나서 학생을 똑바로 바라보며 "연습을 안 했거나 재능이 없군"이라고 말했다고 한다. 이 독설은 중요한 진실을 말해 준다. 재능 있는 사람이라도 시간을 투자하지 않으면 재능 없는 사람과 비슷해진다는 것이다. 클래식 음악계에서 직업 연주가가 되려면 높은 수준의 체력과 근육 관리가 필요하기 때문이다.

내 말뜻은 이렇다.

10년 전 나는 국제 콩쿠르에서 파가니니의 카프리스를 연주했다.[7] 연주가 끝난 뒤 손이 엄청나게 아팠지만(파가니니 나쁜놈) 비교적 빨리 회복되었다. 하지만 만약 지금 연습도 하지 않고 바이올리니스트로서는 컨디션도 엉망인 내가 파가니니의 카프리스를 연주하려 했다가는 병원에 입원하고 말 것이다. 나

---

7 파가니니의 카프리스들은 엄청난 육체적 노동이다. 신체를 비트는 곡예와 고대의 고문을 결합한 것과 비슷하다. 그것들은 내 인생의 숙적이다.

자신에 대한 분노가 폭발해서만은 아니다. 내 재능의 수준은 그때나 지금이나 똑같다. 차이는 신체적 상태다.

그래서 나는 엄마가 말한 '오갈랄라 남자'와 '맛감자 남자'가 거짓말을 했다는 걸 안다. 그들이 번개를 맞아서인지 소화불량에 시달려서인지 하여간 알 수 없는 이유로 생겼다는 그 재능은(우주에는 내가 이해할 수 없는 경이들이 있는 법이니까) 클래식 독주곡 가운데 손꼽히게 어려운 그 두 곡을 연주하는 데 필요한 근육과 함께 오지 않았다.

"다락에서 고물 바이올린을 주운 남자가 카네기홀 무대에 서다(그리고 파상풍에 걸리다)"가 "매일매일 연습하는 소녀가 조금씩 향상되다"보다 훨씬 눈길을 끄는 제목이라는 것은 이해한다. 그리고 '선택된 자'라는 개념이 마술적이고 매혹적이라는 데에도 동의한다. 그래서 그 불평등한 마법을 실현시킨 타고난 재능의 정말로 놀라운 사례를 몇 가지 소개하고자 한다.

볼프강 아마데우스 모차르트 1756~1791

수군거리는 소리가 들린다. "그걸 모르는 사람도 있나? 모차르트가 천재였다는 건 세상 모두가 알아." 그렇지 않다. 사람들은 잘 모른다. 나도 마찬가지다. 모차르트의 재능은 너무 거대해서 이해할 수 없는 종류다.

모차르트는 역사에 손꼽히는 위대하고 정교한 곡들을 작곡했을 뿐 아니라 그 일을 (겉보기에는) 비교적 수월하게 해냈다.[8]

---

8 '비교적'이라는 걸 유념해야 한다. 그럼에도 그는 혹독하게 훈련받아야 했다.

그는 짧은 생애 동안 600곡 이상을 작곡하고 첫 작품은 다섯 살 때 작곡했다. (내 첫 작품과 달리 그의 작품은 독창적이었을 것이다.)

게다가 그는 뛰어난 피아니스트이자 바이올리니스트로, 여섯 살의 나이에 마리아 테레지아 여제, 루이 15세, 조지 3세 등 여러 유럽 군주의 궁정에서 그의 누나 난네를과 아버지 레오폴트와 함께 공연을 시작했다. 모차르트의 편지에는 그의 수월한 작곡 과정에 관한 이야기뿐 아니라 다소 적절하지 않게 그의 장운동에 관한 다소 민망한 이야기도 가득하다.

1781년 4월 8일 자 편지에 모차르트는 다음 날 브루네티라는 이름의 바이올리니스트와 공연하기 위해 작곡한 바이올린과 피아노를 위한 소나타에 대해 이야기하며 "어젯밤 11시에서 12시 사이에" 작곡했다고 썼다. 그리고 이어서 "작곡을 빨리 마치려고 브루네티가 연주할 부분만 적고, 제가 칠 [피아노] 파트는 머릿속에 간직했다"고[9] 말한다. 다시 말해 브루네티가 받을 악보에는 바이올린 파트와 중간중간 그가 들어갈 지점을 알려 줄 정도의 피아노 파트만 적고, 모차르트가 연주할 부분은 악보로 옮기지도 않은 채 연주할 거라는 뜻이다. 그리고 이것을 연주 이틀 전 한 시간 만에 창작해 냈다.

1780년 12월 30일 아버지에게 보낸 편지에서 모차르트는 이렇게 썼다. "이제 편지를 마치려 합니다. 이제 미친 듯이 곡을

---

9 이 부분은 내가 독일어를 직접 번역했다는 것을 알리고 싶다. 나는 여러 해 동안 (자존심 상해가며) 독일어를 공부했는데 실제로 독일인을 만나면 완전히 무용지물이다. 독일인들은 내 독일어가 살짝만 삐걱거려도 곧장 영어로 옮겨 가기 때문이다.

써야 해요. 작곡은 다 되어 있지만 아직 적지를 않았습니다."

모차르트는 두뇌가 지구 대기에 극도로 잘 적응한 외계인이 었거나 아니면 음악적 재능에 관한 한 진짜배기였다.

니콜로 파가니니 1782~1840

앞서 말했듯이 파가니니는 나쁜 놈이었다. 물론 그를 만나본 적은 없지만 나쁜 놈이었던 게 확실하다. 증거는 그가 작곡한 독주 바이올린을 위한 스물네 곡의 카프리스와 여섯 곡의 바이올린 협주곡이다. 그가 이런 곡을 작곡한 목표는 단 하나, 다른 사람들 말고 오직 자신만이 그런 일, 손가락을 뒤틀고 증식시키고 차원 이동시키는 일을 할 수 있다고 과시하기 위해서였다. (오늘날은 모두가 이 곡들을 연주해야 한다. 바이올리니스트들은 모두 경쟁심에 불타서 이런 일을 도전이라고 여기는 자아 비대증 환자들이기 때문이다.)[10]

어쨌건 파가니니는 이 업계 전체의 기준을 높이고 그때까지 바이올린이 가진 한계라고 여겨진 것을 고쳐 썼다. 하지만 내 인생에 이 곡들이 역병처럼 들이닥치기 전만 해도 내 피부는 햇빛에 건강하게 그을려 있었다. 지금은 블라인드만 걷어도 주근깨가 돋고 따가워진다.

파가니니가 나쁜 놈인 게 그의 잘못은 아닐지도 모른다. 어쨌건 전적으로 그렇지는 않을지 모른다. 전설에 따르면 그는 악마에게 영혼을 팔아서 그런 기교를 얻었다. 영혼이 없다면

---

10 대부분의 국제 콩쿠르 1라운드에서 파가니니의 카프리스 두 곡을 연주해야 한다.

파가니니가 마녀와 악마를 위해 연주하는 캐리커처. 그가 악마에게 영혼을 팔았다는 굳은 믿음과 달리, 의학자들은 파가니니가 마르판 증후군 또는 엘러스 단로스 증후군을 겪은 것으로 추정한다. 해당 환자들은 결합 조직의 주성분인 콜라겐을 만들지 못해 서커스에 적합한 유연성을 얻는다 한다.

좋은 사람이 되기 어려울 것이다. 하지만 정말 어려운 게 뭔지 아는가? 영혼이 있는 상태로 그 카프리스 곡들을 연주하는 것, 창문 없는 방에서 연습에 연습을 거듭하면서 천천히 영혼의 목을 조르는 일이다.

파가니니가 그렇게 초자연적인 방식으로 힘을 얻었다면 '타고난 재능'이라고 말해도 될지 모르겠다. 그가 마르판증후군이었고 그의 유난히 길고 유연한 손가락이 그 때문이었다는 이야기도 있다. 각자 맘에 드는 설명을 택하면 된다.

펠릭스 멘델스존 1809~1847

멘델스존도 모차르트처럼 신동이었다. 하지만 파가니니와 달리 그는 나쁜 놈은 아니었다. 두 번째 사실은 그의 음악에서 분명히 드러난다. 멘델스존의 음악은 내가 아는 가장 즐거운 음악에 속한다. 그래도 유명인의 추천이 필요하다면 한 사람 있다. 바로 괴테다.

멘델스존은 열두 살의 나이에 작곡 교사 카를 프리드리히 젤터의 주선으로 독일의 전설적 시인이자 박식가인 괴테를 만났고, 괴테는 멘델스존의 재능과 인성에 깊은 감동을 받았다. 멘델스존은 첫 만남 때[11] 즉흥 연주도 하고 바흐의 푸가 몇 곡도 연주했다. 멘델스존도 괴테도 바흐의 음악을 사랑했기 때문이다. (바흐의 이름과 음악은 그 시절에는 비교적 덜 알려져 있었다. 사실 오늘날 바흐의 명성은 멘델스존 덕이 크다. 멘델스존은 바흐의 많은 음악을 살려내서 연주했고, 특히 〈마태 수난곡〉은 바흐가 죽은 뒤 처음으로 공연된 것이었다.)

멘델스존은 겨우 열세 살 때 첫 번째 피아노 4중주를 발표했다. 그리고 그의 작품 중 가장 유명한 현악 8중주와 〈한여름 밤의 꿈 서곡〉은 각각 열여섯 살과 열일곱 살 때 작곡했다. (두 곡 다 클래식 음악에서 손꼽히는 멋진 곡이다.) 이런 숫자는 모차르트에 비하면 그다지 대단하지 않아 보일 수도 있지 모르지만 멘델스존 역시 역사상 가장 뛰어나고 유명했던 신동 중 하나다.

---

11 그것이 마지막은 아니었다. 두 사람은 괴테가 죽을 때까지 긴밀히 연락하며 지냈다.

파니 멘델스존(결혼 후 파니 헨젤) 1805~1847

펠릭스 멘델스존의 누나 파니는 역사에 손꼽히는 작곡가 명단에 오르지 못할 뻔했지만(1800년대에 직업적 성취를 원한다면 여자로 태어난 것은 현명하지 못했다), 그녀의 '재능', 즉 기본적인 잠재력과 여자가 아니었다면 이루었을 성취는 너무 대단했다. 파니가 사춘기를 맞기 전부터 사람들은 그 집 자녀들 중 그녀의 재능이 가장 뛰어나다고 여겼다. 펠릭스와 파니를 모두 가르친 작곡 교사 카를 프리드리히 첼터도 적어도 초기에는 그렇게 생각했다. 그는 펠릭스 멘델스존을 괴테에게 소개하기 한참 전에 괴테에게 쓴 편지에서 파니가 "제바스티안 바흐와 같은 성취를 이룰 것"이라고, "정말로 특별한 아이"라고 말했다.

하지만 멘델스존 가족은 파니의 음악을 진지한 활동이 아닌 '장식'으로 여겼다. 그리고 사회적 압박 때문인지 내적 한계 때문인지, 파니 역시 남편감 사냥과 출산을 최우선 가치로 삼았다. 그러면서도 460곡을 작곡했으니 장식치고는 엄청난 장식이었다고 하지 않을 수 없다.

그리고 노래 〈이탈리아인Italien〉 같은 파니의 작품 일부는 1827년에 펠릭스 멘델스존의 Op.8 노래집에 실렸다. 이것을 펠릭스가 누나의 작품 활동을 지지한 것이라고 보는 사람도 있고, 음악적 절도라고 보는 사람도 있다.

(이 논쟁에 끼고 싶지 않지만 내가 볼 때는 지지의 뜻이 분명하다. 우선 멘델스존 가족에 대해서 아는 사람은 누구나 펠릭스와 파니가 우애가 좋았다는 것을 안다. 그리고 빅토리아 여왕이 펠릭스에게 〈이탈리아인〉이 자신이 가장 좋아하는 노래라고 말하자 그는 그 곡이 자

율리우스 헬프트가 1849년에 그린 「파니 헨젤의 음악실」. 베를린 라이프치히가 3번지에 있는 헨젤의 자택 안에 있었다. 파니는 결혼하기 훨씬 전부터 결혼 후 여러 해 동안 이 방에서 소규모 음악 모임을 마련하고 운영했다.

신이 아니라 파니의 작품이라는 사실을 분명히 밝혔다. 그리고 펠릭스가 파니의 직업적 활동은 지지하지 않았을지라도 음악 작업 자체는 지지했으며, 파니의 작품을 영향력 있는 지인들에게 계속 보여주었다. 그리고 펠릭스에게 딱히 파니의 음악이 필요한 것도 아니었다. 1827년이면 그는 이미 현악 8중주와 〈한여름 밤의 꿈 서곡〉을 썼고, 역사에 빛나는 작곡가가 되어 있었다. 분노의 대상이 필요하다면 바그너에게 화를 내라.)[12]

다행히(적어도 불행하지는 않게) 파니의 남편 빌헬름 헨젤은 그녀의 작품 출판을 격려했다. 그래서 파니는 마침내 베를린

---

12 이 사람에 대해서는 분노의 책을 따로 쓸 예정이다.

출판사 두 곳과 접촉하고 노래집을 출판했지만 그 일은 죽기 한 해 전인 1846년에야 이루어졌다.

파니의 음악을 듣다 보면 그녀가 재능을 완전히 펼칠 수 있었다면 어땠을까 하는 다양한 흥분과 답답함에 사로잡힌다. 어쨌건 파니는 피아니스트로서 주목받는 여러 공연을 했고, 동생을 비롯한 많은 음악가가 조언을 구하는 존경받는 인물이었다.

클라라 비크(결혼 후 클라라 슈만) 1819~1896

내가 아는 한 괴테를 감동시키는 게 딱히 쉬운 일은 아니었을 것이다. 그를 만나는 일조차 쉽지 않았을 것이다. 하지만 여기에 그의 집 피아노에 처음 앉은 날 바로 그를 제압해 버린 또 한 명의 열두 살짜리가 있다.

흔히 알려진 이름으로 부르자면 클라라 슈만은 당대에 손꼽히는 유명 피아니스트였다. 괴테 앞에서 연주할 때 클라라는 이미 커리어를 상당히 쌓은 상태였고, 전해지는 이야기에 따르면 괴테는 클라라가 "여섯 명의 소년을 합친 것보다 더 강력하다"고 말했다고 한다. 그는 클라라에게 자기 얼굴을 새긴 동메달을 주며(괴테쯤 되면 이런 일도 할 수 있다) "뛰어난 예술적 재능 클라라 비크"라는 헌사도 주었다.

클라라의 작곡 능력은 대체로 크게 평가받지 못하지만(안타까운 일이다. 나는 그녀의 음악이 아름답다고 생각한다), 그녀의 피아노 연주 실력과 평생 동안 연주자로서 이룬 성공은 반박할 수 없다.

클라라는 열한 살의 나이에 전설적인 라이프치히 게반트하우스 오케스트라와 협연했고, 유럽의 유명 홀에서 왕과 왕비 등 다양한 고관대작 앞에서 연주했다. 그녀의 재능은 강력했지만, 그녀의 인생은 수많은 연습과 레슨으로 가득 차 있었다. 이 사실은 그녀의 아버지의 글에 잘 기록되어 있다. (육체적 컨디션 유지의 중요성에 대한 내 투덜거림을 떠올려 보시길.)

클라라는 파니 멘델스존보다 빛나는 경력을 가졌지만, 당시의 전통적 성 역할 때문에 파니와 마찬가지로 어려움을 겪었다. 로베르트 슈만과 약혼한 이후에 그녀가 쓴 일기에 흥미로운 구절이 있다. "이제 나는 예술가와 아내의 역할을 가능한 한 통합시켜야 한다. 그것은 어려운 일이다! 내 예술이 숨 막히게 할 수는 없다. 그렇다면 나 자신이 싫어질 것이다."

다행히 남편이 말년에 정신병원에 가게 되면서 클라라는 콘서트 연주자로 대가족을 홀로 부양할 수 있게 되었다.

카미유 생상스 1835~1921

〈동물의 사육제〉는 재미있지만[13] 생상스의 음악을 들을 때 나는 모차르트나 멘델스존 작품을 들을 때처럼 '우와, 이 사람은 천재야' 하는 생각이 들지는 않는다. 사실 작곡가로서 생상스를 좋아하는지도 잘 모르겠다. 그럼에도 그를 여기 넣기로 결정한 것은 첫째, 독자들의 생각은 다를 수 있고, 둘째, 그의 이름 철자가 'Saint-Saëns'라는 걸 알려 주고 싶기도 하고, 셋째, 내가 신뢰하는 몇몇 사람들이 생상스를 클래식 음악사상

---

13 이 제목은 그리 친숙하지 않아도 '백조'는 알지 모른다. '백조'는 〈동물의 사육제〉의 한 악장이다.

최고의 재능이라고 말하기 때문이다.

내가 그 사람들의 말을 제대로 이해했다면 그 주장은 그의 작곡 능력보다는 그가 연주자로서 어린 나이에 보여준 능력 때문이다. 나는 그 이야기에 놀랐는데, 그때까지 그의 연주자 경력을 몰랐고 또 어디선가 그가 열 살 때 '음악계에 데뷔'했다고 읽었기 때문이다. 그것은 나한테 별다른 인상을 주지 못했는데, 열 살 이후에 음악계에 데뷔한 연주자가 별로 없기 때문이다. 그러다 이후 생상스의 어머니가 아들이 너무 어린 나이에 유명해지는 걸 원하지 않았다는 글을 읽었다. 그가 죽기 직전에 데뷔한 이유가 그래서였던 것이다.

물론 녹음된 것이 없으니 그의 재능의 수준을 확인하기는 어렵다. 하지만 그가 첫 곡을 세 살 때 작곡한 것은 사실이다.

에리히 볼프강 코른골트 1897~1957

코른골트는 또 한 명의 신동이지만 이 명단에서 유일하게 영화음악으로 오스카상을, 그것도 두 번이나 받은 사람이다. (나는 코른골트가 음악을 맡은 영화는 무조건 본다. 가장 좋아하는 것은 1935년 버전의 〈한여름 밤의 꿈〉과 1938년의 〈로빈 후드의 모험〉이다.)

이유는 모르겠지만 나는 지난 시대의 신동들보다 현대에 가까운 시대의 신동들에 더 감동을 받는다. 아마 토머스 에디슨 때문인 것 같다. 나의 무지한 편견에 따르면 전구가 발명되기 전에 사람들은 음악적 능력을 탐구하는 것밖에는 할 일이 별로 없었을 것 같기 때문이다. 하지만 전기가 들어오면서 세상에는 정신을 팔 것이 잔뜩 생겨났다. 문제는 코른골트의 집에 전

1907년 10살의 코른골트가 그려진 신문 삽화. 앉아 있는 코른골트를 제외하고 왼쪽부터 리하르트 슈트라우스, 막스 레거, 오이겐 달베르트, 지크프리트 바그너, 아르투르 니키슈가 지켜보고 있다.

기가 있었는지 없었는지 내가 모른다는 것이다. 양초가 전기로 대체되는 과정은 그렇게 급속하지 않았을 테니 말이다.

그가 집에 있었을지 없었을지 모르는 전구에 정신이 팔렸건 안 팔렸건 코른골트는 대단했다. 그가 열한 살 때 작곡한 발레곡 〈눈사람〉은 1910년 빈 궁정 오페라에서 초연되어 격찬을 받았다. 그리고 열두 살 때 구스타프 말러에게서 천재라는 말을 들었다. 리하르트 슈트라우스도 코른골트의 아버지에게 이 아이에게는 가르칠 게 없기 때문에 음악원에서 공부할 필요가 없다고 말했다. 그는 '20세기의 모차르트'라는 별명을 얻었는데 사실이 아니라고 해도(이 세상에 모차르트는 하나뿐이고 누구도 그의 비교 대상이 될 수 없다) 왜 그런 별명이 붙었는지는 이해가 된다.

요요마 1955~

계속되는 신동들의 명단이 지루해지고 있다면[14] 이 사람은

---

14 나도 그렇다.

아니다. (위키백과에서 뭐라고 말하건.) 요요마가 나온 〈세서미 스트리트〉, 〈웨스트 윙〉, 〈심슨 가족〉, 〈스티븐 콜베어 쇼〉 등을 못 본 사람도 많겠지만 어쨌건 그는 '진짜 진짜'다. 요요마와 클래식 음악의 관계는 여왕과 영국의 관계와 같다. 요요마가 더 젊고 인기 있을 뿐이다. (나는 이 사람과 그의 연주에 대해 나쁘게 말하는 사람을 한 명도 보지 못했다. 솔직히 현재 생존한 음악가 중에 이런 사람은 또 없다.)[15]

요요마는 네 살 반의 나이에 연주를 시작했기 때문에 흔히 신동이라고 하는데, 그가 일곱 살 때 자선 음악회에서 공연한 녹음을 들어 보면 솔직히 그때는 신동이 아니었다. 내 말을 오해하지 말기를 바란다. 물론 뛰어나기는 했지만 다섯 살의 나이에 견실한 전문 연주자 같던 장영주와는 달랐다는 뜻이다.

성장한 요요마의 기술적 완성도는 물론 대단하지만 핵심은 그게 아니다. 그가 이 명단에 올라온 이유도 기술적 완성도 때문은 아니다. 그의 음악가적 태도, 해석 능력, 무대 위의 존재감, 그가 첼로에 다가갈 때 뿜어내는 에너지 때문이다. 요요마의 연주를 보면 새끼 양이 뛰노는 모습, 돌고래가 점프하는 모습, 참새가 날아내렸다가 구름을 향해 솟구치는 모습을 보는 것 같다. 그의 연주가 만들어내는 감정은 너무도 자연스럽다. 그 세계, 혹은 순간적으로 나타나는 그 세계의 일부는 원래 그래야 했던 것 그 자체다.

우리 아빠는 요요마와 함께 소나타를 연주한 적이 있는데 그

---

15 우리는 아주 까다롭고 괴팍한 인간들이다. 아마도 너무 많은 시간을 연습실에 틀어박혀 보내기 때문일 것이다.

것이 아빠의 피아노 경력의 정점이었다.[16] 그런 뒤 두 가족이 함께 저녁 식사를 할 때 엄마가 모두에게 구강성교에 대한 견해를 물어봤는데, 그것은 사춘기 딸들 부끄럽게 만들기 분야에서 엄마의 커리어의 정점이었다.[17] 나도 요요마와 연주한 적이 딱 한 번 있다. 4중주였고 생일 축하 연주였다. 그가 내 선생님 린의 친구였기 때문이다. 하지만 그때 나는 바이올린이 아니라 비올라를 연주했으므로 제대로 된 연주라고 할 수는 없다. (4장을 보면 이해할 것이다.)[18]

요요마와 협연하는 것은 누구에게나 영광이겠지만 우리 아빠에게는 특히 더 그랬다. 아빠의 음악 경력에 그와 비교할 만한 순간이 별로 없었기 때문이다. 아빠는 뛰어난 피아니스트이긴 했어도 전문 연주자라고 할 수는 없었다. 그보다는 음악 이론과 피아노를 가르치는 교사에 가까웠고 지휘도 했다. 최근에는 행정 업무로 옮겨 갔다.

아빠는 여섯 살 때 부모님께 피아노 레슨을 받게 해달라고 부탁했지만 그들은 안 된다고 했고, 아빠가 그 생각을 버리기를 바랐다. 아빠가 3년 후에도 고집을 꺾지 않자 결국 손을 들었다. 그러나 그들은 음악계에 대해 아는 것이 없었기에 전문

---

16 나의 평가다.

17 콘서트 피아니스트이자 성 의학 전문의인 리처드 코건이 만찬에 참석했기 때문에 구강성교 이야기를 꺼냈을 뿐이라는 우리 엄마의 입장을 알아주기를 바란다. 어쩌면 이게 다 내 과잉 반응이고 우리 엄마가 클래식 음악계의 살아 있는 전설 앞에서 구강성교 이야기를 꺼낸 게 전혀 부끄러운 일이 아니었는지도 모른다.

18 내가 비올라를 연주한 것은 선생님이 시켰기 때문이다. 그리고 내가 그러겠다고 한 것은 오직 요요마와 함께 연주할 기회였기 때문이다.

연주가가 되는 데 필요한 지원을 해주지 못했다. 아빠는 미국의 유명 음악원 중 하나인 이스트먼 음악학교에 입학했지만, 늦은 시작을 벌충하기 위해 하루에 열 시간씩 연습을 해도 늦었다는 것을 대학원에 들어가서야 깨달았다.

하지만 우리 아빠를 불쌍하게 여길 필요는 없다. 아빠는 그래도 꽤 성공했고 로버트 레드퍼드를 닮았다는 말을 자주 들으며,[19] 어떤 일을 시도하건 기분 나쁠 만큼 잘한다. (아빠는 필립스 엑스터 아카데미 스쿼시 팀의 주장이었고 하버드대학교를 3년 만에 졸업했으며, 골프장에 나가면 항상 핸디캡이 0이고, 스키 타는 모습을 보면 몰락해서 스키 강사가 된 오스트리아 백작 같다.) 피아노와 관련된 아빠의 아픔은 절대적으로 모든 것에서 이겨야 하는 병적인 욕구의 증상 같다.

그래도 아픔은 아픔이고, 이런 이유로 나는 두 살의 나이에 바이올린에 관심을 보이자마자 바이올린을 시작하게 되었다. 아빠는 늦은 시작의 대가를 알았고, 나 역시 그런 대가를 치르지 않게 하려 했다.

꼬마 시절에는 아빠가 내 코치 역할이었다. 그리고 내가 어린애다운 변덕에 무너지면 부드러우면서도 확고한 규율의 목소리로 연습을 이끌고 내가 과제를 하나하나 돌파할 수 있게 해주었다. 그리고 레슨과 연주를 다 녹음하고 메모해서 나의 실수를 분석할 수 있게 해주었다.

아빠가 준 가르침은 내가 매일 하는 거의 모든 일에서 나에

---

19 그를 아직도 「내츄럴」에 나온 전성기 때의 모습으로 기억하는 사람들이 그렇게 말한다.

게 도움이 된다. 하지만 이런 양육 방식에도 대가가 있었다. 그때까지는 아빠도 그걸 몰랐다.

3장

고상쟁이들의 바리케이트를 넘어

이제 클래식은 우리를 위한 음악이다

내 여동생 마리나는 우리 아빠의 음악적 실험의 실패작 2호다. 여기서 '실패작'이라는 말은 엄격한 의미가 아니다. 마리나 자체는 전혀 실패가 아니다. 그녀는 멋지고 똑똑하고 아름답고 자기 일 잘하며 사회의 훌륭한 일원으로 살고 있다. 첼리스트 시절에도 마리나는 멋지고 똑똑하고 아름답고 자기 일 잘하며 음악계의 훌륭한 일원으로 미국과 유럽 최고의 음악원 두 곳에 다녔으며 아는 사람들이 들으면 감탄할 만한 이력을 지녔다. 내가 '실패'라고 말하는 이유는 단 하나, 마리나 역시 나와 마찬가지로 직업 연주자의 길을 떠났기 때문이다.

마리나가 연주를 그만두기로 한 일은(그러니까 대부분의 클래식 음악가가 은퇴하는 80세가 되기 전에) 어쩌면 예측되었다. 나는 스물다섯 살이 되어서야 내가 연습을 그다지 사랑하지 않는다는 사실을 나 자신뿐 아니라 다른 사람들에게 털어놓을 수 있게 되었지만(하지만 그때도 이 일에 무언가 만족스러운 혹은 중독적인 요소들이 있다는 점은 인정해야 했다), 마리나는 처음부터 그 점에 있어서 확고했다. 때로는 연습을 시작하자마자 카펫에 달린 술에 정신이 팔렸고, 어떤 때는 아예 첼로 의자에 앉기를 거부했다.

우리 아빠는 주변의 모든 사람이 그의 인정을 받고 싶어 하게 만드는 기이한 힘이 있는데[1] 마리나는 그때도 그렇고 지금도 그 힘에 영향을 받지 않는다. 그러니까 나에게 늘 효과를 발휘한 책략이 마리나에게는 통하지 않은 것이다. 우리가 학교에서 돌아와 "아무개가 놀자고 해요. 생일 파티에 초대했어요" 하면 아빠는 이렇게 말했다. "그럼, 가야지. 평범한 아이라면 그렇게 할 거야." 그러면 나는 겁에 질려서 말한다. "안 갈래요, 아빠. 나는 평범한 아이가 되기 싫어요!" 하지만 마리나는 아빠의 눈을 바라보면서 대답했다. "네, 좋아요."

마리나가 네 살 때 첼로 의자에 앉아서 "첼로 연습 싫어요. 영화 보고 싶어요" 하고 칭얼거리는 비디오가 있다.

그런 소망은 주말에나 실현할 수 있었다. 부모님이 장을 보러 가거나 낡은 볼보 스테이션 왜건을 수리하러 갔을 때.[2] 나는 항상 부모님이 시킨 대로 열심히 연습하려고 했다. 하지만 30초

---

1 유능한 퍼커셔니스트로 현재 북미의 한 주요 오케스트라의 수석인 내 어린 시절 남자 친구는 우리 아빠와 처음 만났을 때 그 힘에 압도되어서 식탁에 앉은 지 5분 만에 자신은 이제 음악을 그만두고 (우리 부모님의 모교인) 하버드대학교에 지원하겠다고 말해서 모두를 놀라게 하기도 했다. 이 말이 그가 우리 아빠에게 기대한 효과를 발휘하지 못했지만 상관없었다. 그가 이 증상을 금세 극복했고 우리 사이도 곧 끝났기 때문이다.

2 내가 그 볼보에 탄 모습을 남들이 볼까 봐 나는 운전 면허를 따지 않았다.

정도 지나면 언제나 옆방의 첼로 소리가 멈추고, 타박타박 발소리가 들리고, 나는 몇 차례 힘없이 반대했다가 결국 리모컨을 들고 마리나와 함께 소파에 앉아 영화를 훑으며 우리가 가장 좋아하는 장면을 보곤 했다. 그러다가 자동차 소리가 나면 재빨리 각자의 방으로 돌아가서 내내 연습했던 척했다.[3]

이런 일은 꽤 자주 있었다. 그 볼보는 고장이 잦았기 때문이다. 그렇게 영화를 보다가 우리는 클래식 음악에 대한 오류를 많이 접하게 되었다. 그 오류들은 꽤나 일관되었다. 이런 부정확함이 때로 짜증스럽기도 하지만(물론 더욱 짜증스러운 것은 배우들의 형편없는 악기 연주 연기다), 여기서 내가 말하는 오류는 짜증스러운 것 이상이다. 이 오류는 클래식 업계에 피해를 주고 악의적으로 지속된다. 마치 바로잡히지 않는 오보와도 같다. 짐작했을지 모르지만 그것은 바로 클래식 음악이 문화적 꼰대들을 위한 음악이라는 통념이다.

문화적 꼰대들은 클래식 음악을 좋아한다

텔레비전 드라마나 영화에서 세련되거나 경직된 분위기를 표현하고자 하면, 소외된 주인공이 걸어 들어가는 화려한 방이나 기하학적인 정원에 언제나 클래식 음악이 흐른다. 그리고 1장에서 말했듯이 그것은 대체로 고전주의 또는 바로크 시대의 음

---

3 엄마는 우리가 이러는 걸 알고 있었다고 한다. 돌아오면 비디오가 항상 따뜻해져 있었다고. 엄마가 그렇게 말하는 건 우리를 벌주지 않았다는 걸 알리기 위함이다.

악이다.

특히 80년대와 90년대를 포함하여 몇십 년 동안은 그것도 거의 한두 곡이었다. 모차르트의 〈아이네 클라이네 나흐트무지크〉 또는 비발디의 〈사계〉, 대개는 '봄'이었다. 동물 탐정 에이스 벤추라가 갑부 로널드 캠프의 점잖은 파티에 침투할 때, 또는 팀 버튼의 「배트맨」에서 비키 베일이 조커보다 한발 앞서 박물관에 들어갈 때, 또는 「미녀 삼총사 2: 맥시멈 스피드」에서 루시 리우가 젊은 체스 상대를 이기며 미소를 지을 때 나오는 음악이 〈아이네 클라이네 나흐트무지크〉다. 또 「대디 데이 케어」, 「메리에겐 뭔가 특별한 것이 있다」, 「허영의 불꽃」, 「업 클로즈 앤 퍼스널」 역시 비슷한 맥락에서 이 곡을 쓴다. 극히 일부만 말해도 이렇다. 모차르트가 우리에게 600곡 이상의 다악장 작품을 남기지 않은 걸까?[4] 그것도 대부분 〈아이네 클라이네 나흐트무지크〉보다 훨씬 좋은?

반대로 「귀여운 여인」에서 줄리아 로버츠가 리처드 기어를 따라간 고급 레스토랑에서는 비발디 〈사계〉 중 '봄'이 나온다. 이 음악은 「007 뷰 투 어 킬」에서 제임스 본드가 격조 높은 가든파티에서 악당 막시밀리안 조린을 만날 때, 「마다가스카 2」에서 줄리언 대왕이 펭귄들이 급조해 만든 비행기의 일등석에 앉아 멜먼을 이등석으로 차버리면서 "개인 감정은 없어. 그냥 우리가 너보다 우월해서 그래" 하고 말할 때도 나온다. 또 「스파이 게임」, 「행오버」, 「펫 다이어리」, 그리고 말이 나온 김에 「업 클로즈

4 그럴 리가.

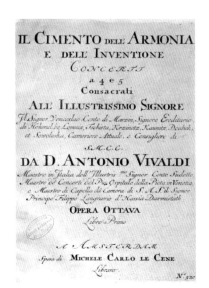

IL CIMENTO DELL' ARMONIA
E DELL' INVENTIONE
CONCERTI
a 4 e 5
Consacrati
ALL' ILLUSTRISSIMO SIGNORE
Il Signor Venceslao Conte di Marzin, Signore Ereditario
di Hohenel, be Lomniz, Tachista, Krezinetz, Kaunitz, Doubeck,
et Sowolusca, Cameriere Attuale, e Consigliere di
S.M.C.C.
DA D. ANTONIO VIVALDI
Maestro in Italia dell' Illustriss.ma Signor Conte Sudetto
Maestro de' Concerti del Pio Ospitale della Pieta in Venetia
e Maestro di Capella di Camera di S.A.S il Signore
Principe Filippo Langravio d' Hassia Darmestath
OPERA OTTAVA
Libro Primo

A AMSTERDAM
Spesa di MICHELE CARLO LE CENE
Libraro.
N.º 520

1725년 암스테르담의 출판업자인 미셸 샤를 르 센에 의해 처음 출판된 비발디의 『화성과 창의에의 시도』 초판본. 앞의 1번부터 4번, 즉 〈사계〉를 비롯하여 12개의 협주곡으로 구성되어 있지만 5번부터 12번은 〈사계〉에 상대적으로 묻혀버렸다.

앤 퍼스널」의 가장 재수 없는 장면들에서도 이 음악이 나온다.

'봄'은 각종 광고와 쇼에도 나오고 엘리베이터에서도 나오는데, 늘 가장 재수 없는 맥락에서 그런 분위기를 전달하는 데 동원된다. 나는 이 곡을 들을 때마다 몸에 두드러기가 돋는다. 내가 그 음악을 제대로 들을 수 없는 몸이 된 것일 수도 있고, 비발디가 봄의 꽃가루 알레르기를 정말로 잘 포착한 것일 수도 있다.

구글과 스포티파이 덕분에 영화음악 감독들이 클래식 음악에 다른 곡도 있다는 걸 알게 되었는지 이제는 꼰대스러운 장면의 플레이리스트가 확장되었다.[5] 얼른 머리에 떠오르는 사

---

5 1980년 이전에 만든 영화들도 다양한 클래식 곡을 사용했다. (그중에는 꼰대스러운 분위기와 상관없는 경우도 꽤 많았다.) 이런 다양함이 왜 20년 동안 사라졌는지는 알 수 없지만, 아마도 같은 시기의 패션, 뷰티, 자동차 디자인, 건축 영역을 휩쓴 미적 열풍과 관련이 있을 것이다.

례로는 「킹스맨 2」에서 에그시가 스웨덴 왕실 일가와 식사하는 장면에 흐르는 차이콥스키의 현악 세레나데 C장조 Op.48과 「배드 맘스」에서 크리스티나 애플게이트가 무려 마사 스튜어트가 케이터링 하는 파티에 가는 장면에 나오는 모차르트의 피아노 4중주 E♭장조 K.493이다.

이 모든 장면들, 그리고 내가 언급하지 않은 수많은 다른 장면들 때문에 클래식 음악 하면 경직되고 돈 많은 엘리트 집단이 떠오르는 것이다.

이게 왜 헛소리인지 (그리고 왜 헛소리가 아닌지를) 설명하기 전에 내가 먼저 해야 할 것은 먼저 문화적 꼰대와 돈 많은 사람의 차이를 구별하는 것이다. 세상에는 부유하면서도 꼰대가 아닌 사람이 당연히 많다. 내 초기 후원자였던 폴을 예로 들어보자. 그는 아마추어 피아니스트로, 젊고 유망한 음악가들에게 기꺼이 집도 은행 계좌도 열어주었다. 그는 와인 창고가 있고 유니버시티 클럽 회원이고, 뉴욕주 롱아일랜드섬의 휴양지인 햄튼스에 집이 있지만, 아직도 너덜거리는 볼보(우리 부모님의 차만큼 낡지는 않았지만 때로는 분주한 I-495 도로에서 불덩이가 되어버리는)를 몰고 다닌다. 그의 집에는 테니스 코트도 없는데, 나는 햄튼스에 그런 집이 있을 수 있다는 것도 몰랐다. 그럼에도 그는 집에 테니스 코트를 설치하거나 오븐처럼 뜨거워지지 않는 차를 새로 사는 대신 자신이 좋아하는 공연 예술 단체에 스타인웨이 피아노를 사주었다. (그 돈을 내기 싫어한 그 단체의 이사진은 아마 모두 집에 테니스 코트가 있을 것이다.)

반대로 돈이 없으면서 꼰대인 사람도 많다. 줄리아드 시절

룸메이트는 내가 만난 최고의 꼰대 중 한 명이었다. 우리 집 부엌 싱크대는 심심풀이로 시트지를 뜯어낼 수 있는 싸구려고, 공용 공간의 창문들이 이웃집 거실 벽을 겸하고 있었는데도 그랬다. 그의 내면에 있는 오만한 꼰대를 불러내려면 그의 앞에서 볼로네즈 스파게티를 먹기만 하면 되었다. 그러면 그는 라구 소스에는 스파게티가 적절한 파스타가 아니라는 둥, 소금은 진정한 요리 실력이 없는 경우에만 필요한 보조 수단이라는 둥 설교를 늘어놓았다. 그리고 오래지 않아 그는 부엌에 사람이 있건 없건 상관하지 않고 홀로 난해하기로 유명한 제임스 조이스의 소설 『피니건의 경야』를 읽고 분석하는 꿈을 실현하며 살았다.

하지만 여기서 이런 구별은 별 의미가 없다. 돈 많은 사람은 누구나 꼰대로 여겨질 것이고(꼰대가 아닌 부자들은 나를 용서할 것이다. 그들은 쿨하기 때문이다), 돈이 없으면서도 무슨 이유로든 꼰대가 되고 싶은 사람은 누구든 그 명예로운 칭호를 간직할 수 있다. 그러려면 아래 요건의 일부를 충족해야만 한다.

사실 꼰대들은 옛날부터 클래식 음악에 이끌렸다. 그들은 왕, 왕자, 대공 등 신분 사회의 부유한 최상층이 천재 음악가들을 고용인으로 데리고 있던 바흐와 모차르트 시대 이래로 클래식 업계의 경제 구조에 필수 요소가 되었다. (이는 제화공, 요리사, 재단사도 마찬가지인데, 그들도 각 분야에서 천재인 경우가 많았다.) 이후에는 그런 역학이 조금 발전하기는 했지만 꼰대들을 완전히 몰아내기에는 청중의 폭(또는 대중적 시장)이 크지 않다.

그래서 비교적 최근에 '말러 게이트'라는 사건[6](말러의 3번 교향곡 공연 중 어떤 사람의 휴대폰이 울리자 청중이 그에게 집단으로 폭언을 퍼부으며 난동을 벌인 일)이 벌어진 것이다.

또 그래서 내가 몇 년 전 베를린 필하모닉 공연에 갔다가 악장 사이에 박수 소리가 날 때마다 짜증을 주체하지 못하는 여자 옆에 앉게 된 것이다.[7] (아주 고약했다. 여자는 데이트 상대에게 자기 수준을 과시하려는 듯 계속 "제발 좀! 아직 박수를 치면 안 된다고!" 하고 소리쳤다. 하지만 박수 치는 사람들은 그 말을 듣지 못했다. 박수를 치고 있었기 때문이다.)

여기서 웃긴 점은 이거다.

첫째, 악장이 끝난 뒤 박수를 친 사람들은 음악에서 느낀 감동을 예의 바르게 표현하고 있었다. 그들의 박수에 짜증을 낸 사람은 그 여자뿐이었다. 반면 이 여자의 무례한 신경질과 잘난 척은 꽤 많은 주변 사람들을 짜증 나게 했다.

둘째, 연주자들도 대부분 개의하지 않는 일에 화를 냄으로써 여자는 실제로는 클래식에 그다지 전문가가 아님을 드러냈다.

셋째, 이런 일에 평정을 잃을 정도의 연약한 정신으로 인생을 어떻게 살아갈 것인가.

실제로 이런 일 때문에 공연에 가기가 망설여진다면 걱정할 것 없다. 12장에서 콘서트 에티켓을 다룰 예정이다. 상당 부분이 언제 박수를 쳐야 하는지에 관한 것이다. 또 박수 칠 때를

---

6 두 사람이 이런 이름을 붙였다.

7 나중에 다루겠지만 이 경우 '악장'은 한 곡의 일부다.

모르는 사람들에게 언제 화를 내야 하는지도 알려줄 것이다. (그럴 때는 없다. 그런 일에 화를 내면 안 된다.)

클래식 음악은 모두의 것이기도 하다

하지만 클래식 음악을 듣는 꼰대들이 있다고 해서 클래식이 그런 사람들을 위한 음악인 것은 아니다. 클래식 음악이 꼰대들을 위한 것이라는 말은 황금과 공주는 모두 괴물들의 것이고, 우리 집의 초콜릿은 모두 내 거라는 뜻이다. 누가 어떤 것을 좋아한다고 해서, 그리고 그걸 인질로 잡고 있다고 해서 그것이 그 사람만을 위한 것은 아니다.

사실 클래식 음악계에서 꼰대들이 설친 세월만큼 클래식 음악가들은 그들에게서 해방되기를 기도하고 있다.

모차르트가 자신의 고용주였던 히에로니무스 콜로레도 대주교를 얼마나 싫어했는지는 그가 아버지에게 보낸 편지들 중 장운동 이야기가 중심이 아닌 편지들에 잘 기록되어 있다. 그는 대주교의 갑질과 인색함을 강력하게 성토하고, 어떤 편지에는 "대주교가 미칠 듯이 싫다"라고 쓰기까지 했다. 바흐 역시 자신의 후원자인 작센 바이마르의 빌헬름 에른스트 공작에게 비슷한 감정을 느꼈을 것이다. 바흐가 사임하려고 하자 공작이 그를 4주 동안 감옥에 가둔 일도 있다.

하지만 음악가들은 흔히 자존심을 누르고 미워하는 사람들을 위해 일한다. 그들 역시 다른 사람들과 마찬가지로 밥벌이

작곡가와 후원자의 관계가 반드시 강압적인 것은 아니었다. 사진 속의 나데즈다 폰 메크 부인이 차이콥스키에게 큰 돈을 보내며 내건 하나의 조건은 '서로 만나지 않아야 한다'는 것이었다. 둘은 실제로 13년 동안 한 번도 만나지 않고 1100통의 서신을 주고받았다.

가 필요하고, 악기를 보관할 장소가 필요하다. 운 좋게도 나는 업계에서 만난 사람들 대부분과 마음이 맞았다. 그럼에도 나역시 자존심을 굽히고 알랑거린 경험이 적지 않다. 안타깝게도 예술계의 대형 후원자와 관련된 어떤 마녀 같은 여자에 대한 이야기처럼 내가 정말로 하고 싶은 이야기는 할 수가 없다.[8] 하지만 영향력 있는 후원자들의 무례하고 무식한 발언, 업계의 큰손과 콩쿠르 심사 위원들의 부적절한 발언과 접근을 나도 상당히 많이 겪었다는 것은 말할 수 있다. 그리고 이런 사건들을 겪을 때 나는 대체로 계속 예의와 매력을 유지하고, 거절하면서도 감사의 뜻을 보여야 했다. 그러지 않으면 일을 잃거나 강

---

8   짧게 말하면 그 마녀는 나를 싫어했고 나도 그 사람을 싫어했다. 하지만 나는 안 그런 척 해야 했다. 그리고 이제 그 사람은 죽었다. (내가 죽인 건 아니다. 그 사람은 나이가 아주 많았다.)

력한 적을 만들지도 모르기 때문이다.

또 한번은 숙성되지 않은 날대하를 통째로 먹어야 하는 일도 있었다. 새우는 매우 질겼고 바이러스와 균이 걱정되었지만 어쩔 수 없었다. 그것은 유명한 음악 후원자 두 사람의 궁전 같은 집에서 콘서트를 한 뒤에 나온 요리였고, 그들(또는 그들의 요리사)의 비위를 거스르면 무슨 일이 벌어질지 두려웠기 때문이다. 사직하려다 감옥에 가는 것과는 비교할 수 없지만 그래도 트라우마를 일으키기는 마찬가지다.

그나마 좋은 일은 그런 꼰대들이 고령이 되어 죽기 시작해서 전보다 많이 줄어들었다는 것이다. 재정적인 면에서는 음악가들에게 그렇게 좋은 일은 아니지만, 그 때문에 업계는 새로운 관객을 유인하기 위한 적응을 시작했다. (물론 지나치게 단순화한 이야기이기는 하다. 업계를 변화시키는 요인이 그것뿐은 아니다. 많은 음악가가 클래식 음악계의 정체된 분위기에 지쳤고, 그에 따라 예술적 성장과 정신 건강을 위해 창의적인 시도를 하고 있다.) 그 결과 클래식 음악계에는 혁신, 실험, 날씬한 허리가 많아졌다. 셰쿠 카네메이슨, 엘레나 유리오스티, 카림 술레이만, 주네 브리지스, 유자 왕처럼 젊고 활기차고 아름다운 연주자들뿐 아니라 에벤 콰르텟, 코믹 듀오 이구데스만 & 주[9] 같은 앙상블이 업계로 스르륵 날아들어서 많은 노력을 기울인 덕에 아직까지 살아 있는 많은 꼰대들도 전향했다.[10]

(혹시 전향하고 싶은 꼰대들에게는 'J'Nai Bridges, basketball',

---

9 러시아계 독일인 바이올리니스트 알렉세이 이구데스만과 한국계 영국인 피아니스트 주형기로 이루어진 듀오.—옮긴이

카림 술레이만의 'I Trust You', 또는 에벤 콰르텟의 〈Someday My Prince Will Come〉을 검색해볼 것을 추천한다. 그게 통하지 않았다 해도 익살스러운 이구데스만 & 주의 'A Little Nightmare Music', 또는 사랑스러운 단순함과 엄청난 기량이 함께 담긴 엘레나 유리오스티와 톰 포스터의 #UrePosteJukebox 인스타그램 비디오는 분명 효과가 있을 것이다. 꼰대도 변할 수 있다. 나도 예전에는 그런 사람 중한 명이었다. 하지만 그건 타고난 나의 오만함보다는 질식된 정신과 전체적으로 행복하지 못했던 상황 때문이었다고 생각한다.)

개인적인 경험이 하나 있다. 줄리아드 시절 나는 지역 봉사 프로그램에 참여했다. 학생들이 뉴욕 시내의 감옥, 학교, 요양원 같은 시설에 가서 공연을 하는 것이었다.[11] 한번은 파트너 아이지아와 함께 2중주 공연을 하러 어느 병원의 정신 병동으로 갔다.

그 일을 준비하면서 나는 우리 엄마가 자녀에게 원하는 침착하고 너그럽고 정치적으로 올바른 태도를 보이려고 애썼다. 하지만 속으로는 겁이 났다. 정신병원에 대한 내 지식은 공포 영화에서 본 게 전부였기 때문이다. 실제로, 고개를 돌렸다가 우리가 있던 방의 동그란 창문 밖에서 나를 가만히 들여다보던 얼굴을 마주치고는 비명을 지를 뻔하기도 했다.

---

10 요요마는 몇십 년 동안 바비 맥퍼린, 호자 파수스, 릴 벅 같은 아티스트들과 협업한 혁신의 옹호자였고, 또 한 명의 클래식 전설인 제임스 골웨이는 대중적인 프로그램, 유머, 멋진 아일랜드적 감각으로 인기를 누렸다. 하지만 제임스 골웨이 경과 요요마는 사실상 그들 자신이 기업이라서 적어도 청중 문제에서는 다른 사람들과 구별된다.

11 이렇게 말하면 내가 아주 훌륭해 보이겠지만, 사실 이 일에는 보수가 있었고 나는 그 돈을 전부 구두를 사는 데 썼다. 그러니까 나를 성인으로 오해하지는 않았으면 좋겠다.

하지만 잠시 후 나를 맞은 것은 보기 드문 감수성의 청중이었다. 그들은 주의 깊게 듣되 어떤 가식도 형식성도 없었다. 한 남자가 영화 「플래툰」의 테마곡을 신청했는데, 아이지아가 그것이 바버의 〈현을 위한 아다지오〉라는 걸 알았다. 우리가 기억을 더듬어가며 열심히 그 곡을 연주하자 남자는 흐느낌으로 감사를 전했다. 한 여자는 우리의 칼같은 합에 감탄하더니 우리가 연주한 모차르트 2중주를 눈을 감고 다시 연주해 보라고 했다. 그리고 그 실험을 하는 우리를 내내 응원했다. 또 쇼트커트 머리의 어떤 여자는 4분의3박자 곡을 연주할 때마다 일어나서 왈츠를 추었다.

이들은 꼰대가 아니었다. 어떤 사람들은 바지도 입지 않은 채였지만 그래도 그들은 내가 본 어떤 꼰대도 하지 못하는 방식으로(특히 맨정신일 때는 더욱) 음악과 연결되어 있었다.

그러니까 내 말의 핵심은 그런 꼰대들 때문에 물러서지 말라는 것이다. 클래식 '업계'는 그들을 위해 설계되었다고 해도 클래식 음악은 그렇지 않다. 나처럼 전향한 많은 전직 꼰대들이 두 팔 벌려 여러분을 환영한다. 그리고 전향하지 않은 사람들, 사람들이 휴대폰 벨 소리 때문에 수천 명 앞에서 망신을 당하던 시절을 그리워하는 사람들은 작곡가들이 우리에게 준 아름다움을 누릴 자격이 없다. 내가 좋아하는 아티스트들이 지금 발휘하고 있는 흥미로운 창의력과 혁신까지도. 당신을 위한 것이다.

그렇다, 당신 말이다.

이 장을 마치는 이야기 하나.

모차르트는 〈Leck mich im Arsch〉라는 제목의 작품을 쓴 적이 있다. 그 뜻을 옮기면 대충 "내 똥꼬를 핥아라"라는 뜻이다. 컨트리클럽에서 들을 만한 음악은 아닐 것이다.

4장

지휘자들은 개자식들이다

편견 가득한 시선으로 바라보는
클래식 음악계 인물들의 전형적 이미지

내가 열한 살 때 부모님은 나를 두 달 동안 대학생들의 여름 음악 페스티벌에 보냈고, 거기서 나는 그림 같은 뉴잉글랜드 스키 리조트의 풍경 속에서 우리나라 최고의 바이올린 선생님 두 분에게 배우는 기회를 가졌다.

그 무렵 나는 빠르게 발전했다. 부모님은 내 성장을 더욱 촉진하고 싶어서 나를 깊은 물에 던져 넣기로 했다. 내 연주 실력이 대학생 프로그램에 맞을 정도라면 대학생 프로그램에 참여해야 한다는 게 부모님의 결론이었다. 그래서 나는 6학년을 마치고 몇 주 후에 바이올린과 내가 그때 가장 좋아하던 참깨 세몰리나 빵을 가지고 버몬트주의 산간지대로 갔던 것이다. (가을에는 뉴잉글랜드 음악원 예비학교에 입학해 새 바이올린 선생님을 만난다는 계획이 이미 세워져 있었다.)

그해 여름 나는 많은 것을 배웠다. 훌륭한 연주자를 많이 만나고 훌륭한 음악에 많이 노출되었다. 그리고 다른 것에도 노출되었다.

대부분 19세에서 26세 사이였던 학생들은 산간지대 곳곳의 아파트에 네다섯 명씩 그룹을 지어 생활했다. 콘서트 의무 관람과 격주로 진행하는 레슨을 빼면 일정은 상당히 헐렁했다. 사실 열한 살짜리를 두 달 동안 젊은 남녀가 가득한 휴가지에 보내는 것은 상당히 의문스러운 교육 방식이었고, 나는 부모님에게 그 의문을 자주, 그리고 직접적으로 제기했다. (전설적인 선생님들이 있었음에도 그 페스티벌은 이제 사라졌다. 엄청난 타락 때문이었다고 말하고 싶지만, 사실 내가 참여한 다른 음악 페스티벌들도 똑같이 퇴폐적이었는데 아직 계속되고 있다. 그 페스티벌의 진짜 문제는 내가 열한 살이었다는 것뿐이었다.)

부모님은 어쨌건 내 순진함을 보호하기 위해 유일한 동갑내기 참가자인 케이틀린이라는 소녀와 같은 아파트에 지내게 했다.

케이틀린은 귀여운 아이였지만 우리는 열한 살이었고(잊지 말기를), 케이틀린의 엄마 아이린도 함께 지냈다. 아이린은 내가 만난 사람 중에 두 번째로 불쾌한 사람이었다. (아이린은 가명이다. 그녀의 진짜 이름은 엄마만 기억하는데 엄마는 내가 이 책에 그 이름을 쓸 것을 알기 때문에 나한테 알려주지 않는다.)

아이린이 나를 처음으로 화나게 한 건 내 참깨 세몰리나 빵으로 프렌치토스트를 만든 것이었다. 나는 프렌치토스트를 먹지 않는다고 분명히 말했지만 소용없었다. 그녀는 또 30분간의 오후 휴식 시간에 「램찹의 함께 노래해요」를 강제로 보게 했다. 그 기억은 아직까지도 시시때때로 생각난다. 그리고 이따금 조용히 나를 불러서 정색한 얼굴로 정신 나간 계모 같은 이야기도 했다. "아리아나, 우리 케이틀린을 질투하면 안 돼. 우리 케이틀린 같은 아이는 100년에 한 번 나올까 말까 한 애야."

나는 아이린이 '우리 케이틀린'이라는 말을 그렇게 두 번 사용한 것을 기억한다. 또 내가 '우리 케이틀린'을 질투한 적이 없어서 어리둥절했던 것도 기억난다. (만약 질투를 했더라도 '우리 케이틀린'이 평생을 그런 엄마와 한집에서 살아야 한다는 생각이 그것을 치료해 주었을 것이다.)

나는 일주일을 버틴 후에 더 이상 참지 못하고 엄마 아빠에게 구조를 요청했다.

부모님은 내 상황을 이해했다. 나처럼 세몰리나 순수주의자인 아빠는 특히 프렌치토스트 부분에 크게 화를 냈다. 아빠가 몇 군데 전화를 한 뒤, 나는 정신적 상처가 훨씬 덜한 새 아파트로 옮겼다. 그 아파트는 두 번째로 어린 참가자들이 지내는 숙소로 열여섯 살짜리 여학생들의 공간이었는데, 마리화나를 피우고 위조 신분증을 사용하는 그들의 잠자리 파트너들도 있었다. (처음에는 눈에 보이는 모든 것이 충격이었다. 하지만 떠날 때는 모든 것에 익숙해져 있었다.)

내가 이 이야기를 꺼내는 것은 우리 엄마 아빠를 욕하자는 게 아니라(두 분은 그렇게 생각하시겠지만), 아이린이 클래식 음악계의 전형적 인물 중 하나인 극성 부모의 훌륭한 사례이기 때문이다.

극성 부모의 음악적 뿌리

　예술계의 극성 부모 하면 사람들은 흔히 할리우드의 디나 로언 부부 또는 연극계의 로즈 톰슨 호빅 부부를 떠올릴 것이다. 아니면 '아이를 텔레비전에 출연시킨 아무나'를 떠올릴 수도 있다.[1] 하지만 웬디 디키가 세 살배기 딸을 매춘부로 꾸며 텔레비전에 출연시킨 일로 맹비난을 받기 수백 년 전에 레오폴트 모차르트는 꼬맹이 아들을 세상에 내놓고 전시했다.

　모차르트의 아버지 레오폴트는 작곡가이자 바이올리니스트이자 교사였으며, 아들이 성공하기 전에도 이미 바이올린 연주의 기초에 대한 논문으로 유명했다.[2] 모차르트 같은 천재는 (아이린의 표현을 빌리자면) 100년에 한 번 나올까 말까겠지만, 그가 음악에 관심을 갖고 교육을 받게 된 것은 결코 우연이 아니었다. 레오폴트의 아이라면 음악가의 자질을 타고났을 테고, 또 조기 교육도 받을 수 있었을 것이다. (역시 뛰어난 연주자였던 모차르트의 누나 난네를이 이것을 증명한다.) 레오폴트는 모차르트와 난네를의 매니저이자 홍보 담당자가 되어서 모차르트가 일곱 살이 된 1763년부터 1766년까지 3년 동안 함께 유럽 투어를 했다. 당시에 레오폴트 같은 부모는 아주 많았다. 그 시절에는 신동이 크게 유행했다.

　사실 클래식 음악은 극성 부모에 의해 발명되었다고 말할 수

1　「픽서 어퍼」의 가족은 예외다. 나는 그 사람들은 좋다.

2　그 논문은 오늘날에도 유용하다. 특히 그 시절의 공연 방식을 알려주어서 그렇다.

궁정 부악장이었던 레오폴트 모차르트는 아들의 재능을 간파하고 나서는 본업마저 뒤로하고 모차르트의 교육과 매니지먼트에 전념했다. 6세의 아들이 16세가 될 때까지 유럽을 돌며 연주 여행을 했는데, 이 기간에 모차르트가 잘츠부르크의 고향집에 머무른 기간은 3년밖에 되지 않는다.

있을지도 모른다.

클래식 업계의 크기와 경쟁 수준은 모차르트 시대 이후 증가 일로를 걸었기에 극성 부모의 수도 따라서 증가할 수밖에 없었다. 극성 부모란 자식들의 레슨을 녹음하고 연습을 도와주는 우리 아빠 같은 부모를 말하는 것이 아니다. 음악원 세계에서 그 정도는 극성 부모가 아니라 그냥 부모다. 이 바닥에서 극성 부모란 키 작은 열두 살짜리에게 발레 튀튀를 입히고 여섯 살짜리처럼 꾸민 부모, 아이들 공연을 동작 하나부터 얼굴 표정 하나까지 연출하는 부모, 아이들을 방에 가두고 피아노나 보면대에 묶어서 강제로 연습시키는 부모를 말한다. 토요일이면 그런 부모들이 미국 최상급 음악원들의 복도를 가득 채우고 빈 연습실을 차지한다.[3]

뛰어난 첼리스트였던 내 동생 마리나는 내가 아이린을 만난

지 몇 주 뒤에 이런 극성 부모를 처음 만났다. 우리는 뉴잉글랜드 음악원 예비 프로그램에 들어감으로써 본격적으로 클래식 세계에 입문했고, 마리나는 그곳 유스 오케스트라의 수석 첼리스트가 되었다. 그 오케스트라의 연령대는 상당히 낮았는데 마리나는 그중에서도 특히 어렸고, 외부인이 보기에 그것은 굉장한 성과였다. 하지만 몇 주 지나지 않아 수석 첼리스트 자리는 트리스탄이라는 남학생에게 넘어갔다.[4] 그는 원래 뒷줄에 자리하다가 매주 한 줄씩 앞으로 옮겼다. (마리나는 그 일이 공포영화 같았다고 말한다. 뒤를 돌아볼 때마다 30센티미터씩 가까워져 있었다고.) 그러다 마지막에서 두 번째 주에는 마리나 옆자리로 오더니, 며칠 후 우리 부모님은 운영진에게서 마리나와 트리스탄의 자리를 바꾸기로 했다는 사과의 전화를 받았다. 부모님은 나중에야 그 일이 트리스탄의 엄마가 엄청나게 노력한 결과였다는 사실을 알게 되었다.

이 일이 바보 같은 게 뭐냐면, 열 살짜리들이 하는 이 무급 오케스트라에는 공연 관객이라고 해봐야 아이들 부모가 대부분이었다는 점이다. 마리나와 트리스탄은 그러거나 말거나 아무 상관도 하지 않았다. 마리나는 심지어 그 뒤로 트리스탄과 데이트까지 했다. 내가 제안한 보복적이고 파괴적인 방식의 데

---

3 토요일은 음악원에 정식 입학을 할 수 없는 어린 학생들이 음악원에 몰려가서 집중 개인 레슨, 실내악 연습, 실내악 지도, 음악 이론 수업, 오케스트라 연습 등을 한다. (그래서 그날 학교에 간 어리석은 본교 학생들은 얼른 집이나 기숙사로 도망쳐야 한다. 예술을 혐오하는 성난 이웃들 때문에 연습을 하기 힘들다고 해도.)

4 트리스탄도 가명이다. 내가 본명을 쓰면 엄마가 (또) 화낼 것이다.

이트도 아니었다.[5]

하지만 마리나는 첼리스트다.

첼리스트는 최고다

만약 여러분이 무인도에 떨어질 때 함께할 클래식 음악가의 유형을 선택할 수 있다면 첼리스트를 선택하는 것이 좋다. 첼로가 그렇게 밝고 편안한 사람들을 끌어당기는 이유가 뭔지는 모르겠지만(아마도 부드러운 소리, 또는 첼로 케이스 때문이 아닐까? 그걸 메고 다니는 사람들이 사랑스러운 대형 거북이처럼 보여서?), 내가 세상에서 가장 좋아하는 두 사람인 여동생 마리나와 앤도버 시절과 줄리아드 시절을 모두 함께한 절친 메타는 모두 첼로를 선택했다.

첼리스트를 선택해야 하는 또 한 가지 이유는 첼로 연습 소리는 다른 악기 연습 소리만큼 듣기 괴롭지 않다는 것이다. (피아노 연습 소리가 더 좋긴 하지만 그건 조율이 제대로 되었을 때의 이야기다. 무인도에 그런 피아노는 없을 것 같다.)

첼로는 많은 사람들이 알고 있듯이 바이올린의 대형 버전 같다.[6] 하지만 비율도 다르고 연주 방향도 반대이며, 첼로에는 엔드 핀이라는 날카로운 금속 핀이 있다. (여러분이 '엔드 핀'이라는

---

5 사실 데이트라고 하기도 어렵다. 마리나는 겨우 아홉 살이었기 때문이다.
6 바이올리니스트로서, 바이올린이 첼로의 소형 버전이라고 할 수는 없다.

110

단어를 처음 들어본다면 그 자체가 첼리스트에 대한 내 말을 증명한다. 만약 '가수'에게 엔드 핀이 있다면 여러분은 지금쯤 그 말을 치정과 복수의 사연을 담은 수많은 뉴스 기사에서 들어보았을 것이다.) 첼로는 쓰임새도 다양하다. 첼로는 높고 화려한 선율을 화성적으로 받쳐주는 역할도 하지만, 멋진 신사 모자를 쓰고 끄트머리에 은을 댄 지팡이를 짚은 채 스포트라이트를 받는 일도 그 못지않게 많다. 그래도 내가 볼 때는 신사적이고 귀족적인 프레드 애스테어보다는 친근하고 활기찬 진 켈리에 가까운 것 같다.

베이시스트는 쿨하다

베이시스트는 어떤 면에서는 첼리스트보다 더 첼리스트 같다. 그게 사실인 것이, 베이스가 첼로보다 더 첼로 같고 차이라면 첼로보다 더 크고 소리가 더 깊다는 것뿐이기 때문이다. 베이스는 사실 너무 커서 오케스트라 투어를 할 때 옷 가방 및 타악기들과 함께 따로 수송한다.

베이스는 첼로와 유사한 점이 많지만 핵심적인 차이가 몇 가지 있다. 예를 들어 베이스는 대개 5도 간격이 아니라 4도 간격으로 조율하고, 형태는 첼로보다 살짝 더 길고 더 유선형이다. 몸통 중간에 누가 양옆에서 한 입씩 베어 먹은 것처럼 생긴 부분과 악기 몸통과 지판이 만나는 부분이 그렇다.

베이스의 소리는 다소 느슨하고 밋밋하다. 그래서 이 장르에서 베이스가 단독으로 사용되는 일은 드물다.[7] 베이스 소리는 수많은 악기가 참여하는 두터운 음악에서 주로 가장 저음부를 이룬다. 이에 따른 개인적 압박의 부재, 그리고 늘 악기를 끌고 다니느라 기운이 빠져 있다는 사실 때문에 베이시스트들이 그렇게 '쿨'한(다른 단어로는 표현할 수 없다) 건지도 모른다. 베이스 소리는 오케스트라의 토대이고, 모든 토대가 그렇듯 단단한 면이 있다. 베이시스트의 성격도 그렇다.

바이올리니스트들은 예민하다

베이시스트가 교실 뒷자리에 앉는 느긋한 아이라면, 바이올리니스트는 운동장에서는 운동 실력을 뽐내고 교실에서는 맨 앞자리에 앉는 공붓벌레다. 이들은 선생님이 자기 이름을 불러 주기만을 바란다. 언제나 자신의 대답이 가장 뛰어나기 때문이다.[8]

바이올리니스트가 평범한 직장에 취직하려고 자기소개서를 쓴다면 자신의 장점으로 성실성, 디테일에 대한 세심함, 목적의식을 꼽을 것이다. 단점으로는 경쟁심, 자기중심주의, 집착을 꼽을 수 있겠지만 그들은 이것을 "때로 저는 저 자신에게 지나치게 가혹합니다"와 같이 재수 없는 문장으로 표현할 것이다.

---

7 재즈는 다르다. 한 가지 이유는 악기를 사용하는 방식이 다르기 때문이다. 재즈에서는 베이스를 활로 켜지 않고 손으로 뜯는다.

8 이 말은 비유일 뿐 진짜로 바이올리니스트들이 운동을 잘한다거나 교실 앞자리에 앉는다는 뜻은 아니다. 실제로 많은 바이올리니스트들은 연습에 최대한 많은 시간을 바치기 위해 체육 활동이나 학과 공부를 등한히 한다.

솔직히 그 말은 사실일 가능성이 높다.

바이올리니스트의 성격은 닭이 먼저냐 달걀이 먼저냐 같은 어려운 문제다. 경쟁적이고 완벽주의적인 훈련이 우리를 경쟁적이고 완벽주의적인 성격으로 만드는 것인지 경쟁적이고 완벽주의적인 우리의 성향이 우리를 경쟁적이고 완벽주의적인 훈련에 들어가게 하는 것인지(이런 훈련을 지도하는 사람은 바로 이런 사이클이 한 세대 전에 길러낸 경쟁적인 완벽주의자들이다) 알 수가 없다. '예민한, 신경질적인'이라는 뜻의 단어 'high-strung'은 '현을 고음으로 조율한'이라는 표현에서 유래했는데 이 말 자체가 바이올리니스트를 연상시킨다.

우리는 자만심과도 싸운다. 내 약혼자였던 시절 골든보이는 항상 우리 집 거실에서 연습했는데, 그 거실은 2층이 통으로 뚫려 있어서 확성기처럼 소리를 건물 곳곳으로 퍼뜨렸다. 내가 이를 막기 위해 한갓진 그의 서재에 각종 졸업장과 신문 기사와 보면대를 채워 넣고 유혹해도 소용없었다. 그는 자신의 연주를 날이면 날마다 하루에 몇 시간씩 듣고 싶어 하지 않는 사람이 이 세상에 있을 수 있다는 것을 상상하지 못했다. 내가 바로 그런 사람이었고, 이웃들도 그런 사람들이었다. 이웃들은 차라리 내 연주를 듣는 걸 선호했을 것이다.

이게 다 바이올린 소리 때문이다. 바이올린은 현악기 중에 가장 높고 화려한 소리를 낸다. 그 결과 바이올린은 열정에 과시에 초월까지 골고루 담긴 거대하고 눈부신 독주 레퍼토리가 있다. 우리는 남들이 우리 소리에 귀를 기울이는 데 익숙하고, 이 일은 큰 기대와 압박을 낳는다.

여기서 표준 모델과 다른 두 가지 유형의 바이올리니스트가 있다는 사실을 언급해야겠다. 첫 번째 유형은 막심 벤게로프 같은 연주자다. 자기 실력에 진정한 자신감이 있고 자신의 상태가 너무도 편안해서 수많은 바이올리니스트를 괴롭히는 자기 의심과 불안에 시달리지 않는 유형이다. 두 번째는 궁극적으로 비올리스트가 되는 (또는 되어야 하는) 유형인데 그런 사람들도 많다.

비올리스트는 농담이다

비올리스트를 이해하려 할 때 먼저 알아야 하는 것은 클래식 악기 연주자들 중에 자신들만의 농담이 있는 것은 비올리스트뿐이라는 것이다. 다른 악기에 관한 농담도 있긴 하다. 하지만 비올라에 비하면 거의 없는 것이나 다름없다. 실제로 비올라 관련 농담이 비올라 곡보다 수가 많다.

비올라의 독주 레퍼토리는 바이올린이나 첼로와 비교하면 상당히 적다. 비올라 소리는 바이올린처럼 화려하지도 않고 첼로처럼 깊고 풍부하지도 않아서 오케스트라에서 쉽게 묻혀버린다. 하지만 따로 들어보면 아주 사랑스럽고 따뜻해서 좋아하지 않을 수가 없다.

비올라 레퍼토리 대부분은 관현악곡이나 소규모 앙상블곡이다. 여기서 비올라는 흔히 전체 소리의 접착제이자 중심 역할을 한다. 비올라가 중요한 역할을 하는 소수의 두드러진 예외가 있는데 그중 하나가 엑토르 베를리오즈의 〈이탈리아의 해럴드〉다. 이 곡 얘기를 하니 이 농담이 떠오른다.

Q. 이 세상에서 가장 긴 비올라 농담이 뭐지?
A. 〈이탈리아의 해럴드〉.

비올라 농담은 다 이런 식이다. 모욕과 조롱을 담고 있는데 그래서 웃기다.

Q. 비올라와 양파의 차이가 뭐야?
A. 비올라를 자를 때는 아무도 눈물을 흘리지 않아.

Q. 비올리스트의 손가락이 번개 같다는 게 무슨 뜻이야?
A. 같은 곳을 두 번 치지 않는다는 거.

Q. 비올라와 트램펄린의 차이가 뭐야?
A. 트램펄린을 밟을 때는 신발을 벗는다는 거.

Q. 비올라와 법정 소송의 공통점이 뭐야?
A: 케이스를 닫을 때 모두 기뻐한다는 거.[9]

그러면 모든 비올리스트가 무능하고 멍청하고 조롱받는다는 뜻인가? 아니다. 그것은 잘못된 일반화라는 걸 알아주기 바

---

9 'case is closed'는 '사건이 종결되다'라는 뜻으로도 해석된다. ─옮긴이

엑토르 베를리오즈는 비올라 솔로가 담긴 〈이탈리아의 해럴드〉를 파가니니에게 헌정했지만, 파가니니는 솔로가 짧다며 실망하여 초연도 하지 않았다. 뒤늦게 1838년 연주회에서 곡을 감상한 파가니니는 자신의 안목이 짧았다며 베를리오즈의 손에 키스를 건넸다.

란다. 비올리스트들은 사랑스럽다. 하지만 실제로 내가 아는 비올리스트 한 명은 사흘 동안 '해독 주스 요법'을 실행했는데 그 요법의 핵심이 주스만 마시는 거라는 걸 이해하지 못하고(다른 사람들이 설명해도 소용없었다) 레몬과 물을 탄 메이플 시럽에 파스타, 커리, 아이스크림, 케이크까지 잔뜩 먹고서 다음번 공연 때 드레스의 지퍼가 올라가지 않자 깜짝 놀랐다고 한다.

기타리스트의 자리는 없다

기타도 현악기이고 멋진 레퍼토리가 있다. 하지만 오케스트라에는 기타 섹션이 없고, 그래서 음악원에도 기타리스트는 상대적으로 적다. 그나마 있는 소수는 주로 변방에서 활동한다.

나는 늘 기타리스트들이 연습 중 휴식 시간에 던전 앤 드래곤 게임을 하는 모습을 상상했는데 실제로 그러는지는 모른다. (나는 던전 앤 드래곤을 할 줄도 모른다.) 사실 나는 기타리스트에 대해 무슨 말을 할 만큼 아는 게 없다.

가수는 프리마돈나들이다

다음으로는 가수에 대해 이야기해야 한다. 가수들은 호주의 하늘다람쥐처럼 충분한 관심을 받지 못하면 정서와 행동에 문제가 생긴다. 내가 이제야 가수를 언급하는 일이 이미 그들의 자존심을 해쳤다.

오페라 가수와 비교하면 바이올리니스트는 친구가 감전되는 것을 본 이후로 스포트라이트를 겁내는 조용한 미어캣 같다. 바이올리니스트가 찬사를 열망하는 이유가 자기 노력이 인정받을 만하다는 것을 확인하기 위해서라면, 가수들은 동독 노인들이 옷을 벗고 일광욕을 하듯 찬사를 즐긴다. 그들은 인사를 할 때나 어디 들어갈 때나 상관없이 항상 "전데요?" 하고 말하는 듯한 태도를 보인다.

그렇다고 그들을 나무랄 수는 없다. 나도 임신했을 때 똑같은 느낌을 받았다. 내가 뱃속에 새로운 사람을 키운다는 기적에 압도되어서 하루 종일 머릿속에 해설자를 데리고 다녔다. "기다리세요, 여러분! 이제 아리아나가 샤워를 하면서 신장 두 개를 만들 것 같습니다! 우와! 인생을 살면서 이런 것을 보게 될 줄은 몰랐네요."

가수들도 비슷하게 기적의 멀티태스킹을 한다. 그들은 배우이자 음악가이고, 무엇보다 그들 자신이 악기다. 그들은 완전히 자족적이다. 스스로가 공연 도구다. 그들은 다른 수단이 있건 없건 언제 어디서나 노래할 수 있다. 물론 날이 끄물거린다면 예외다. 또는 그날 우유를 마셨다거나 주변에 자신을 바라볼 사람들이 없다면.

가수들은 감정 기복이 심하다는 평판이 있는데, 사람에 따라 맞는 말일 수도 있고 틀린 말일 수도 있다. 가수들은 리듬과 템포, 그리고 함께 공연하는 이들을 무시한다는 얘기도 있다.

오페라 리허설에 관한 유명한 농담이 또 하나 있다. 내용은 이러하다.

오페라 1막의 중요 소프라노 아리아를 연습하던 중 지휘자가 오케스트라에게 말했다. "모두 A 부분의 두 번째 마디에 세 박자를 더하고 세 번째 마디에 한 박자를 더하세요. 그런 다음 네 번째 마디에 반복 표시를 하고 다섯 번째 마디 마지막 박자에 늘임표를 붙이세요. 그런 뒤 여섯 번째 마디에서 조를 올림 다장조로 바꾸고 어쩌고저쩌고… 다 이해했으면 처음부터 다시 해봅시다."

음악가들이 그 내용을 바쁘게 악보에 적는 가운데 지휘자가 지휘봉을 들자 소프라노가 조그만 소리로 기침하고는 물었다.

"저는 뭘 바꿔야 할까요, 지휘자님?"

"당신은 그냥 하던 대로 하면 돼요." 지휘자가 말했다.

빅토리앙 사르두, 앙드레 메사제, 알베르 카레 등과 함께 파리 오페라 코미크에서 오페라 리허설을 지켜보고 있는 가장 왼쪽의 자코모 푸치니.

 드라마 「소프라노스」는 뉴저지에 사는 이탈리아 마피아 일
가족의 이야기지만, 여기서 말하는 소프라노는 높은 음역의 목
소리를 가진 가수를 가리킨다. 소프라노는 유형별로 소리가 다
르다. 어떤 이는 더 풍부하고 어떤 이는 더 밝다. 하지만 좋은
소프라노 소리는 항상 아주 높고 화려하고 강력하다.[10] 메조소
프라노는 중간 음역의 가수다. (그냥 '메조'라고도 한다.) 그들의
목소리는 더 부드럽고 더 풍부하다. (소프라노들은 동의하지 않을
것이다.) 하지만 보통 사람들이 들을 때는 메조소프라노의 소리
도 높다. 실제로 높기 때문이다. (이 역시 소프라노들은 동의하지

---

10 '콜로라투라'라는 말도 간혹 들을 수 있다. 이것은 소프라노의 한 유형이다. '리릭'도 자
   주 이야기하는 유형의 소프라노다. 콜로라투라 소프라노는 소리가 더 가볍고 날렵하
   며, 리릭 소프라노는 소리에 좀 더 힘이 있다.

않을 것이다.) 다음으로는 여자 중 가장 낮은 음역대인 더욱 부드러운 콘트랄토가 있고, 대부분의 사람들이 파바로티 같은 남자 오페라 가수를 생각할 때 떠올리는 음역대의 테너가 있고, 이보다 낮아서 마초 같은 소리를 내는 바리톤이 있고, 헐크처럼 낮은 소리의 베이스도 있다. 카운터테너라는 것도 있다. 여자 콘트랄토와 같은 음역대의 남자 가수로 이들은 수가 많지 않고 상당수가 가수 이외의 사람들에게는 관심도 없고 중요하지도 않은 몇 가지 기술적인 이유로 '진정한' 카운터테너로 평가받지 못한다. (하지만 나는 소리만 훌륭하다면 어떤 카운터테너라도 상관없다.)

피아니스트들은 악보를 안다

나는 이따금 내가 『뉴욕타임스』나 『쥐트도이체 차이퉁』의 기사를 읽은 것이 자랑스러워서 슈테판에게 어떤 사태에 대해 어떻게 생각하느냐고 묻는다. (내가 안다는 것을 자랑하려는 목적이다.) 그럴 때 그가 보이는 반응은 간결하고 현명할 뿐 아니라 애초에 일을 엉망으로 만든 모든 흠 있는 인간들에 대한 이해로 가득해서 나는 왜 그가 독일 총리가 아닌지 의아한 마음이 든다. 그리고 그 말을 하는 그의 열의 없는 태도(그 생각은 방금 한 것이고 그걸 어디 알리려는 의도는 없다는)를 보면 동서고금의 정치적 갈등 중에 그가 모르는 것은 없고, 내가 이 세상의 일에 관해 좀 더 많이 알고 질문만 적절하게 한다면 그에게서 캐낼

것이 훨씬 더 많겠다는 느낌도 든다.[11]

피아니스트 옆에 있으면 이런 비슷한 느낌을 받는다. (프랑스 꼬맹이들도 비슷한 느낌을 준다.) 그들은 겉으로 오만하지 않으면서도[12] 언제나 내가 모르는 것을 알고 있고 이해한다는 느낌을 준다. 중요한 것들, 내가 알면 깜짝 놀랄 것들을.

이런 느낌은 그들 중 많은 수가 뿜어내는 조용하고 학구적인 분위기 때문이기도 하다.[13] 그리고 우리 아빠가 피아니스트인 것도 한 가지 이유일 것이다. 아빠는 항상 나보다 많이 아는 것 같기 때문이다. 아빠가 나한테 지메일 계정 로그인 방법을 매번 물어도 그렇다. 하지만 가장 큰 이유는 피아노 악보의 복잡함 때문이다.

우선 피아니스트는 어처구니없을 만큼 많은 음을 연주해야 한다. 이 사실은 언제나 감탄스럽다. 피아노의 물리적 구성 자체가 여타의 악기들과 달리 그런 일을 허락한다는 사실을 알아도 마찬가지다. 하지만 그것 말고도 더 있다.

대부분의 악기는 자기 파트를 연주한다. 예를 들어 내가 피아니스트와 함께 소나타를 연주한다면 나는 내가 연주할 음만 본다. 그것은 악보의 한 줄에 있다.[14] 그에 비해 피아니스트는

---

11 그래서 나는 끊임없이 그의 노래 실력을 놀려야 한다.

12 프랑스 어른들과는 다르다.

13 줄리아드 시절 나와 함께 트리오를 했던 피아니스트 헨리 크레이머는 내가 평생 만난 사람들 중에 몇 손가락 안에 꼽을 만큼 편안하고 재미있고 여유로운 사람이지만, 그는 예외다. 그리고 나는 그에게도 위압된다. 그가 온갖 유명 피아노 콩쿠르를 휩쓸었기 때문이다.

14 예외는 대개 현대 음악의 특정한 상황뿐이다.

라울 뒤피가 1941년경에 그린 「피아니스트와 오케스트라」. 대개 오케스트라에 포함되지 않는 피아노는 오케스트라에서 사용하는 모든 악기의 음역을 해결할 수 있다는 점에서 흔히 작은 오케스트라로 불린다.

두 줄짜리 악보를 보고 그러면서 바이올린 파트도 본다. 다시 말해서 내가 전체 악보의 3분의 1만 보는 동안, 피아니스트는 세 줄을 다 본다. 그들은 정말로 '큰 그림'을 보면서 연주하고, 내가 볼 때 그것은 지혜와 아주 비슷하다.

엄밀히 말하자면 바이올리니스트도 피아노 파트를 확실히 파악하고 있어야 하지만, 말했듯이 피아노 악보는 음의 개수가 어처구니없이 많고, 내 두뇌는 겹겹이 쌓인 화성을 처리할 능력이 없기 때문에 나는 악보 전체를 소화하는 대신 선율, 리듬 형태, 내 연주의 신호가 되는 베이스 라인의 주요 변화에 집중하는 편이다.

웃기는 사실이 있다. 오케스트라에서 피아노는 타악기 섹션에 속한다. 피아노에 건반과 해머가 있기 때문에 일견 타당하지만(이 면에서 피아노는 마림바나 실로폰과 비슷하다), 분류 관점으로써는 별로 도움이 되지 않는다. 피아노를 좋아한다고 말하는 사람에게 쇼스타코비치 교향곡 10번의 스네어드럼 독주를 들어 보라고 권하지는 않을 것이다.

하프도 마찬가지다. 하프는 타악기 섹션과 현악 섹션에 모두 속해 있다. 누군가 하프를 타악기이자 현악기로 생각했다는 사실이 놀랍기는 한데, 하프를 서로 깊은 관련이 없는 두 개의 섹션에 넣는 것이 어디에 도움이 되는지 모르겠다. (하프 연주자는 오케스트라에서는 두 섹션에 속해 있지만 이 장에서는 자리가 없다. 하피스트는 기타리스트와 마찬가지로 수가 적어서 일반화할 수 없기 때문이다.)

하지만 이런 일은 타악기 섹션에 아주 많은 악기가 들어가고 타악기 연주자가 아주 많은 역할을 맡는다는 것을 생각하면 약간 이해가 된다.

퍼커셔니스트는 적응의 대가다

대부분의 퍼커셔니스트, 그러니까 진짜 퍼커셔니스트[15]는 특정 전문 분야가 있지만 학교에 다닐 때는 같은 그룹의 악기를 모두 공부한다. 팀파니, 스네어드럼, 마림바, 비브라폰, 실로폰, 글로켄슈필이 기본이고 탬버린, 심벌즈, 베이스드럼, 트라이앵

---

15 그러니까 우리가 살펴본 피아니스트나 살펴보지 않은 하피스트 말고.

글 같은 부속물도 있다. (이것 말고도 더 있지만 우리의 시간은 한 정되어 있다.)

퍼커셔니스트는 흔히 온갖 잡동사니 같은 일을 맡는다. 어떤 소리가 필요하면 그게 물 튀기는 소리건, 채찍 휘두르는 소리건, 밤에 숲속에서 배고픈 늑대 무리가 음악가를 쫓아가는 소리건, 그 소리를 만드는 일은 퍼커셔니스트에게 떨어진다.[16] 일본에서 공연 연습을 하다가 중단된 일이 있었다. 우리가 연주하는 곡에 종이 찢는 소리가 필요했는데 퍼커셔니스트가 준비해 온 유산지가 다 떨어졌기 때문이다. 보통 종이는 너무 조용해서 쓸 수 없었다.

그래서 퍼커셔니스트는 적응을 잘하는 경향이 있다. 그리고 모두 실험을 좋아하는 '미친 과학자' 같은 면이 있다. 그들은 때로 아주 쿨하지만 대부분의 경우 내면은 뱃속에 시계가 든 악어에게 쫓기는 후크 선장처럼 초조하고 불안하다. 차이점이라면 그들 자신도 악어처럼 내면의 메트로놈에 시달린다는 것이다. 이들은 항상 똑똑한 것은 아니라도 어쨌건 상당히 똑똑하다. 내가 데이트한 퍼커셔니스트 두 명은 거짓말을 일삼는 소시오패스였지만 그렇지 않은 퍼커셔니스트들도 있다. 내가 아는 한에서는.

16 팀파니스트의 역할은 팀파니로 한정된다.

금관악기 연주자는 떠들썩한 남자 대학생 같다

데이트 상대 이야기가 나왔으니 금관악기 섹션을 이야기해야겠다.

나에게 오케스트라의 금관악기 연주자들은 떠들썩한 남자 대학생 같은 느낌이다. (여자들도 있기는 하지만 드물다.) 그들은 젊을 때는 매력적이기도 하지만 일찌감치 머리가 벗어지는 경우가 많다. 내가 아는 금관악기 연주자들은 자신들이 오케스트라에서 맡은 역할 때문에 그렇다는 설을 내놓았다. 그들은 자기 파트를 오래 기다려야 하는데, 연주를 시작하는 순간 애초에 초원과 산에서 사냥과 전투와 긴급 신호 전달을 위해 만들어진 자신들의 악기가 홀을 쩌렁쩌렁 울릴 거라는 사실에 스트레스를 받는다는 것이다.

교향곡의 표준 금관악기는 트럼펫, 트롬본, 프렌치호른, 튜바다. (변종과 하위 범주들도 있지만 그걸 안다고 우리 삶의 질이 높아지지는 않는다.) 이 중 트럼펫이 가장 화려하다. 프렌치호른은 가장 우아하고 따뜻하며, 트롬본이 가장 시끄럽고, 튜바는 가장 '움파움파'한다. 하지만 기이하게도 내가 만난 대부분의 트롬본 연주자들은 모임이나 행사에서 다른 금관악기 연주자들보다 조용했다.

물론 똑똑한 금관악기 연주자도 많지만 이들은 오케스트라에서 지성으로 그다지 각광받는 편이 아니고, 그래서 몇십 년 전에 한 트롬본 연주자가 차이콥스키의 〈1812년 서곡〉 피날레 부분에서 자기 트롬본의 나팔 부분으로 폭죽에 불을 붙였다가 큰 부상을 입고 공연도 망쳤다는 이야기가 농담이었다는 사실을 많은 음악가가 몰랐다. 그리고 '많은 음악가'라는 건 나를 말한다. 나는 이 이야기를 정말로 오랫동안 떠들고 다녔다.

목관악기 연주자들은 (아마도) 고양이족이다

일반적으로[17] 목관악기 연주자들은 금관악기 연주자들보다 (소리, 성격, 머리숱, 성별이) 좀 더 다양하다. 예를 들어 플루티스트들은 주인공병 지수가 바이올리니스트 혹은 가수에 가깝고 바수니스트들은 농담의 대상이 된다는 점에서 비올리스트에 가깝다. 하지만 그런 가운데에도 목관악기들은 오케스트라의 나머지 섹션들과는 다른 별개의 연합체처럼 보인다.

이 사실을 증명할 연구를 해본 적은 없지만 내 짐작으로는 목관악기 연주자 상당수가 고양이족이다.[18] 내가 왜 이를 확신하는지 또는 내가 이 이론을 꺼냈을 때 왜 모든 현악기 연주자가 동의했는지 그 이유는 모른다. 내가 고양이를 싫어한다는 사실과는 아무 상관 없다. 그냥 특정 목관악기들의 소리, 연주할 때 목관악기 연주자들의 표정, 그들의 독립적인 성향, 또 악기 관리에 많은 시간을 들이는 모습이 고양이를 연상시킨다. 금관악기 연주자들은 개를 연상시킨다. 개와 금관악기 연주자

---

17 물론 이 모든 것은 일반적으로 말하는 것이고, 약간의 과장이 있다.

18 내가 아는 하피스트 두 명도 고양이족이다.

126

왼쪽부터 오보에, 오보에다모레, 잉글리시호른. 오보에다모레는 '사랑의 오보에'라는 뜻으로 오보에보다 음색이 부드럽고 낮다. 잉글리시호른은 오보에보다 5도 낮은 음을 낸다. 오보에가 소프라노라면 오보에다모레는 메조 소프라노, 잉글리시호른은 알토라고 할 수 있다.

는 가식이 없다. 반면 목관악기 연주자들은 좀 더 영리하고 교묘하다. 바순이 '방귀 뀌는 침대 기둥'이라고 불리기는 하지만 말이다.

오케스트라에는 네 가지 주요 목관악기가 있다. 플루트, 오보에, 클라리넷, 바순이다.[19] 이들은 각각 다른 음색으로 작곡가가 노리는 특정한 효과를 위해 사용된다. 이들은 개별적으로 또는 전체적으로 교향곡의 사운드 전체에 층을 더하거나 작품 곳곳에서 짧은 독주를 한다는 점에서 금관악기와 비슷하다. 클래식 음악에서 이들은 주로 교향곡을 연주하지만 협주곡 등에서 독주자도 할 수 있고, 소규모 실내악 앙상블로도 활동한다.

19 각각의 파생 악기도 있다. 피콜로는 플루트의 파생 악기이고, 잉글리시호른은 오보에의 파생 악기이며, 베이스클라리넷은 클라리넷의 파생 악기, 콘트라바순은 바순의 파생 악기이다.

참고: 지금까지 말한 여러 종류의 음악가들이 고음악이나 현대음악 전문 앙상블의 풀타임 멤버라면, 그들은 내가 위에 언급한 특징이 별로 없고, 대신 비건과 비슷할 것이다. 할리우드 스타들의 떠들썩하고 트렌디한 비건이 아니라 애팔래치아산맥을 하이킹할 때 만나거나 '포틀랜드'라는 이름이 붙은 곳에 사는 사람에게서 볼 수 있는 종류의 비건이다.

지휘자들은 개자식들이다

아이린을 만났던 여름 캠프는 내 인생 최초의 진정한 성격 테스트였다. 그때 나는 처음으로 내가 누구인지, 내 한계가 어디까지인지, 브래지어에 뽕을 넣어야 할지 말지 결정해야 했다. (열여섯 살짜리들이 사는 아파트에서는 벽에 걸린 화보가 중요한 역할을 했다.)

그리고 내가 거기서 맞닥뜨린 최초의 성격 테스트는 지휘자, 또는 그들이 좋아하는 호칭인 '마에스트로'들의 이야기다. 나는 지휘자들에 대해 하고 싶은 말이 많다. 예를 들면 그들이 과도한 대우를 받는 얼굴마담이라는 것. 또는 그들이 오만하고 재수탱이들이라는 것. 또는 세 살짜리 소년이 베토벤 5번 교향곡을 지휘하는 유튜브 비디오는 그 아이가 천재 음악가라는 뜻이 아니라 지휘자 역할은 세 살짜리도 할 수 있다는 증거라는 것. 나는 수십 년 동안 이 명성 높은 갑질꾼들 아래에서 겪은 고통을 쏟아내고 싶다.

하지만 이 책의 목표는 클래식 음악 세계의 안쪽을 보여주는 것이지, 권위 있는 인물들에 대한 개인적인 불만을 토로하는 것이 아니다. 그래서 이 이야기에는 최대한 편견을 배제하도록 해보겠다. 아니면 어쨌건 이 장 전체의 편견 수준을 넘지는 않도록 하겠다.

지휘자들은 분명히 강렬한 인물들이다. 콘서트 시작 때 무대로 나와서 단에 올라서는 모습, 그런 뒤 오케스트라에게 이마를 찌푸리고 마법사처럼 팔을 들어 올리는 모습은 만약 내가 이들을 완전히 근절해 냈다면 그리워했을 퍼포먼스다. 하지만 그게 전부다. 그러니까 퍼포먼스라는 것. 그것은 퍼레이드이자 겉치레일 뿐, 지휘자와 오케스트라 사이의 역동의 현실과 복잡성을 거의 또는 전혀 보여주지 못한다.

내가 볼 때 지휘자들은 스펙트럼상에 존재한다. 한쪽 끝에는 정말로 마법사 같은 지휘자들이 있다. 연주자와 관객을 소리의 양탄자에 태우고 음악의 절경 속으로 인도하는 사람들. 그들은 비전과 외교력을 갖춘 지도자로, 2차원 공간에 뒤엉킨 악보에서 위계와 웅대한 구조를 창조해 낸다.

나는 베르나르트 하이팅크의 지휘로 브람스 교향곡 2번을 연주하던 일을 잊지 못할 것이다. 그의 반짝이는 파란 눈동자는 은하의 지혜를 담은 것 같았고, 그의 영혼은 손끝에서 나와서 우리 모두를 부드러운, 그리고 아무 문제 될 것 없는 천재의 포옹으로 감싸는 것 같았다. 그리고 줄리아드스쿨에서 2007년 〈사랑의 정원사〉 공연에 참여했던 행운아들은 게리 소르 웨도를 잊지 못할 것이다. 그의 예술적 비전과 견줄 만한 것은 깊은

구스타프 말러가 지휘하는 모습을 담은 1901년의 캐리커처. 19세기부터 지휘자에게 기악 독주자만큼이나 재능과 기술이 요구된다는 상식이 퍼지면서 전문 지휘자들이 전면에 등장했다. 이들을 두고 크고 극적인 제스처를 선호하는 쪽과 겸손하고 지적인 접근을 선호하는 쪽으로 관객의 성향도 나뉘었다.

사려와 그가 연주자들에게 바치는 유례없는 존중뿐이었다.[20]

하지만 스펙트럼의 반대쪽 끝에는 간달프보다는 오즈의 마법사에 가까운 사람들이 있다. 영감과 리더십을 거의 발휘하지 못하면서 비대한 자아에 사로잡힌 사기꾼들이다. 오케스트라는 그런 사람이 없으면 오히려 더 잘될 것이다. 그래도 그들의 이름을 나열할 수는 없다. 슈테판이 변호사라 명예훼손 같은 것을 걱정하기 때문이다.

지휘자 대부분은 그 중간쯤에 위치해 기본적인 역할을 수행하고 방정식에 약간의 예술성을 더한다. 이 지휘자들은 그렇게 각광받지 않는 교통 안내원과 비슷하다. 그러니까 교통 안내원이 사람들에게 길을 건널 때 달려야 할지, 기어야 할지, 발레 동작으로 가야 할지를 지시한다면 말이다. (사실 그것이 안내원이 해야 할 일이다.) 그것은 곡이 비교적 평이한 경우에도 도움이

---

20 공연이 끝난 뒤 오케스트라 전체가 돈을 모아서 그에게 감사의 선물을 주었다. 이 일을 꾸민 이가 베이시스트라서 선물은 그레이구스 보드카 한 병으로 결정되었다.

되지만, 음이 몇 배로 겹치는 현대음악에서는 특히 중요하다. 오페라와 발레에서도 지휘자는 중요한 역할을 한다. 이때 오케스트라는 '피트'[21]에 파묻혀서 바깥과 단절되어 있기 때문에 위에서 벌어지는 일을 파악하게 해 주는 유일한 시각적 연결고리가 지휘자다.

하지만 지휘자가 아무리 친절하고 뛰어나다고 해도 그냥 두면 두 시간 내내 아무 소리도 못 내는 검은 옷의 노예들에게서 홀로 소리를 이끌어내는 인형 조종사 같은 존재는 아니다.

실제로 오케스트라들은 공연할 때 지휘자가 있건 없건 보이는 모습도 만드는 소리도 대체로 비슷하다. 공연하는 작품이 표준 레퍼토리 안에 있고, 악보를 읽을 줄 아는 단원이 절반뿐이고, 나머지 절반은 여섯 조각 난 악기를 들고 연습에 오는 우리 중학교 수준의 오케스트라가 아니라면 말이다.[22] 그와 반대로 오케스트라가 없으면 지휘자는 아무 소리도 내지 못한다. 아니 헐떡이는 숨소리와 목 긁는 소리는 날 것이다. 그리고 그의 동작은 샐러드 버무리기, 페인트칠하기, 뜨개질하기를 동시에 흉내 내면서 파리 잡기 춤을 추는 것처럼 보일 것이다.

그러나 많은 지휘자가 자기 위치의 불안정성과 의존성을 파악하지 못하고, 자기 똥은 금똥인 줄 아는 전제군주처럼 행동

---

21 무대와 객석 사이에 움푹 팬 공간. 오페라나 발레 공연 때 오케스트라는 여기 자리한다.—옮긴이

22 실제로 지휘자 없이 공연하는 소규모 오케스트라 앙상블이 많다. 이런 경우, 또는 지휘자가 형편없을 경우에 오케스트라는 콘서트마스터에게 의지해서 박자와 타이밍을 맞춘다.

한다. 그리고 오케스트라 단원들은 대체로 예의를 차리느라(그리고 일자리 유지를 위해) 시스템이 낳은 이런 갑질에 맞서지 못한다.

하지만 늘 그런 것은 아니다. 몇 년 전에 한 유명 오케스트라의 수석 호른 연주자가 객원 지휘자에게 맞섰다는 이야기를 들었다. "우리는 [여기에 엠파이어스테이트빌딩과 자유의 여신상이 있는 미국 유명 도시의 이름을 넣으시오] 필하모닉입니다. 선생님은 우리와 연주하려고 여기 오셨지만 우리는 선생님과 연주하려고 여기 있는 게 아닙니다." (대충 이런 내용이었다고 한다.) 그 돌발 행동을 모두가 좋게 본 것은 아니지만 그 뜻은 전달되었고, 그 지휘자는 다시는 초청받지 못했다.

그렇다. 좋은 지휘자도 있고 나쁜 지휘자도 있다. 신선하고 달고 상큼한 블루베리가 있는 반면 시간을 거꾸로 돌려서 먹은 사실을 지우고 싶은 블루베리가 있듯이. 그리고 블루베리와 마찬가지로 그 비율은 우리가 원하는 것과는 다르다.

이와 관련된 농담이 하나 있다.

여러분이 어둡고 외딴 길을 운전하다가 지휘자와 비올리스트가 최근의 〈이탈리아의 해럴드〉 공연을 두고 옥신각신하는 모습을 보았다. 지휘자와 비올리스트 중에 누구를 먼저 쳐야 할까?

지휘자다. 재미보다 현실이 중요하다.

내 인생 최초의 지휘자

내가 지휘자들을 안 좋게 보는 한 가지 이유는 내가 처음 만났던 지휘자가 너무도 훌륭한 분이었기 때문이다. 그는 첼리스트이기도 했다. 켄터키주 렉싱턴 출신의 거구로 너그러운 마음이 보석 같았던 그는 흑인 특유의 부풀어 오른 곱슬머리였다가 나중에는 뒤통수 쪽 머리를 길러 가느다란 포니테일로 묶고 다녔으며 화려한 기하학적 무늬의 옷을 즐겨 입었다. 그의 이름은 윌리엄 토머스다.

그는 내 어린 시절 멘토 중 한 명이었고, 아마 나를 처음으로 인정한 사람일 것이다. 내가 대학에 들어가기 몇 년 전에 나를 앤도버 오케스트라에 ('종치기' 역할로) 초청하기도 했다. 그는 아주 뚱뚱했는데 그걸로 농담을 자주 했다. 우리가 연습 때 말을 안 들으면 그 덩치로 우리를 깔고 앉아버리겠다고 하는 식이었다. 사실 그는 언제 어디서나 자신을 농담의 소재로 삼았다. 한번은 무대에서 의상 관련 대형 사고가 터진 일이 있었다. 그때 그는 화려한 무늬의 고대식 튜닉을 입고 안에 고무줄 바지를 입었는데, 피아노 협주곡 연주 도중 바지가 발목까지 흘러내린 것이다. 그는 무대에서 나갈 때 펭귄 걸음이 되지 않도록 발 한쪽을 바지에서 빼고 걸었다. 그리고 다음 날이 되자 아직 이야기를 못 들은 사람들에게 일일이 그 소식을 전했다.

그때는 그의 겸손과 친절과 피부색이 예외적인 경우라는 것을 몰랐다. 그리고 학생들 앞에서 전혀 다른 이유로 바지가 내려가는 지휘자들이 많다는 것도.

나는 스무 살 때 업계에서 소름 끼치기로 유명한 어느 연로한 마에스트로에게 유혹을 받았고(지금은 퇴출되었다), 내 여동생도 같은 나이에 다른 소름 끼치고 연로한 마에스트로에게 비슷한 일을 당했다. 콘서트가 끝난 뒤 그가 동생을 자신의 리무진에 태워 억지로 호텔로 데려가려고 한 것이다. (다행히 그가 술에 엄청나게 취해 있어서 마리나는 어렵지 않게 도망칠 수 있었다.)

그들 중 많은 수가 미투 물결에 휩쓸렸다.[23] 그들보다 조금 덜했던 자들도 불안한 지옥에 있을 것이다. 이제라도 행동을 고쳤기 바란다. 하지만 업계에서 추방당했건 지옥에 있건 어쨌건 그런 지휘자들은 윌리엄 토머스 같은 사람과 비교하면 신발에 밟히는 개똥 같을 뿐이다.

---

23 미투 물결의 막바지에 이르러서였다. 이런 운동이 좀 더 으슥한 우리 세계까지 밀려오는 데는 시간이 걸리기 때문이다.

5장

어깨 위의 집 한 채

탁월함의 가치 그리고 가격

어느 토요일, 에스프레소 로열[1]에 줄을 서 있는데 내 뒷줄의 남자가 나에게 어깨에 멘 것이 바이올린이냐고 물었다.

나는 그렇다고 했다.

"바이올린은 엄청 비싸다던데요." 그가 말했다.

뭐라고 대답하기가 어색했다.

그가 눈을 크게 뜨고 말했다. "어떤 건 가격이 만 달러나 한다더라고요."

내가 항상 똑똑하다고 자부하는 건 아니다. 나는 패션 디자이너 엘리 사브가 여자인 줄 알았고, '걸프 전쟁'의 걸프가 페르시아만이 아니라 멕시코만인 줄 알았다. 그리고 사촌들이랑 무언가

---

1 뉴잉글랜드 음악원 앞의 카페로, 그곳 예비학교의 모든 학생과 극성 부모는(물론 평범하고 좋은 부모도) 거기서 샌드위치와 커피를 사 먹는다.

비밀스러운 것을 만들다가 접착제 병이 접착제 범벅이 되었을 때 그 병을 어항에 헹구자는 빛나는 아이디어를 낸 적도 있다.[2]

그래서 무언가를 알 때 나는 기분이 좋다. 그리고 그날 그 카페에서 칠면조 샌드위치를 기다릴 때 내가 알고 있던 것은 바이올린이 만 달러나 할 수 있을 뿐 아니라 만 달러는 바이올린 가격치고는 별로 대단한 게 아니라는 사실이었다.

일곱 살 때 쓴 제대로 된 나의 첫 바이올린이었던 2분의 1 크기 모델이 아마 만 달러 정도였을 것이다. (그 전에는 공장에서 만든 오렌지색 제품들을 렌털해 썼다.) 그 후 아홉 살 때 바이올린을 바꿨고, 열두 살인가 열세 살 때 지금 가지고 있는 장 바티스트 뷔욤 바이올린으로 다시 바꿨다.

바이올린을 찾는 일은 아주 설레었다. 그것은 역사와 소리의 세계를 탐색하고, 연주자와 나무로 만든 인공물의 케미스트리를 탐색하는 환상적인 과정이었다. 하지만 이런 경험은 『해리 포터와 마법사의 돌』 속 올리밴더 상점 장면이 즐거운 사람에게만 추천한다.

내 버전의 올리밴더 상점은 보스턴 백베이에 있는 '리유닝 앤드 선'이었다. 그 가게는 오래된 적갈색 벽돌 건물의 한 개 층을 썼고, 짙은 색 래커를 칠한 나무 패널 엘리베이터는 로비까지 대팻밥과 니스 냄새를 풍겼다. 그 냄새에 중독된 건지 뭔지 모르지만 나는 항상 거기 가는 게 좋았다.

그곳의 메인 룸에는 바이올린과 부품들, 바이올린 활, 바이

---

2 접착체가 테이블에 안 좋은 건 알았지만 물고기한테도 나쁜 줄은 (그때는) 몰랐다. (아주 나빴다.)

올린 구조도, 자개 등으로 장식된 환상적인 나무 보면대가 가득했다. 온갖 종류의 로진과 현, 장식적인 줄감개가 가득한 진열대도 있었다.

뒤쪽에 있는 격자무늬 유리문을 지나면 돌출창이 있는 더 밝은 방이 있었다. 그 방은 벽이 하늘색이었던 것 같다. 거기에는 첼로가 있었다. 그리고 소망의 거울과 아주 비슷하게 생긴 묵직한 거울이 바닥에서 천장까지 뻗어 있었다. 다시 메인 룸으로 돌아와서 반대편으로 가면 작고 창문 없는 방이 있었다. 아늑한 벽지를 바른 그 방에는 음악과 관련된 작은 일러스트레이션 액자들이 있었다. 나는 대부분의 시간을 거기서 바이올린을 켜보며 보냈다.

그곳은 멋지기는 했지만 방 크기가 벽장 수준이라서 울림이 안 좋았기 때문에 나는 항상 하늘색 방에서 바이올린을 켜보고 싶었다. 사람들이 나를 그 방으로 보내는 이유가 늘 궁금했는데 어느 날 우리 가족을 안내한 리유닝의 전문가 피터 자비스가 알려주었다. 그 방이 울림이 적어서 악기 테스트에 더 좋다고 했다. 하늘색 방에서는 모든 소리가 다 좋게 들린다고.

피터는 언제나 나에게 서너 대의 바이올린과 몇 개의 활을 추천했다. 바이올린마다 음질과 특징이 다르고 음색도 달랐다. 그중 잊을 수 없는 악기가 하나 있었다. 뒤판에 결이 져 있어서 나는 그 아롱거리는 회오리 무늬에 매혹되었고, 그것을 고르고 싶었다. 나는 열세 살이었고, 그 바이올린이 내 머리와 같은 색깔이라서 나하고 잘 어울릴 것 같았다. 하지만 소리가 너무 예민하게, 거의 연약하게까지 느껴졌고, 그에 반해 뷔욤은 솔직하고 꿋꿋한 느낌이 나서 믿음이 갔다.

결국 나는 뷔욤을 골랐다. 피터는 부모님에게 좋은 투자라고 장담했고, 그것을 사주는 대신 부모님은 10년이나 20년 후에 내가 꿈속의 왕자님을 만나면 그 남자와 함께 도망가라고 다짐을 시켰다. 더 이상의 투자는 없다고.

그 바이올린은 가격이 9만 달러였고, 부모님은 그걸 사기 위해 재차로 주택 담보 대출을 받았기 때문이다.[3]

이것은 석유왕이 아니라 교사일 뿐인 엄마와 아빠에게는 당연히 무지막지하게 큰돈이었다. 그러나 내 바이올린이 아주 좋은 것이기는 하지만 세상에서 가장 비싼 바이올린과는 거리가 아득히 멀다.

탁월함의 가격

몇 가지 숫자를 살펴보고 그게 음악가들에게 무슨 의미인지 알아보자. 우선 현악기 그룹 바깥의 악기들은 그렇게 천문학적인 가격은 아니다. 최고급 금관악기는 종류와 모델에 따라서 상한가가 대개 4000달러에서 1만 3000달러 수준이다. (마일스 데이비스가 썼거나 백금으로 만든 게 아니라면.) 트럼펫과 프렌치호른은 최고 가격이 4000달러 정도고 트롬본과 튜바는 이 가격대의 상단에 위치한다. 반면 최고급 목관악기는 대개 1만 달러

---

3 그러니 내가 전문 연주자의 길에 들어선 지 겨우 몇 년 만에 이 일을 그만두었을 때 두 분이 얼마나 즐거우셨을까?

에서 2만 달러 사이에 분포한다. 이 악기들은 세월이 지남에 따라 가치가 올라가지 않고 쓰면 쓸수록 망가진다.

피아노는 가격 측면에서는 현악기와 가깝다. 대형 공연장에 있는 콘서트 피아노들은 대개 몇십만 달러대이다. 예를 들어 스타인웨이의 가장 큰 모델인 '모델 D'는 20만 달러가량이지만, 정확한 가격은 제작 장소에 따라 달라진다. (함부르크에서 만든 것이 뉴욕에서 만든 것보다 비싸다.) 뵈젠도르퍼와 파치올리도 비슷한 가격대다. 수백만 달러짜리 피아노도 있지만 이것들은 역사적 가치 또는 어떤 사건과의 연관성이나 피아노 외관의 장식 때문에 악기로서보다는 가구 같은 기능이 더 중요한 경우다. 이런 피아노들은 전체 '피아노 시장'에 영향을 미치지 않는다.

그래도 재미로 이런 피아노의 몇 가지 예를 보자.

• 스타인웨이 알마타데마는 주문 제작한 모델 D로 그리스 로마 양식의 조각과 자개 장식이 가득해서 크로이소스의 궁전에 있었던 것처럼 생겼다. 1997년 크리스티 경매에서 120만 달러에 팔렸다.

• 존 레넌이 쓰던 업라이트 피아노는 알마타데마와 달리 모든 업라이트 피아노와 똑같이 단정한 모양새다. (업라이트 피아노의 이런 생김새는 여동생 격인 '베이비 그랜드'의 요란함에 균형을 맞춰주려는 것 같다. 다사다난한 어머니 오르간에게 의지할 딸은 하나 있어야 한다는 것처럼.) 이 피아노는 2000년에 조지 마이클이 167만 파운드에 샀는데 이런 경우 피아노가 어떻

스타인웨이는 1867년 파리 만국박람회에서 금메달을 수상하며 기술의 탁월성을 인정받았다. "스타인웨이의 피아노 선율을 듣고 다들 갑자기 피아니스트가 되려 한다"는 내용의 당시 삽화.

게 생겼건 무슨 상관이겠는가?

• 랑랑이 2008년 베이징 올림픽 개막식에서 사용한 하인츠 만 크리스털 피아노는 320만 달러에 팔렸는데, 나는 우리 집에 크리스털 피아노를 들이지 않기 위해 그만한 돈을 쓸 용의가 있다.

이렇게 독특한 의미가 있는 피아노들은 물론 비싸기는 하지만 오늘날 시장 최고가의 바이올린들보다 몇 단계 아래다. 약 10년 전의 바이올린 거래 내역 두 건을 소개한다.

- 2011년의 경매에서 1721년 제작 레이디 블런트 스트라디바리우스가[4] 1590만 달러에 팔려서 세계에서 가장 비싼 바이올린이 되었다.

- 2012년의 비공개 경매에서 비외탕 델 제수가 그것을 넘어서 1600만 달러에 팔렸다.

세계에서 가장 비싼 악기의 목록은 대개 이 두 바이올린으로 시작하고 그다음에는 뚝 떨어져서 300만~400만 달러 수준이 된다. 하지만 이런 정보는 항상 불완전하다.

우리가 레이디 블런트 스트라디바리우스에 대해 아는 것은 그것이 고급 악기 전문 경매사인 타리시오를 통해 공개적으로 팔렸기 때문이다.[5] 반면 비외탕 델 제수는 비공개로 팔렸다. 우리가 그 사실을 아는 이유는 구매자가 세상에 알리고 싶어 했기 때문이다. (이 악기의 '평생 사용권'을 얻은 바이올리니스트도 상관하지 않을 것이다. 나라도 그럴 것 같다.) 하지만 이후 비외탕 델 제수의 기록을 깬 몇 건의 구매를 포함해 초고가 거래의 상세 내역은 알려지지 않았다.

다행히 내게는 우리가 다음번에 경매에 나온 스트라디바리우스를 사려면 돈을 얼마나 저축해야 하는지 대략적으로나마

---

4 이 바이올린들은 모두 이렇게 거창한 이름이 달렸다. 깁슨 엑스 후베르만, 엑스 리비크, 엑스 생텍쥐페리, 엑스 카운트 비에리…. 끝없이 열거할 수 있지만, 여러분은 나만큼 이런 게 재미있지 않을 것이다.

5 타리시오는 제작자 데이터베이스와 경매 기록을 온라인으로 편리하게 제공하고 있다.

이야기해 줄 수 있는 친구들이 있다. 세계적인 악기 감정인이자 딜러인 플로리안 리온하드도 그중 한 명이다. 그는 언제나 방금 『지큐』 잡지에서 걸어 나온 것 같은 남자다.

내가 플로리안을 세계적인 악기 감정인이라고 말하는 것은 악기의 진품 여부와 가격을 공식적으로 인증하는 힘이 있기 때문이다. 그러니까 그의 말 한마디에 악기 가격이 달라질 수 있다. 이론적으로는 그가 오이를 스트라디라고 말하면, 누군가 그걸로 연주를 시도하지 않는 한 역사에 그렇게 기록될 수 있다. 물론 그는 그런 일을 하지 않는다. 그가 세상에서 자기 평판보다 더 신경 쓰는 것은 그의 바이올린들과 엘리 서뿐이기 때문이다. 엘리 서는 뛰어난 바이올리니스트인 그의 아내이며 나와 동문이기도 하다.

그에 따르면 "훌륭한 이력이 있고 상태가 좋은 최고의 바이올린은 2000만 달러를 넘는다. 때로는 호가가 2500만 달러까지 올라가지만 그런 일은 드물다. 1700년에서 1725년 사이에 만든 황금 시기 스트라디바리우스 바이올린은 상당히 훼손되거나 부분적으로 교체되지 않았다면 2000만 달러에서 시작한다. 이후 시기의 무손상 스트라디는 1000만 달러에서 1200만 달러 사이지만, 교체되거나 훼손된 부분이 있다면 300만 달러까지 내려간다."

스트라디바리우스와 델 제수는 가장 유명하고 비싼 악기의 투 톱이다. 이것은 제작자인 안토니오 스트라디바리('안토니우스 스트라디바리우스'라고도 한다)와 주세페 과르네리의 이름을 딴 명칭이다. (과르네리 가문은 바이올린 제작자 가문이다. 집안에

레이디 블런트 스트라디바리우스는 1864년 파리의 유명한 바이올린 제작자이자 딜러인 장 바티스트 뷔욤의 공방을 거치며 제작된 줄걸이판과 줄감개를 오늘날까지 그대로 간직하고 있다. 뷔욤은 수집가 C.H.C. 플로우든에게 보낸 편지에 이렇게 썼다. "제가 소유한 악기 중 가장 놀라운 것은 스트라디바리우스입니다. 희귀한 발견입니다. 이 바이올린은 스페인에서 목, 지판, 베이스 바를 갖춘 전례 없는 상태로 저에게 왔습니다. 100년 넘도록 잊혀진 채 다락방에 방치되어 있었습니다."

다른 주세페 과르네리가 있어서 우리가 아는 주세페 과르네리는 '과르네리 델 제수'[6]라고 불린다. 1731년 이후 그의 악기 레이블에 예수를 뜻하는 'IHS'라는 글씨와 십자가를 장식했기 때문이다.) 이들 말고도 아주 인기 있고 아주 비싼 악기를 만드는 제작자들이 있지만 그들의 가격표엔 0의 개수가 그만큼 많지 않다.

0의 개수

"그 악기들이 그렇게 비싼 이유가 뭔데?" 궁금한 사람들이 있을 것이다.

이것은 현악기 연주자들 사이에서도 자주 떠오르는 질문이

---

6 '예수의 과르네리'.—옮긴이

다. 하지만 대개는 수사적인 질문이다. 눈물을 흘리며 무릎을 꿇고 두 손을 하늘로 들어 올린 채 하는.

대부분의 음악가들이 비행기 값을 내지 않아도 된다면 저가 항공 짐칸에 타고 다니는 일도 마다하지 않을 텐데 스트라디와 델 제수 같은 악기가 소형 호화 제트기와 같은 가격이라는 것은 비극이다.[7] 소수의 연주자만이(이때 소수란 두 명을 뜻한다) 이 악기들의 비교적 덜 비싼 버전이라도 구할 수 있다. 나머지는 그것을 연주해 볼 기회를 갖지 못하거나 후원자의 호의에 의존해야 하는데, 후원자는 언제라도 그것을 도로 빼앗아 갈 수 있다.

지금까지 여러분에게 클래식 음악은 모두를 위한 것이라고 주장했지만, 이 영역만은 그 누구를 위한 것도 아니다.

그래도 예전에 스트라디와 델 제수를 모두 연주해보고, 그것들의 닳고 닳은 나무 재질, 거기서 뿜어 나오는 역사와 마법을 느껴본 경험자로서 나는 그것들이 지금 받는 대우와 가격이 합당하지 않다고는 말하지 못하겠다.

하지만 그 가격이 결정되는 데 어떤 요소들이 작용하는 걸까?

어렸을 때 나는 악기의 가치는 오직 소리에 있다고 생각했다. 바이올린의 본질은 어쨌건 연주하는 것이니까. 하지만 문제는 훨씬 더 복잡하다. 그리고 소리는 주관적이다.

---

7   정상급 음악가들도 콘서트 항공료를 자비 부담하는 경우가 많고, 팬데믹 초기에 콘서트가 취소되어도 항공사들이 유연한 환불 정책을 실시하지 않았을 때 많은 프리랜서 음악가가 그 비용을 떠안았다. (그런 뒤 1년 이상의 무소득 기간이 찾아왔다.)

바이올린을 감정할 때 플로리안은 몇 가지 구체적인 기준에 근거한다. 소리는 그 방정식의 일부일 뿐이다.

"스트라디는 10점 만점에 10점이에요. 모든 항목이 완벽해요." 그의 말이다.

델 제수에 대해서는 이렇게 말한다. "델 제수는 10점 만점은 아니지만 예외예요. 델 제수는 스트라디처럼 모든 항목이 완벽한 건 아니에요. 아름다움이나 만듦새의 순수함과 정교함이 덜할 때도 있죠. 그래도 둘은 동급이에요. 델 제수도 거칢과 부드러움이 공존하는 똑같이 아름다운 걸 창조해서 놀라운 결과를 이루거든요."

그는 스트라디의 소리는 "금빛 느낌"이고 델 제수의 소리는 "거친 포효"라고 말한다. 그가 거칠다고 하는 것은 매끈한 구리 솥 표면을 현미경으로 보았을 때 보이는 그런 종류를 말하지만 그는 이 악기들을 워낙 많이 접했기 때문에 그 차이를 크게 느낄 것이다. 어쨌건 나는 델 제수에 개성의 힘과 깊이가 있다는 데 절대적으로 동의한다. 실제로 나는 스트라디의 광택보다 그것을 더 좋아한다.[8] 어쩌면 스트라디는 롤스로이스이고 델 제수는 부가티 같을지도 모른다.[9]

최상급 스트라디바리우스와 델 제수의 소리는 무엇과도 비교할 수 없다. 그렇다 해도 그 소리가 조반니 바티스타 과다니니의 바이올린이 내는 소리보다 수십 배의 가치가 있는 것일

---

8 이제 내 생일 선물로 무엇을 주면 좋을지 모두 알 것이다.

9 이것도 선물로 준다면 마다하지 않겠다.

까? 아니면 내가 가진 뷔욤보다 수백 배의 가치가? 그건 말하기 힘들다. 스타 바이올리니스트 힐러리 한은 아니라고 할 것이다. 그녀는 그 이탈리아 옛 악기들보다 자신의 뷔욤을 선호하는 것으로 유명하다. 그러니까… 내 말은… 내가 나의 뷔욤을 사랑하기는 하지만(J. B.라는 애칭을 지어주었다) 줄리아드가 반년간 스트라디를 빌려주었을 때 그것을 기꺼이 벽장에 넣어두었다.

현대 악기의 소리와 느낌을 선호하는 연주자도 많다. 실제로 플로리안은 한때 현대 악기 대 스트라디, 델 제수, 과다니니의 블라인드 평가에 참여한 적이 있는데(사람들은 호텔 연회장에서 자기 마음에 드는 악기에 투표했다) 현대 악기들이 살짝 앞선 결과가 나왔다. 플로리안은 연회장의 음향, 그리고 연주자와 청중 사이에 커튼이 있었다는 사실이 현대 악기의 명료한 소리에 유리하게 작용했다고 생각한다. 어쨌거나 흥미로운 결과다. 이런 걸 보면 악기 가격에 다른 요소들이 큰 영향을 미친다는 것을 알 수 있다. 그것은 다음과 같은 것들이다.

연식

바이올린 제작 업계에서는 현대 제작자들과 수백 년 전에 죽은 이탈리아 제작자들 사이에 우호적이지만 일방적인 전쟁이 벌어지고 있다. 그리고 흥미롭게도 이미 죽어서 아무런 힘이 없는 쪽이 아직도 연전연승중이다.

옛 바이올린들이 이점을 갖는 이유 하나는 그들의 연식, 즉 역사가 자동적으로 가치를 높여준다는 것이다. 그래서 몇 년 전에 내 동생의 친구 한 명이 크리스마스를 맞아 새 첼로를 사면서 그 이유가 "지금 첼로는 너무 오래돼서"라고 말했다는 이야기가 신선하고 재미있었다. (그 첼로는 내 바이올린보다도 훨씬 더 비쌌다.)

현대 악기는 일반적으로 투자 대상으로 여겨지지 않지만(어쨌거나 같은 정도로는 아니다) 생존한 제작자들 중에도 제품을 인정받은 사람들이 있다. 새뮤얼 지그문토비치는 2009년에 새 바이올린에 약 5만 3000달러의 가격을 매겼는데, 2019년의 경매에서 지그문토비치 바이올린은 13만 2000달러에 팔렸다.[10]

만듦새

또 하나의 요소는 만듦새로 이것은 악기 제작자와 불가분의 관계다. 아주 미세한 차이에 따라 각 제작자의 가치와 평판이 크게 달라진다. 그 차이는 너무도 미세해서 나를 포함한 대부분의 연주자들이 콕 짚어 말하기 어려운 부분이다. (적어도 전문가의 도움이 없이는 말이다.)

그래서 역시 또 한 명의 전문가이자 『지큐』에서 걸어 나온 듯한 카를로스 토메를 불러 도움을 청했다. 그는 레이디 블런

---

10 사실 지그문토비치 바이올린은 2000년대 초에 이미 그 가격에 팔리고 있었다. 구매 대기 명단이 너무 길어서 당장 살 수 있다면 사람들은 세 배의 가격도 기꺼이 지불했다.

트 스트라디바리우스로 이름 높은 타리시오의 대표이자 영업부장이다. 여러분, 카를로스와 인사 나누시죠.

카를로스는 '만듦새'의 기준은 꼭 미적인 것에 국한되거나 심지어 그것이 주가 되는 게 아니라고 말한다. 악기의 가치를 결정하는 것이 악기의 비율이나 나무의 장식적 성질만은 아니라고.

"과르네리의 [가장 비싼] 후기 델 제수 제품들은 비교적 거칠어요.[11] 이 시기에 이르면 그는 외관의 아름다움보다 효율성을 우선시하게 되었죠. 이것이 또 다른 아름다움이 되었어요."

카를로스는 과르네리는 미감보다 결과에 더 중점을 두었다고 말한다.

"그래서 이 악기들은 이상적인 조형미 대신 특유한 아름다움이 있어요. 하지만 제품 라인의 일관성도 있죠. 그는 작동하는 악기를 만들고자 했습니다."

그래도 때로는 외관이 요인이 되기도 한다.

스트라디의 외관은 대체로 미적으로 완벽하고, 이 완벽함이 매력을 높이는 요소가 된다.

카를로스는 또 '그림이 있는(애초의 장식을 간직한)' 아마티 바이올린이 프리미엄이 있다는 것도 지적한다. 시각적 예술성도 구매자들에게 매력 요소가 되기 때문이다. 이런 추가적 정성을 기울였다는 사실이 어쨌건 이 악기들이 더 '중요하다'는 것을 뜻하기 때문이기도 하다.

---

11 여기서도 '거칠다'는 말이 나온다. 플로리안도 델 제수를 설명할 때 같은 말을 썼다.

아마티가 제작한 가장 오래된 첼로 '더 킹'은 약 1572년에 제작되었다. 풍부하고 기품 있는 소리가 과르네리와 스트라디바리를 능가한다는 평을 받기도 한다. 프랑스 국왕 샤를 9세가 안드레아 아마티에게 주문한 38개의 악기 중 하나로 추정되며, 첼로 옆면에는 경건함과 정의를 뜻하는 글자 'Pietate'와 'Justicia'가 새겨져 있다. 현재 미국 국립음악박물관이 소장하고 있다.

　'가짜 그림'이 있는 아마티 바이올린도 드물지 않다고 한다. 그러니까 후세에 악기의 가치를 높이려고 그림을 그려 넣은 것들이다. 카를로스 책상에도 그런 아마티 제품이 올라왔던 적이 있다고 한다. 언뜻 보면 그 그림은 진짜 같았다. 하지만 자세히 보니 그림에 사용한 염료 하나가 그 제품을 만든 1600년대에는 없는 것이었다. 그래서 그 바이올린은 그림 자체의 수준은 높았음에도 가치가 떨어졌다. 여기서 만듦새는 기술과는 상관없고 거기 사용한 재료가 더 중요하다. 그것이 제품의 진품 여부를 말해주기 때문이다.

상태

　모든 생산물이 다 그렇듯이 상태는 중요한 고려 대상이다.

나무가 손상되었는지, 악기의 주요 부품이 교체 또는 훼손되었는지, 몸통을 크게 수리한 일이 있는지 등이다.[12]

2003년에 바이올리니스트 유진 포더는 플로리안에게 1727년 '스미스' 스트라디바리우스를 가져와서 악기 뒷면의 갈라진 틈새의 수리를 부탁했다. 그것은 새로 생긴 흠집이 아니었지만 (수십 년 전에 이미 수리한 부분이었다) 계속 눈에 띄어서 '거슬린다'고 했다. 포더는 섬세한 수리 작업으로 유명한 플로리안에게 그 흔적을 없애 달라고 했다. "그런 틈이 있었다는 사실조차 잊어버릴 정도"로 해달라고. 그 일을 맡았을 때 플로리안은 포더가 손상 이력을 숨기고 그 악기를 다른 딜러에게 팔 생각이라는 걸 몰랐다.

포더는 그 악기를 원래 가격의 두 배로 파는 데 성공했다. 하지만 그 일은 몇 년 뒤에 역풍을 맞았다. 바이올린 주인이 다시 바뀌면서 이전 경매에서 그 악기를 본 적 있는 크레모나의 악기 전문가가 거기 원래 있던 흠집을 기억했기 때문이다. 그가 플로리안에게 연락하자(이만한 손상을 고칠 수 있는 사람은 드물다) 플로리안은 자신이 그 일을 했다고 말하고 이후 재판에서 증언도 했다. 결국 포더는 자신이 번 돈을 돌려주어야 했다.

보이건 안 보이건 악기에 난 균열 하나에 수백만 달러가 출렁일 수 있다는 것을 보여준 사례다.

---

12 스트라디 바이올린 중에 애초의 넥(악기의 몸통과 줄감개 사이에 있는 부분)이 그대로 있는 것은 아주 드물지만, 이것은 당연한 일로 여겨져서 가치가 훼손되지 않는다. 손상 없이 보존된 넥도 바이올린 몸통과 가까운 부분의 결합을 해체해서 새롭고 최적화된 각도로 재부착한다. (바이올린 레퍼토리의 테크닉 수준이 올라가면서 연주자들의 편리를 위해 바이올린 넥의 각도가 변했기 때문이다.)

센세이셔널리즘

하지만 때로 악기들은 이런 기준도 또 어떤 기준도 없이 가격이 매겨진다. '맥도널드' 스트라디바리우스 비올라는 4500만 달러라는 어마어마한 가격을 매긴 것으로 유명했는데, 아무도 그 이유를 모르는 것 같다.

플로리안은 비올라의 희귀함과 레이디 블런트와 연관된 판매 이력 때문에 그런 계산이 나온 것 같다고 말한다.[13] 하지만 그도 맥도널드를 살펴본 다른 누구도 그런 엄청난 가격을 매길 만한 이유를 찾지 못했다.

카를로스도 동의한다.

"아마티 비올라는 가격이 아마티 바이올린의 두 배예요. 그런 원리 때문이죠. 하지만 스트라디의 경우는 다릅니다. 이 공식을 맥도널드에 적용한다고 해도 그보다 훨씬 낮았던 레이디 블런트의 출발 가격을 기준으로 삼았어야 해요."

그 비올라는 팔리지 않았다. 언론이 세계적인 (그리고 정말로 뛰어난) 비올라 거장과 함께 떠들썩한 캠페인을 벌였는데도 그랬다.

카를로스는 그 가격은 악기의 구매자 풀을 더 넓고 화려한 세계로 넓히기 위해 일부러 센세이션을 일으킬 작정으로 책정한 것이라고 보았다. "그들이 원한 사람은… 바이올린과 비올라를 다르게 보지 않는 사람이에요. 그들은 그 캠페인을 믿을

---

13 스트라디 비올라는 스트라디 바이올린보다 희귀하기 때문에 대체로 값어치가 더 높다.

사람을 원했어요. '텔레비전에 나온 그거 봤지? 내가 샀어'라고 말하고 싶은 사람이요."

100만 달러를 훔치지 않는 법

이런 이야기를 듣고 여러분이 악기를 하나 훔쳐야겠다는 멋진 계획을 품었다면(덥수룩한 수염을 하고 악기를 사겠다고 가서 화장실이 너무 급한데 턱수염에 엉킨 줄감개를 풀 시간이 없다고 한다면?) 그래봐야 돈을 벌 수 없다는 걸 말해주고 싶다. 세계의 모든 전문가는 훔친 악기를 알아본다. 그리고 여러분은 전문가 없이는 악기를 팔 수 없다. 인증받지 않은 악기는 아무도 사지 않기 때문이다. 거기다 여러분은 수배자 명단에 올라갈 것이다. 이미 수배가 되어 있지 않다면 말이다.

분위기를 알아보기 위해서 지난 세기의 가장 성공적이었던 악기 도난 사건들을 살펴보자.

깁슨 엑스 후베르만 스트라디바리우스

이 바이올린은 바이올리니스트 브로니스와프 후베르만에게서 두 번 도난당했다. 한 번은 1919년 빈의 호텔에서, 또 한 번은 1936년 카네기홀 대기실에서. 도대체 후베르만이 무슨 일을 했길래 이런 운명을 겪어야 했을까 궁금하겠지만, 일단 이 사람은 말 그대로 영웅이라는 걸 알아두자. 그는 1936년에 팔레스타인 필하모닉(오늘날의 이스라엘 필하모닉)을 창립해서 많은 유대인 음악가와 가족이 나치 치하를 빠져나올 일자리와 도피 수단을 제공하고, 그 결과 도합 천 명 가까운 사람의 목숨을 살렸다. 그가 바이올린을 자꾸 도난당한 것은 그냥 운이 나빠서였다. 그리고 그는 바이올린이 두 대라서 손쉬운 표적이 되었다.

첫 도난 때는 바이올린이 며칠 안에 경찰을 통해 그에게 돌아왔다. 도둑은 바보같이 악기를 팔려고 시도했고 그 결과 잡혔다. 하지만 카네기홀 대기실에서 두 번째로 도난당했을 때는 (그가 델 제수로 공연하는 동안 탈취되었다) 50년 동안 회수되지 못했다. 그것이 회수된 것은 도둑이 죽기 직전에 아내에게 자신이 지난 50년 동안 사람들 앞에서 연주한 바이올린이 도난당한 유명한 스트라디라는 것을 밝혔기 때문이었다.

그 고백을 한 사람이 애초의 도둑이었는지, 아니면 술집에서 만난 친구에게 그 바이올린을 산 것인지는 분명하지 않다. 어느 쪽이든 그 사람이 끔찍한 범죄를 저지른 끔찍한 인간인 것은 분명하다. 그래서 굳이 이 책에 그의 이름을 적지는 않겠다. 그러니 여러분도 그의 발자취를 따르지 않는 것이 좋을 것이다.

토텐버그 아메스 스트라디바리우스

이 이야기도 도둑이 아내에게 악기 절도 사실을 밝히면서 끝난다. 이 경우 바이올린은 내내 한 곳에만 있었다.

악기는 1980년에 론지 음대의 로먼 토텐버그의 연구실에서 도난당했다. 도둑은 토텐버그가 처음부터 의심했던 사람인 필립 존슨으로, 토텐버그가 가르친 학생의 전 남자 친구였다. (그 학생도 존슨의 유죄를 '상당히 확신'했다.) 하지만 1980년에 경찰은 증거가 없으면 잘 움직이지 않았기 때문에 바이올린은 2015년에야 발견되었다. 존슨 사후 4년, 토텐버그 사후 3년이 되었을 때였다.

조금 덜 유명하지만 이야기할 만한 것

2010년에 런던의 멍청한 삼인조 도둑이 김민진이 유스턴 역 근처 샌드위치 가게에서 의자 밑에 둔 스트라디를 훔쳐 간 사건이다. 그들은 자신들의 훔친 물건의 가격을 모르고 다음 날 피시방에서 만난 남자에게 100파운드에 팔려고 했다. 하지만 남자는 싫다고 했다. 딸에게 이미 리코더가 있었기 때문이다. (리코더가 있는데 120만 파운드짜리 바이올린이 무슨 필요가 있겠는가?)

물론 바이올린이 뉴스에 나오자 도둑들은 잘못을 깨닫고 악기를 숨겨두었다. 악기는 3년 뒤에야 회수되었지만 일당은 4주 만에 잡혔다.

그러니까 알겠는가?

위의 절도 사건으로 망친 인생: 7명 이상.

번 돈: 0달러.

그래도 마음이 간다면 어쩔 수 없는 일이다.

제2차 세계대전

역사 기록을 보면 도난당한 바이올린의 수에 비해 도난당한 뒤 판매된 바이올린의 수가 훨씬 적은 것 같지만, 그것은 홀로코스트 기간에 나치 정권이 탈취했다가 시장에 풀려서 이후 한

참 뒤에야 정당한 소유자(또는 상속자)들이 권리를 주장할 수 있게 된 수십 대의 스트라디, 델 제수, 아마티를 비롯한 많은 귀중한 악기를 무시하는 말이다.

히틀러의 약탈 조직으로, M-악치온의 한 분과였던 '존더슈타프 무지크'는 독일뿐 아니라 점령지에서도 "유대인, 프리메이슨 및 이와 비슷한 국가사회주의의 이념적 적들"이 소유한 최고급 악기를 탈취해서 베를린으로 가져갔다.[14] 그것들은 전쟁이 끝나면 히틀러가 오스트리아 린츠에 세울 대학의 학생들에게 제공할 생각이었다.

최근에 이 일의 피해자들에게 악기를 돌려주거나 그 가격에 상당하는 돈을 배상하려는 운동이 있었지만 기록이 부실하거나 부재해서 어려움이 있다. 전쟁이 끝난 뒤에야 그 필요성에 대한 인식이 생기고 악기의 가치가 높아지면서 이 악기들의 신원과 특징을 기록하는 일이 보편화되었다.

내가 찾을 뻔했던 노다지

나는 예전부터 어느 먼지 낀 다락이나 거미줄 가득한 지하실에서 스트라디나 델 제수 같은 값나가는 악기를 발견하면 얼마나 좋을까 하는 생각을 했다. 진짜로 먼지 낀 다락이나 거미줄 가득한 지하실을 찾아다니지는 않았지만, 「앤틱스 로드쇼」[15]를

---

14   히틀러의 이론가 알프레트 로젠베르크의 지시였다.

멍하니 보다 보면 그런 공상에 자주 빠졌다.

그러니 몇 년 전에 잡동사니 수집광인 시아버지가 나와 똑같은 꿈을 품고서 우리 집에 망가진 바이올린 세 대를 가지고 왔을 때 내가 얼마나 흥분했겠는가. 그게 어디서 난 건지는 아직도 모른다. (굳이 묻지 않는 게 좋다고 슈테판과 합의했다.) 그중 하나는 보자마자 쓰레기라는 걸 알았다. 주황색 사탕을 녹여서 만든 것 같은 공장제 제품이었다. 두 번째 것은 공장제 느낌은 덜했지만 한쪽 옆면에 구멍이 뚫려 있었고, 또 얼룩이나 하루에 여섯 시간씩 연습한 데서 오는 손때처럼 전문 연주자가 사용한 흔적은 보이지 않았다. 세 번째 바이올린은 흥미로웠다. 안에 붙은 레이블은 판독이 불가능했지만(어쨌건 레이블이란 게 워낙 신뢰성이 떨어지기 때문에 상관없었다) 뒤판이 매력적이었다. 연한 금색에서 진홍색까지 넘나드는 멋진 얼룩이 지고, 스크롤 부분은 살짝 얼룩덜룩했다. 그리고 소리가 뛰어나지는 않아도 연주가 가능했다. 대단한 가격은 아니라도 몇천 달러 정도는 하지 않을까 하는 생각이 들었다. 아니 운이 좋다면 만 달러까지도? 그리고 내 마음속 작은 한구석은 아마 한 100만 달러 정도를 기대했을 것이다.

하지만 알고 보니 아무 가치도 없는 물건이었다. 그래서 나는 이 장을 쓸 때 카를로스와 플로리안의 도움을 빌렸다.

15 골동품의 가치를 감정하는 영국 텔레비전 프로그램.—옮긴이

6장

줄리아드 감옥에 오신 것을 환영합니다

수단과 방법을 가리지 않는 음대생들

수많은 인터넷 게시글, 라디오 사연, 신문 기사들에 따르면, 줄리아드의 유서 깊은 전통 가운데 하나는 경쟁자의 손가락과 꿈을 결딴내기 위해 학교 피아노 건반에 면도날을 숨기는 일이다. 이런저런 이유로 줄리아드는 음악원 세계에서 흔히 '제일야드Jailyard'[1]라고 불린다.

그래서 나는 줄리아드에 입학한 뒤로 얼마간 피아노를 볼 때마다 플래시로 틈새를 살펴보았다.

나는 그런 이야기를 들으며 자랐다. 누구나 그랬다. 내 아이가 〈나 홀로 집에〉를 본 뒤로 '나쁜 사람들'이 집에 침입하는 것을 막으려고 온갖 방법을 궁리하는 것과 마찬가지다. (동생의

---

1 '감옥마당'이라는 뜻으로, 줄리아드의 발음을 비튼 말.—옮긴이

더러운 기저귀를 침입 가능한 모든 포인트에 놓는 것 등이 그 방법이다.) 나는 어린 시절 동안 장래의 줄리아드 친구들이 나를 어떻게 괴롭힐지 예상하고 준비하는 일에 많은 시간을 썼다. (음식에 독을 탈까? 그건 쉽다. 밀봉된 병입 음료만 먹으면 된다. 숨어서 저격? 지그재그로 걸을 것이다. 피아노를 떨어뜨리면? 수다를 떨 때는 실내에 있거나 건물에서 멀찌감치 떨어진 곳으로 갈 것이다.)

줄리아드가 1793년 무렵 파리 혁명광장만큼 살벌하다는 생각은 내가 첫 시험에서 떨어지면서 더 강화되었다.

그때 나는 시험 오디션 과정이 얼마나 변덕스러운지, 또 내가 합격선에 얼마나 가까웠는지 알 길이 없었다. 그래서 탈락하면서 든 생각은 내 노력과 내 음악적 목소리가(그 시절 나는 아직도 그걸 믿었다) 부족했다는 것뿐이었다.

물론 나는 포기하지 않았다. 어쨌건 나는 예전부터 줄리아드를 중대 결전장으로 생각했기에 이 좌절을 케이오로 여기지 않고 긴 전투의 첫 번째 타격으로 받아들였다. 나는 아무것도 잃지 않았다. 포기하지 않고 경기를 계속하면 됐다.

나는 노스웨스턴 음대에서 2년을 보내면서 열한 살 때 ('우리 케이틀린'과 함께) 아름다운 뉴잉글랜드 산기슭에서 만난 선생님들과 함께 악착같이 연습했다.[2] 나는 「록키」 영화에서 아폴로 크리드와의 대전을 앞둔 록키였다. 다른 점이라면 망설임과 겸손함이 없었다는 것뿐이었다. 그 2년은 간결한 훈련의 몽타주가 아니라 힘겨운 연습 속에 이따금 대학 생활의 즐거움과 괴

---

2 그들은 훌륭한 교사이자 좋은 사람들이었다. 캠프 카운슬러로서 맞지 않았을 뿐이다.

줄리아드스쿨은 1905년 설립되어 1969년 뉴욕주 맨해튼에 위치한 링컨 센터로 이전했다. 1962년에 건축된 링컨 센터는 메트로폴리탄 오페라 하우스, 뉴욕시티발레단 전용 극장인 데이비드 H. 코흐 극장, 뉴욕 필하모닉 전용 극장인 애버리 피셔홀, 뉴욕 공연예술 공립도서관 등으로 이루어져 있다. 사진은 줄리아드스쿨이 링컨 센터로 이전하는 계획을 알리는 홍보 포스터.

로운 편도선염이 흥미 요소로 끼어들었던 시간이었다. 2학년 가을에 나는 다시 줄리아드에 지원했고 이번에는 합격했다.

나는 플래시를 준비하고, 나에게 날아들 모든 종류의 어퍼컷과 훅에 대비했다. 그런데 실망스럽게도 아무도 나에게 싸움을 걸지 않았다. 내가 맞닥뜨린 것은 복싱 경기장과 조롱하는 관중 대신 5~8시간을 내리 연습할 4층의 방을 원하는 선량하고 평화로운 사람들뿐이었다. 나는 면도칼 소문은 헛소리였다고 결론을 내렸다.

그래도 석사를 마칠 때까지 5년 동안 계속 피아노를 살펴보기는 했다. 어쨌건 (간염과 달리) 살펴보는 일은 나를 해치지 않을 테고 또 살펴보지 않을 때는 연습실의 청색 벨벳 커튼을 멍하니 바라보면서 그 루머가 정말 헛소리일까 생각에 빠져들어서 살펴볼 때와 똑같은 시간이 걸렸기 때문이다.

면도칼은 한 번도 나오지 않았다.

연필은 많이 나왔다. 한 번은 쥐도 나왔다.[3] 또 한 번은 건망증 심한 오보이스트가 남긴 리드 만드는 도구도 나왔다.

그걸 보고 나는 생각했다. '면도칼이구나! 그 말이 사실이었어!'

오보이스트들은 리드[4]를 깎을 때 칼을 쓴다. 오보이스트는 인생의 절반을 리드를 깎으며 보내고, 줄리아드를 포함한 대부분의 음악원은 리드 깎는 방이 따로 있지만, 오보이스트가 연습실에서 리드를 깎는 게 딱히 이상한 일은 아니다. 하지만 현악기 연주자, 피아니스트, 극성 부모, 학교 관리인 등 많은 사람이 그런 도구를 본 적이 없다. 내가 그것을 본 것도 예전 내 이웃 한 명이 뉴욕 필의 수석 오보이스트였기 때문이다.

칼날이 (예를 들면) 줄리아드 오보이스트의 악보에서 떨어져서 틈새에 꽂히거나 건반 위에 놓였다면 그것은 연쇄적인 소문을 만들어 내고 결국 전설로까지 쉽게 발전했을 것이다.

별로인가? 하지만 이 버전이 원래의 이야기보다는 덜 황당하다.

클래식 음악가는 경쟁심이 강하지만
그렇다고 못된 건 (대체로) 아니다

내가 말한 대로 줄리아드 학생들은 싸움을 원하지 않는다.

---

3 너무 귀여워서 나는 감염의 위험을 무릅쓰고 그 후 복도에서 본 쥐덫 두 개를 버려버렸다. 그해에 학교의 소중한 원본 악보들이 손상되었다면 내 덕분이다.

4 관악기의 입이 닿는 부분에 끼우는 납작한 조각.―옮긴이

그곳의, 그리고 음악계 일반의 경쟁은 즐거운 것이다. 우리는 실력을 측정하고 겨룬다는 점에서 우리만의 올림픽 같은 경쟁을 하고, 때로는 실내악 초견 모임에서 동료 음악가들의 감탄을 얻기 위해 미리 연습을 하지 않은 척하면서 어려운 부분을 척척 연주해 내기도 한다. 내 옛날 선생님인 린 창은 학창시절 메도마운트 페스티벌에서 동료 바이올리니스트들과 유난히 빠르고 어려운 바이올린 악절들을 연주하는 경쟁을 벌인 일, 그러니까 클래식 버전의 「피치 퍼펙트」식 경연을 펼친 일을 웃으며 이야기한 적이 있다.

사실 나는 줄리아드에서도 대부분의 사람들보다 경쟁심이 강한 편이었다. 하지만 거기서 보낸 마지막 시기에 내 경쟁심의 칼끝은 손쉬운 표적인 골든보이를 향했는데, 그때도 그것을 표출하는 방식은 주로 그의 포지션 이동을 조롱하고 우리가 이중 협주곡을 연주할 때마다 어떻게든 그보다 돋보이려고 노력하는 것이었다. 그가 싱크대 배수구에 빠진 포크를 꺼내려고 할 때마다 음식물 분쇄기의 스위치를 켜지는 않았다.

옆에 순서도가 있다.

경쟁자를 망하게 한다고 얻는 것은 없다. 업계 최고 자리로 가는 길은 승계 서열이 정해져 있지 않다. 이곳은 영국 왕실도 아니고 미국 차량관리국 대기실도 아니다.[5] 다양한 실력과 강점을 가진 성실한 음악가 수천 명이 이상한 위계 시스템 속에 던져진 것뿐이다. 이 시스템을 그림으로 표현하자면 디즈니의 「잠

5 사실 나는 미국 차량관리국에 대해 잘 모른다. 우리 부모님의 볼보를 기억하는가? 나는 아직도 운전을 하지 않는다.

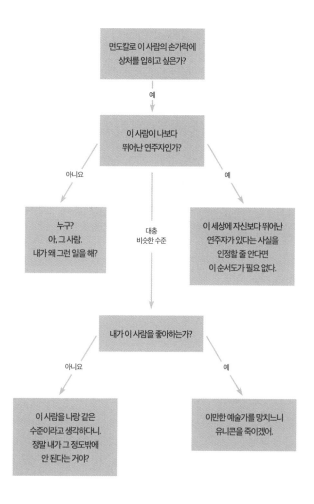

자는 숲속의 공주」에서 요정 포나가 오로라 공주에게 만들어준 흔들리는 층층의 생일 케이크 같다. 차이점은 음악계에서는 초 (음악가들)가 위아래로 옮겨 갈 수 있다는 점이다.

케이크의 초가 줄리아드에서만 오는 것도 아니다.

줄리아드는 사람들이 가장 많이 이야기하는 학교지만(좋은 일

줄리아드가 속해 있는 링컨 센터의 중앙 광장. 줄리아드 음대를 거친 거장들로는 첼리스트 요요마, 바이올리니스트 이작 펄만, 작곡가 존 윌리엄스, 소프라노 르네 플레밍, 피아니스트 반 클라이번 등이 있다.

이다. 내가 그 이름을 이용해서 우리 아이들 노래 교실 선생님에게 위압감을 줄 수 있기 때문이다) 줄리아드가 음악계의 인재를 독점하고 있지는 않다. 커티스와 콜번, 뉴잉글랜드 음악원도 그 못지않게 강력하다. 그리고 전체적인 수준은 그보다 떨어지는 음악원이나 대학이라고 해도 특정 선생님 때문에 거기 다니는 정상급 연주자들은 다른 어느 곳의 정상급 연주자에도 뒤지지 않는다.

노스웨스턴 음대 시절의 선생님은 나에게 이런 일을 알려주려고 했다. 그분은 훌륭한 교사가 있으면 뛰어난 연주자는 어디서나 나오기 때문에 굳이 다른 곳으로 갈 필요가 없다고 했다. 그때는 그분이 거짓말을 한다고 생각했다. (당연히 나를 붙잡고 싶었을 테니까.) 그런데 내가 줄리아드로 옮긴 직후 오케스트라 오디션에서 순환 콘서트마스터 자리를 받자 그 말이 거짓이 아니라는 걸 깨달았다.

그러니까 줄리아드가 홍보의 귀재라는 사실 외에 여기서 알 수 있는 것은 효과를 제대로 보려면 줄리아드 말고 수많은 다른 학교에도 면도칼을 꽂아야 한다는 것, 종국엔 동료 집단 전체를 없애는 일까지 각오해야 한다는 것이다.

줄리아드는 개인주의가 두드러지는 곳이지만 그래도 나는 거기서 동료 학생들의 지지를 받는다고 느꼈다. 그곳은 선생님 한 분이 개별적으로 악기(또는 성악이나 작곡)를 지도하고, 같은 선생님 밑에서 공부하는 학생들이 따로 주기적으로 만나서 스튜디오 수업이라는 것을 한다. 그것은 동료들 앞에서 서로 연주를 하고 평을 주고받는 것이다. 올림픽 팀과도 비슷한데, 텔레비전에서 보이는 선수들의 집단 포옹 같은 단체 정신이나 애정은 없다. (집단 포옹은 악기에 좋지 않다. 그리고 이미 말했듯이 줄리아드는 개인주의적인 음악원이다.)

다른 집단 공연 수업도 있다. 곡의 일부를 발췌하는 엑섭트 수업 같은 것이다. 이 수업에서는 교향곡 레퍼토리 중 특히 어려운 악절을 공부한다. (엑섭트는 오케스트라 오디션의 최종 라운드에 필수다.) 하지만 나는 사람들의 권유에도 불구하고 그 수업을 듣지 않았다. 오케스트라 단원이 콘서트 도중 토했는데 수많은 보면대, 의자, 동료들에 가로막혀서 무대를 신속히 떠나지 못했다는 무시무시한 이야기를 듣고 오케스트라의 꿈을 접었기 때문이다.[6]

---

6 그 이야기는 거짓일 거라고 본다. 거의 확신한다. 아마도 그럴 것이다.

줄리아드 감옥에서 연습하기

"카네기홀에 가는 길은 연습, 연습, 연습이다"라는 유명한 농담이 있다. 정말로 그것이 정상에 가는 유일한 길이고 예외라면 유명 지휘자의 잠자리 파트너가 되는 것이다. (그 경우에도 연습이 면제되지는 않는다. 그냥 두 가지를 다 잘해야 한다.)

내 손끝의 굳은살은 면도칼을 대도 아무렇지 않을 정도가 되었다. 학부 과정 말미부터 석사 졸업 후 1년 뒤까지의 몇 년은 매일매일 하루에 6~8시간을 연습했다. (줄리아드 학생들이 연습실에 틀어박혀 있는 시간이 엄청나다는 사실도 '제일야드'라는 별명이 생긴 또 한 가지 이유다.) 이렇게 혼자서 연습실에서 완성도를 높이기 위해, 동료들이 아니라 나 자신의 육체적 한계에 맞서서 고투할 때 내 경쟁심의 어두운 면이 나타났다.

이런 끝없는 연습이 깊은 영혼 탐구 과정이 될 수도 있겠지만(그러니까 공항 부분이 빠진 「먹고 기도하고 사랑하라」처럼), 반대로 방 탈출 체험 중 미쳐버리는 심리 스릴러가 될 수도 있다. 그러니까 거기서 탈출하는 방법은 완벽한 음악적 완성도를 이루는 것뿐인데 우리 손이 명령을 거부하는 것이다. (아니면 설거지처럼 무미건조하고 무념무상한 노동이 될 수도 있다.)

현악기와 피아노의 정상급 연주자들은 어느 시점에 이런 강박적이고 고독한 지옥에 스스로를 가두고 메트로놈이라는 경찰의 감시 아래 자판기 음식을 먹으며 살아야 한다. 애인은 꿈속에서나 만나고 개인 일과는 엉망이 된다. 연습은 영업 시간이나 취침 시간 같은 것을 고려해 주지 않기 때문이다.

나는 줄리아드 4층 연습실에서 매일매일 밤을 새운 사람들을 안다. 소방 훈련을 하거나 응급 환자가 생겼을 때도 거기서 연습한 사람들을 안다. 나도 혈뇨가 나오자 무가당 크랜베리 주스 1리터를 다 마신 적이 있다. 병원에 가려면 연습실과 몇 시간의 연습을 포기해야 했기 때문이다. 발가락이 부러진 것 같았던 적도 있다. (확실하지는 않다. 이때도 병원에 가지 않았기 때문이다.) 너무 진전이 없어서 피아노 의자로 쓰던 어떤 단단한 상자를 걷어찬 결과였다.[7]

이런 광기 없이도 좋은 연주자가 될 수 있고 강력한 연줄이 있다면 성공도 할 수 있지만, 세계적 콩쿠르에서 우승하는 연습 기계가 되기는 힘들다.

주요 국제 콩쿠르의 세계

내가 경연은 재미있다고 말한 걸 안다. 그러니까 일단 경연에 들어가면 약간은 그렇다는 것이다. 언제나 개막식이 있는데, 이것은 화려한 연회장에 정장과 드레스를 입고 모여서 하는 축하 쇼 같은 행사건 형광등을 켠 방에서 하는 수능시험 예비 모임 같은 행사건 상관없이 콩쿠르 참여자들이 서로 어울리면서 본선에 든 것 자체를 즐기는 기회가 된다.[8] 또 콩쿠르 참여자들

---

7 진짜 피아노 의자는 사람들이 항상 망가뜨리거나 훔쳐 가곤 했다.

8 본선에 이른 모두가 이미 승자라는 연설이 항상 있다. 듣기 좋은 말이지만 그게 사실이라면 우리는 거기 있지 않을 것이다.

러시아 피아니스트 안톤 루빈시테인이 1890년 개최한 피아노와 작곡 부문 경연은 세계 최초의 국제 콩쿠르로 여겨진다. 이를 기점으로 유럽에 국제 콩쿠르 붐이 일었다. 사진은 다섯 번째이자 마지막이었던 1910년 대회의 참가자들.

은 대회 기간 동안 대체로 어느 친절한 가족의 집에서 홈스테이를 하게 된다. 하지만 내 경우 스위스의 어떤 콩쿠르에 나갔다가 귀신 들린 감옥 같은 수녀원에서 지낸 적도 있기는 하다. 거기서는 이상한 손님들이 수시로 내 방 앞에 찾아와서 뭉개진 꽃이나 먹다 만 빵 같은 것을 선물로 주었다. (창문에는 창살이 있고 침대 옆에 변기도 있었다.)

재미없는 것은 본 경연이다. 기술과 정신 양면으로 진을 쪽쪽 빼는 레퍼토리를 준비해야 한다. 바이올린의 경우 파가니니의 카프리스 두 개가 포함된다. (내가 그 곡들을 어떻게 생각하는지는 굳이 다시 말하지 않겠다.) 모든 음을 실수 없이 건실하게 연

170

주할 수 있어야 한다. 물론 연습실에서 그렇게 하는 것만으로는 부족하다. 그 일을 청중 앞에서, 음향 상태와 각종 조건에 구애받지 않고 해야 한다. 실내 온도가 22도로 쾌적하다면 손가락이 부드럽게 움직이지만, 그보다 10도가량 떨어지면 손가락은 나무토막처럼 뻣뻣해지고 그러면서도 힘이 들어가지 않는다.

내가 세계 5대 바이올린 콩쿠르[9] 중 하나인 인디애나폴리스 바이올린 콩쿠르를 준비할 때, 당시 나의 선생님은 '방탄 멘탈'의 중요성을 강조하고 또 강조했다. 그가 그것을 요구한 것은 아니었다. 사실 그는 라이브 공연의 기대치를 높여버린 디지털 편집 음반 때문에, 그리고 이 바닥을 지배하는 치열한 경쟁 때문에 자기 세대보다 더 힘들어진 우리 세대에게 많은 연민을 보였다. (사실 훌륭한 연주자의 수는 오늘날 클래식 음악계에 할당된 돈과 명성의 크기보다 훨씬 많다.) 하지만 선생님으로서 그의 임무는 내가 바이올리니스트로 성공하도록 돕는 것이었고, 그것은 방탄 멘탈 없이는 얻기 힘들었다.

'방탄 멘탈'이라는 말을 쓴 선생님은 그가 처음이긴 했어도 그런 뜻의 단어는 이미 10여 년 전부터 여러 가지가 떠돌아다녔다.

내가 열세 살 때 참가했던 뉴잉글랜드 음악원의 마스터클래스가 기억난다. 그때 선생님은 유명하고 친절하지만 다소 허풍이 있는 사람으로 그를 보면 항상 「개구리와 두꺼비」의 두꺼비가 생각났다. (외모가 그랬다는 것이다.) 그가 나한테 한 말은 다

---

9 아마 3대 콩쿠르에도 들 것이다.

잊었는데, 내 다음번 여학생에게 한 말은 아직도 잊히지 않는다. "나쁜 인토네이션을 고치고 싶다면 먼저 그 소리에 혐오감을 느껴야 해."

바이올린에서 음이 '맞고 틀리는' 것은 0.1밀리미터 차이다. 혐오감을 느끼지 않으면 그처럼 미세한 문제를 가지고 씨름할 집중력, 인내심, 끈기를 키울 수 없다는 게 그 선생님의 주장이었다.

나는 그 논리가 설득력 있다고 느꼈다. 그리고 그가 그 아이, 또는 그 아이의 연주에서(내게는 둘 다 같은 것으로 여겨졌다) 혐오감을 느꼈다는 암시도 받았다. 나는 나도 교사나 동료나 청중에게 혐오감을 줄지 모른다는 두려움에 빠졌고, 지금도 틀린 음정을 듣거나, 더 나쁘게는 연주할 때면 육체적으로 불쾌감을 느낀다. 예외는 내 남편의 노래뿐이다. 내가 그를 사랑하기 때문이고, 또 애초에 맞는 음정이 하나도 없기 때문이다.

또 다른 선생님은 내가 1년 동안 진짜 연주를 하지 않고 그분이 포착한 테크닉의 결점을 메울 때까지 매일 음계와 연습곡만 연습하게 했다.

그 시절 나는 그 방법을 지지했다. 나도 내 연주의 문제를 해결하고 싶었고, 진짜 음악에 '한눈팔지' 않는 것, 음악 연주 행위를 과학적 구성 요소로 분해하는 것은 논리적인 문제 해결 방식 같았다. 하지만 그렇게 감정 없는 연습은 실제로 감정 없는 연주를 연습하는 일이라는 것을 몰랐다.

안타까운 일이다. 감정은 내가 애초에 바이올리니스트가 되고 싶어 한 가장 큰 이유였기 때문이다.

내가 바이올리니스트가 되기로 한 가장 큰 이유

여러분은 이 책 서문에서 우리 부모님이 내가 두 살 때 바이올리니스트가 되기로 결심했다고 말한 이야기를 기억할지 모른다. 그리고 그것이 거짓말이라는 것도. 내가 두 살 반의 나이에 바이올린 레슨을 받고 음악을 사랑하기 시작한 것은 사실이지만 본격적으로 바이올리니스트가 되기로 결심한 것은 일곱 살 때였다.

그 전모는 이렇다.

배경은 앤도버의 코크런 예배당이었고, 나는 아빠와 마크 사이에 앉아 있었다. 마크는 아빠의 동료 음악 교사이자 당시 내 바이올린 선생님이었다. 마크는 훌륭한 선생님이었다. 내가 일찍부터 음악을 사랑하게 해주었고, 때로는 아주 지독했던 내 음악적 변덕을 받아주었으며, 가능한 한 스스로의 영감에 따르게 해주었다. 내가 어느 옛날 영화의 음악이 좋다고 말하면 악보를 구해다 주었다. 내가 어렵기로 유명한 바이올린 레퍼토리인 바흐의 D단조 샤콘을 연주하고 싶어 안달하면(일곱 살짜리의 근육으로는 감당하기 힘든 곡이다) 그는 연주 가능한 악절을 하나 떼어내서 내가 로또에 당첨된 듯한 느낌을 받으며 집에 가게끔 해주었다.

그날 그 예배당에서는 콘서트가 있었다. 렉스라는 이름의 잘생기고 인기 많은 고등학생의 졸업 연주회였다. 연주 곡목은 멘델스존의 바이올린 협주곡 E단조였다.

나는 그날의 분위기를 잊지 못할 것이다. 어둑어둑한 객석,

하늘 높이 치솟은 둥근 천장, 그 천장을 받친 커다란 나무 기둥들, 그 기둥들 꼭대기에 새겨진 뚱뚱한 천사들, 그리고 무대에는 턱시도 차림의 렉스가 침착하고 당당하게 서 있었다. 그의 반짝이는 바이올린 소리가 오케스트라 반주 위로 솟아오르던 일을 아직도 기억한다. 그 곡의 아름다운 도입부를 나는 그날 처음 들었다.

이제 나는 멘델스존의 그 협주곡이 클래식 레퍼토리의 최고 인기 곡 중 하나로, 대부분의 심포니 오케스트라가 연례적으로 공연하는 곡이라는 것을 안다. 그러나 그 시절 내게는 새로운 곡이었고, 내 심장이 그렇게 흔들린 적이 없었다. 그때 이미 나는 많은 곡을 사랑했다. 그 음악들은 나에게 미래의 온갖 모험을 약속하고 그 모험을 하면 어떤 감정을 느낄지를 알려주었다. 하지만 멘델스존의 협주곡은 처음으로 내가 이미 아는 모험과 감정에 대해 말해주었다. 호롱불을 밝힌 어두운 거리, 즐거운 숨바꼭질, 눈 오는 날의 기쁨, 묘지의 거대한 비석에 대한 공포 같은. 그 지하 묘지는 문이 있어서 살아 있는 시체들이 마음대로 드나들 수 있는 곳이었다. 그리고 1악장의 느린 두 번째 주제는 가족에 대한 내 사랑을 완벽하게 표현하는 것 같았다.

그날 나는 침묵(쉼표의 침묵 그리고 각 음을 둘러싼 침묵)이 시간의 흐름을 늦출 수 있다는 것을 처음 경험했다. 나의 첫 황홀경 체험이었다.

박수 소리에 정신이 들었을 때 나는 이미 렉스처럼 바이올리니스트가 되겠다는 결심이 서 있었다.

콘서트 후에 나는 마크 선생님에게 멘델스존을 연주하고 싶

멘델스존은 열두 살 이후로 바이올린 협주곡을 작곡한 적이 없었다. 〈바이올린 협주곡 E단조〉는 그가 스물아홉 살이 된 해에 친구이자 최고의 바이올리니스트였던 페르디난트 다비트를 위해 작곡을 결심하고 6년여에 걸쳐 만든 곡이다.

다고 했고 그는 허락했다.

그 뒤로 몇 달 동안 나는 방에 틀어박혀서 그 사랑하는 곡을 끝없이 연주하며 내 활과 손가락이 현 위를 자유롭고 매끄럽게 미끄러진다고 느꼈다. 내가 마리오네트가 되어 멘델스존의 조종을 받는 것 같았다. 기억하는 한, 그때가 내가 가장 즐겁게 연주한 시절이었다. 그리고 나를 자기 날개 아래 품어준 친절한 렉스는 내 영웅이 되었다.

완성도

영화 같은 걸 보면(형편없는 음악영화건 시시한 넷플릭스 크리스마스 스페셜이건) 종종 영혼의 인도자 같은 사람이 나와서 "가슴으로 연주하라" 같은 말을 한다. 나는 이제 그런 표현을 들으면 자동적으로 구역질이 나온다. 렉스의 멘델스존 연주 이후 몇 달 동안 내가 정말로 '가슴으로 연주한' 경험을 했는데도 그렇다.

문제는 그때 내 소리가 그렇게 훌륭하지 않았다는 것이다.

내가 2장에서 '타고난 연주자'라는 개념의 오류에 대해 말한 것을 기억한다면 여러분은 자신의 감정을 자신이 선택한 악기를 통해 곧장 전달하는 길은 없다는 것을 알 것이다. 기계적인 노하우를 습득하고 신체 상태를 최적으로 유지해야 듣는 이를 감동시키는 음악, 감정을 전달하는 음악을 만들 수 있다.

그리고 창의성 훈련도 필요하다. 자기가 원하는 대로 연주만 한다고 능사가 아니다. 이전 세대의 음악가들은 그래도 됐을지 모르지만 오늘날 우리는 '취향'이라는 해석 원칙에 제한을 받는다.

물론 모차르트나 바흐를 연주하는 방식은 누구에게 배우느냐에 따라 달라진다. 그것은 우리의 교육이 대체로 개인적 아이디어를 질책하고, 전체적으로 위축감과 억압감을 안겨주는 과정이라는 뜻이다.

세계적 음악가에게 요구되는 높은 수준의 기술(해석의 규칙도 포함해서)에 통달해 있으면서 동시에 유기적이고 자발적이고 진정한 감정을 담은 연주를 할 수 있는 사람은 정말로 드물다. 그 이유 한 가지는 이런 기술적 완성도로 가는 길이 열정과 자발성 같은 것을 해치기 때문이다. 하지만 또 한 가지 이유는 공연중에 강렬한 느낌을 받는 일은 이런 기술적인 완성도를 방해하기 때문이다.

강렬한 감정은 우리가 제대로 틀어쥘 수 있다면 강력한 해석의 원동력이 된다. 그러나 그러지 못하면 연습실에서 쌓은 모든 것을 무너뜨릴 수 있다.

나는 이것을 아홉 살 때 렉스의 장례식에서 느꼈다.

장례 예배는 코크런 예배당에서 렉스가 2년 전에 멘델스존을 연주한 바로 그 무대에서 열렸다. 나는 바흐의 〈G선상의 아리아〉를 연주하기로 되어 있었다. 「나를 사랑한 스파이」에서 아주 유쾌하게 사용한 그 곡이다. 그 곡을 선택한 것은 조용하고 엄숙한 아름다움 때문이었다. 그 곡은 저음부의 전개 방식, 각각의 음이 제자리를 자연스럽게 찾아가는 방식이 깊은 위안을 안겨준다. 그것은 앞으로 나아가는 길(듣는 사람의 고통을 뚫고 나가는 길)을 일러주는 한편, 기억(그리고 그런 걸 믿는다면 영혼)이 영원히 지속될 것을 약속해주는 것 같다.

무대 옆에서 대기할 때 나는 연주를 잘해야 한다는 압박을 느꼈다. 그 공연은 내가 그에게 줄 수 있는 전부였다. 렉스에게 고마움을 표현하고, 그가 내게 준 영감과 인도가 헛되지 않았음을 보여줄 유일한 기회였다. 연주를 잘하려면 손가락이 제자리를 매끄럽게 찾아가야 했다. 그리고 작품 초입에 나와서 영원처럼 길게 느껴지는 처량한 온음표를 버텨야 했다.

하지만 몸이 계속 떨렸다.

바흐의 아리아는 아직도 들을 때마다 위안을 안겨주지만, 그 슬픈 무대에서 나는 아무런 평온도 느끼지 못했다. 나는 위로받을 준비도, 다른 사람들에게 위로를 줄 준비도 되어 있지 않았다.

당시에 나는 지금 같은 레퍼토리 지식이 없었고 또 아빠의 반주에 맞추어 연주할 수 있는 곡도 제한되어 있었지만, 그렇지 않았다면 좀 더 가슴 아픈 모차르트의 〈레퀴엠〉이나 베토벤 〈피아노 소나타 17번('템페스트')〉, 심지어 펜데레츠키의 〈히로시마 희생자들을 위한 애가〉를 선택했을지도 모른다. 그렇게 분노와 복수심을 펼치고 나면 쇼스타코비치 〈피아노 3중주 2번〉의 어둠과 우수 속으로 숨어들거나 또는 베토벤 '영웅' 교향곡의 느린 악장으로 이동했을 것이다. 그것은 내 영웅이었던 소년에게 잘 어울렸을 것이다. 그런 뒤 분노가 빠져나가고 마음속이 텅 비면(그 평온에 반대할 것이 남아 있지 않으면), 그때 비로소 바흐의 〈G선상의 아리아〉를 고를 것이다. 아니면 헨델의 〈울게 하소서〉 또는 브람스의 〈죽음이여, 가혹한 죽음이여〉를.

렉스는 총에 맞아 죽었다. 어느 날 밤(대학교의 어느 큰 선거에 당선된 뒤였다) 여자 친구와 캠퍼스를 걷다가 누군가 쏜 총에 맞았다. 두 방을. 범인은 남들과 똑같은 이유로 렉스에게 끌렸던 사람으로 자신이 렉스의 '친구'라고 했다. 그 가혹함, 부당함, 슬픔, 그 일을 저지른 사람이 아직도 살아 숨 쉬고 있다는 역겨운 사실을 나는 감당할 수 없었다. 평생 그토록 강력한 분노는 처음이었다. 그 분노로 나는 손이 떨렸다.

내 느낌을 그대로 느끼면서 연주를 잘하는 것은 불가능했다. 그래서 나는 그것과 거리를 두었다. 감정을 차단했다.

나는 아무것도 느끼지 않고 공연을 했다. 그날 내 바이올린 브리지와 현과 활 너머로 보이던 관객의 모습이 지금도 눈에 선하다. 그리고 그들을 바라보며 느끼던 무감각함도 그대로 느껴진다. 예배당 의자에 주르르 앉아 있는 그들의 모습이 너무도 낯설었다. 나는 무대에서 내려가서 내가 울지 않는다는 사실을 감추려고 학교 첼로 선생님의 치맛자락에 얼굴을 묻었다. 그때 갑자기 울음이 터졌다.

그 뒤로 공연을 할 때 나는 그런 무감각함을 점점 더 자주 이용하게 되었다. 그때처럼 격렬하고 통제하기 힘든 흔들림은 없었지만, 정확성과 무결함에 대한 기준이 엄격해지고 더 사소한 것까지도 '실수'로 정의하게 되면서 내 연주 메커니즘은 아주 작은 떨림도 문제가 될 만큼 정교해졌다. 그런데 그렇게 매끄러워질수록 오히려 불안해졌다. 절대 실수하면 안 되는 것이 너무 많았다. 연주하는 모든 곡이 달걀 껍데기로 만든 것 같고, 나는 공연할 때마다 면도칼 위에 서 있는 것 같았다.

7장

무슨 형식이 이렇게 복잡하죠?

론도형식의 곡은 언제 끝날지 알 수 없으니
방광을 미리 비워두라

어느 해 여름방학에(어느 해였는지는 모르겠다. 20대 초에는 연습에 파묻혀 사느라 다른 일에 감각이 없었다) 집에 왔더니 아빠가 나를 불러서 오래된 카세트테이프를 주었다. 아빠 학교의 레코딩 엔지니어에게서 얼마 전에 받은 것이라고 했다. 아빠는 처음에는 내가 그걸 듣고 싶어 할지 어떨지 몰라서 그냥 간직하고 있었지만 이제는 내게 그것이 필요해져서 내 뜻은 상관없다고 결론을 내린 참이었다. 그때는 그러니까 아빠가 좋아하는 '가르침이 가능한 순간'이었다.

어린 시절 이후 아빠가 내 음악적 발전에서 맡은 역할은 크게 달라졌다. 아빠는 처음 몇 년 동안은 나와 함께 연습했지만, 중학교 이후로는 레슨에 따라오지 않았다. (폴란드 여자 선생님이 잘생긴 우리 아빠의 방문을 그토록 환영하지 않았다면 더 일찍 발을 끊었을 것이다.) 그리고 대학 시절부터는 일체의 관여를 끊었다. 그의 말에 따르면, 17년 동안 나라는 배를 만들었으니 이제는 물러나서 그 배가 제대로 뜨는지 지켜보면 되었다.

물론 그래도 아빠는 여전히 아빠였다. 여전히 내 공부와 진도를 체크하고, 내가 허락하면 주기적으로 조언도 해주었다. 그런데 그 조언의 핵심은 내가 그 시절에 받던 레슨과 전혀 달랐다. 아빠는 내 직업윤리가 탐욕스러워지는 것을 지켜보았다. 완벽함에 대한 집착으로 내가 연주의 즐거움을 질식시키는 것을 보고 아빠는 균형을 잡아주려고 했다.

줄리아드 시절 우리는 때로 내 테크닉에 대해 이야기를 나누었다. 아빠는 내 공연 비평에 '무결한', '정교한' 같은 단어가 사용된 것을 언급하며 더 이상의 노력은 필요 없다고 했다. 내 손가락은 서구에서 가장 빠르다는 농담도 했다. (하지만 업계의 꼴사나운 인종 편견에 따르면 내 라이벌들은 '동양'에 있었다.) 이제 나는 분석, 해석에 초점을 맞추어야 한다고. 무엇을 말하고 싶은가? 음악의 어떤 부분을 내보이고 싶은가? 어떻게 해야 연주를 더 재미있게 할 수 있는가? 이런 것에 말이다.

그리고 요요마가 말한 유명한 '감정 은행 계좌'에 대해 정말로 많은 대화를 나누었다. 요요마에 따르면 예술가와 음악가에게는 감정과 의미 있는 경험의 저장고가 있어야 한다. 평범한 인간의 기억을 지닌 '온전한 인간'이 평생을 연습실에 틀어박혀서 레이디 오브 샬럿처럼 작은 창문으로만 세상을 바라보면서(혹은 줄리아드 연습실이라면 파란 벨벳 커튼을 바라보면서) 사는 사람보다 더 심오한 예술가가 될 수 있다는 것이다.

요요마는 12세에서 21세까지의 경험은 감정 은행 계좌를 만드는 일이라고 말한다. 특히 일찍부터 음악에 재능을 보이는 아이들의 부모에게, 평생 그 계좌에서 돈을 인출하게 될 테니 투어나 경쟁이 아닌 정말 중요한 것에 투자하길 권한다. 사진은 요요마가 1988년 로스앤젤레스 필하모닉과 협연하는 모습.

"네 경험의 저장고는 충분하니?" 아빠가 물었다. "듣기는 충분히 하고 있니? 영혼 탐색은 충분히 하고 있니? 명상은 하고 있니? 잘 놀고 있니? 연습을 중단하고 여름방학이 끝나기 전에 함께 「로스트」를 끝까지 보는 건 어떨까? 케이트와 잭은 감정이 있어. 데스먼드도."

하지만 우리 아빠는 음악계의 경쟁이 폭발하기 전에 명문 이스트먼 음대로 떠나버린 사람이라서 내가 맞닥뜨린 현실을 몰랐다. 또 「로스트」가 우리에게 부서진 희망과 짜증만 남겨줄 거라는 것도.

나는 알았다. 나는 파가니니 카프리스를 망칠 때마다 콩쿠르에서 탈락했다. 나는 눈이 튀어나올 만큼 재능 있는 수많은 줄리아드 졸업생들이 경제적 문제와 업계의 외면에 부딪히는 것을 보았다. 나는 연주하다 음이 틀리면 '혐오스러워하는' 유형의 사람이었다. 나는 더 이상 연주할 때 감정적 연결이 중요하다는 말을 믿지 않았다. 올바른 활의 속도, 비브라토, 손가락의 압력, 타이밍으로 그것을 흉내 낼 수 있었기 때문이다.

무대에 오르면 절반은 공연하는 일의 어색함에 대해 실존적 독백을 했고, 나머지 절반은 나 자신에게 "파네토네에 버터를 얹어 먹어도 될까?" 같은 질문을 했다. 그러는 동안 내 발은 아팠다.

그 녹음은 내가 테이프를 보는 순간 짐작했듯이 렉스의 멘델스존 협주곡 연주였다. 아빠는 '네가 이걸 듣고 싶지는 않겠지만 렉스의 연주를 다시 들으며 네 인생의 중요했던 한순간을 되새기는 일을 거부할 수는 없을 거다'라고 말하는 것 같았다. 나 역시 약간 두려운 가운데에도 이제 나이가 들어 더 예리해진 내 귀에 그의 연주가 어떻게 들릴지 궁금했기에, 두근거리는 심장으로 아버지가 낡은 카세트덱에 테이프를 꽂는 모습을 지켜보았다.

공연장의 나직한 웅성거림, 그런 뒤 익히 예상되는 수준의 오케스트라가 연주하는 맥박처럼 짧고도 매혹적인 순간이 지나고 렉스의 바이올린이 시작되었다.

카세트를 듣는 동안 아빠는 내가 자신의 메시지를 이해했는지 살폈다. 나는 그게 뭔지 잘 알았다. '무결함이 전부가 아니다. 네가 들었던 가장 감동적인 연주는 완벽함과 거리가 멀다'라는 것이다. 하지만 아빠가 간과한 것은 내 듣는 능력이 얼마나 고착되고 흠집 찾기 중심이 되었는지, 그러니까 얼마나 망가졌는지 하는 것이었다. 아빠는 내가 10년도 더 전의 옛날에 공연장에서 들었던 것을 이제 녹음본을 통해 다시 들을 수 있기를 기대했지만 나는 그러지 못했다. 정확함에 대한 내 강박은 내 음악적 자의식에 국한되지 않았다. 그것은 내가 음악에 대해 이해하고 사랑한 모든 것에 침입해서 그것을 장악해 버렸다.

그래서 내가 렉스의 연주에서 들은 것은 뻣뻣한 손놀림, 정제되지 않은 소리, 그리고 업계의 의미심장한 돌려 말하기 어법을 사용하면 '표현력이 풍부한' 인토네이션뿐이었다.

그의 열정, 그의 신념, 그의 목소리는 나에게 들어오지 못했다. 나는 듣는 법을 잊었다.

작품의 모양

내 인생이 교향곡이나 협주곡이라면 내가 지금까지 이야기한 내용은 '전개'라고 할 수 있을 것이다. 전개란 모든 주제, 그리고 때로는 듣는 사람도 길을 잃는 혼란스러운 중간부를 말한다.

이제 뒤로 물러나서 평범한 작곡 구조를 살펴보면 내 말의 의미를 더 잘 이해할 수 있을 것이다.

교향곡, 협주곡, 소나타 등 클래식 레퍼토리 중 어느 정도 규모가 있는 대부분의 작품은 여러 개의 악장으로 구성된다. 악장은 시작, 중간부, 종결이 있는 개별적 연주 단위로, (초기 악장의 경우) 휴지 또는 (마지막 악장의 경우) 박수로 끝난다. 박수 부분에 대해서는 12장에서 다시 다룰 것이다.

186

이것을 잘 짜인 미니시리즈라고 생각해 보자. 악장들은 전체가 합해져서 더 큰 그림, 더 큰 서사, 더 긴 여행을 만들지만, 개별적으로도 종결성 있는 작은 이야기가 된다. 그래서 격식을 차리지 않는 공연에서는 개별 악장만 따로 공연하기도 한다.

르네상스 시대에서 20세기 전반까지의 악장들은 대개 템플릿 또는 패턴처럼 그 형태를 규정하는 특정한 작곡 구조를 준수한다. 이런 작곡 구조 중 가장 흔하고 중요한 것은 '소나타형식'이라는 것이다.

소나타형식

소나타형식은 '소나타'와는 다르다. 소나타는 한두 가지 악기를 위한 다악장 곡으로 이것 역시 미니시리즈다. 그러나 소나타의 1악장은 대체로 소나타형식을 사용하고, 교향곡, 협주곡, 기타 수많은 실내악 곡들도 최소한 1악장은 그런다.

헷갈리기는 한다. 뉴욕의 바둑판 같은 도로 형태와 보스턴의 구불구불한 일방통행 도로 구조를 비교하는 밈이 하나 있다. 뉴욕의 지도에는 "당신의 현 위치와 가려는 곳의 위치를 알려드리겠습니다"라고 써 있는 데 반해, 보스턴 지도에는 "엿 먹어"라고 써 있는 것이다. 클래식 음악은 약간 보스턴 같다.[1]

하지만 헌팅턴대로와 매스대로의 교차로에서 덜컥 멈춰 서

---

1 아마 클래식 음악이 생겨날 때는 진짜 장르가 될 계획이 없었고, 보스턴이 생겨날 때는 자동차가 다닐 계획이 없었기 때문일 것이다.

는 일을 피하려면, 그러니까 운전하다가 머리를 쥐어뜯으며 비명을 지르고, 자동차와 버스들이 경적을 울리며 옆을 지나가고, 뒷좌석에서는 10대의 두 딸이 부둥켜안고 덜덜 떠는 일을 겪지 않으려면[2] 보스턴의 지도를 확실히 아는 게 최선이고, 이 복잡한 장르와 때로는 어이없이 긴 곡들 사이를 항해하는 최선의 방법은 그 구성을 분명하게 이해하는 것이다.

그러니 계속하자.

이미 말했듯이 소나타형식은 가장 중요하고 가장 많이 사용되는 작곡 형식이다. 그것은 「마다가스카」의 사자 알렉스와 같고, 메릴 스트립이 나오는 모든 영화의 메릴 스트립과 같다. 다른 형식들도 있지만(다 훌륭한 것들이다), 사람들은 누가 오스카상 후보에 오를지 이미 안다.

소나타형식은 몇 가지 기본 요소로 구성된다. 먼저 '제시부'가 오고 이어 '전개부'가, 마지막으로 '재현부'가 온다.

'제시부'는 주제를 정식으로 소개하는 부분이다. 이야기의 서두에 기본적 상황과 주요 등장인물들을 소개하는 것과 같다.

제시부의 느낌을 약간 영국적인 예를 들어 설명하면 다음과 같다. (이것은 내가 「마스터피스」[3]를 많이 보기 때문이다.)

찰스와 위니프레드가 헝클어진 모습으로 피나무 뒤에서 나

---

2 이것은 절대로 우리 엄마의 이야기가 아니지만, 엄마는 어느 토요일에 바쁜 아빠 대신 우리를 뉴잉글랜드 음악원에 태워다 준 일이 있다. 그날은 성적이 나오는 날이었고 엄마는 내가 공화당 지지자와 데이트한다고 화가 나 있었다.

3 드라마 명작을 재방영하는 프로그램으로 BBC 작품을 많이 방영한다.—옮긴이

타난다. 그들은 사랑하는 사이다. 둘은 새가 지저귀고 햇빛이 반짝이는 정원으로 들어간다. 찰스는 위니프레드에게 자신이 그녀의 부모님에게 결혼 승낙을 받았다고 말한다. 그리고 그가 청혼하자 그녀는 수락한다. 그들은 손을 잡는다. 모든 것이 잘 흘러가고 아무런 문제가 없다.

'전개부'는 작품에서 문제가 생겨나기 시작하는 부분이다. 그것은 3막 연극의 2막 또는 「로스트」에서 시즌 1 이후의 모든 일과 비슷하다.

여기서 작곡가는 전조(조를 바꾸는 일)와 분절(이미 나온 내용을 해체하는 일)을 통해 듣는 사람을 불안하게 만든다.

위니프레드의 아버지가 뒤뜰에서 클레이 사격을 해서 새들이 날아간다. 아치볼드가 공중에 날리는 클레이 조각 사이로 나타난다. 그도 위니프레드의 부모에게 위니프레드와 결혼 승낙을 받았다고 말한다. 거기다 위니프레드도 한 시간 전에 그의 청혼을 수락했다. 상처 입은 찰스가 숲으로 뛰어가며 도대체 어떻게 된 일인지 이해하려고 그날의 일을 되짚어 본다. 구름이 모여들고 비가 내린다. 위니프레드는 아치볼드에게 화를 낸다. 왜 여기 와서 거짓말을 퍼뜨리는가? 그가 청혼한 사람은 그녀의 쌍둥이 윌헬마인이다. 그의 청혼을 수락한 것도 위니프레드가 아니라 윌헬마인이다. 그는 옛날부터 이름을 자주 틀렸다. 천둥이 친다. 그러는 동안 계속 숲을 걷던 찰스는 문득 고개를 들고 자신이 길을 잃었음을 깨닫는다.

마지막인 세 번째 부분은 '재현부'다. 재현부에서는 모든 게 다시 정상으로 돌아오지만 제시부와는 약간 달라져 있다. 주제가 반복되지만 다루는 방식이 조금 다르다. 그래서 재현부는 외워서 공연할 때 위험하다. 주의하지 않으면 중요한 조 변화를 놓치고 자기도 모르게 제시부로 돌아갈 수 있다. 그러는 사이 협연자들은 멀찌감치 가버린다.

천둥이 그친다. 비구름이 걷힌다. 햇살이 돌아온다. 찰스와 월헬마인이 피나무 뒤에서 비에 젖고 헝클어진 모습으로 나온다. 월헬마인이 그가 고통 속에 헤매는 모습을 보고 오해를 풀어주었다. 하지만 찰스와 함께 정원으로 돌아오는 길에 두 사람은 서로 사랑에 빠진다. 그러자 갑작스레 아치볼드를 사랑하게 된 위니프레드는 안심한다. 찰스와 위니프레드가 산책을 시작하지만 이번에 찰스는 월헬마인의 손을 잡고, 위니프레드는 아치볼드의 손을 잡고 있다. 아치볼드는 쌍둥이를 구별하지 못해서 특별히 누구를 더 좋아하고 말고가 없다. 위니프레드의 아버지가 안에 들어가자 다시 새들이 지저귄다. 땅바닥에 가득 흩어진 클레이 조각이 그들의 발밑에서 요란하게 밟힌다.

작곡 형식의 진행 방식을 알아두어야 하는 또 하나의 이유는 우리의 방광이다. 자신이 듣는 곡의 '형태'를 모르면 끝날 때까지 참을 수 있을지 예측하기가 어렵다.

거기 유념해서 우리가 알아보아야 할 다른 형식이 몇 가지 더 있다.

두도막형식과 세도막형식

두도막형식과 세도막형식은 클래식 음악에서 사용하는 가장 기본적 형식으로, 소나타형식 같은 다른 여러 복잡한 형식의 조상이기도 하다. 두도막형식도 세도막형식도 특별히 흥미롭지는 않지만(이걸로 작곡한 음악들은 흥미롭다), 다르게 보면 특별히 헷갈리지도 않는다. 두도막형식의 기본은 'AABB'다. A와 B라는 두 부분이 있고 각 부분은 대체로 반복된다(따라서 AABB).

이와 달리 '세도막형식'은 'ABA'다. (내가 헷갈리지 않는다고 말하긴 했지만 다음의 내용에 대한 판단에 따라서 여러분은 그게 거짓말이라고 느낄지도 모르겠다.) 두도막형식에서는 A와 B가 주제를 공유하는 반면에(그러니까 소리가 서로 연관되어 있다), 세도막형식에서 A와 B는 완전히 구별되는 요소다.[4]

세도막형식은 아리아와 노래에 자주 사용된다. 두도막형식은 바로크 시대에 전성기였으나 이후에도 많이 사용된다. '스케르초'와 '미뉴에트'에는 두도막형식과 세도막형식 양쪽의 다양한 버전이 들어 있고(스케르초와 미뉴에트는 모두 4악장 작품의 3악장에 흔히 나오는 짧은 악장이다), 그리고 '주제와 변주' 악장들의 주요 주제는 두도막형식이 많다.

---

4 그러니까 문제는 B인 것 같다. 두도막형식에서도 세도막형식에서도 A 이외의 부분을 B라는 문자로 표시하는 것은 잘못이다. 하지만 안타깝게도 이런 식의 표시가 표준이고 내가 바꿀 수도 없다. 여러분이 어디 가서 음악 이론가인 척 사기를 칠 계획이라면 참고하기 바란다.

주제와 변주

'주제와 변주'는 짧고 완결된 어떤 주제와 그 주제를 뼈대로 하는 일련의 변주로 이루어진다. 앞부분을 잘 읽었다면 그 주제가 흔히 두도막형식(AABB)이라는 것을 알 것이다. 주제의 선율은 대개 단순해서 곡의 진행과 함께 점점 더 복잡한 변주를 만들 여지가 많다.

작곡가가 주제를 변형시키는 방법은 몇 가지가 있는데, 그중 하나는 선율과 리듬의 공간을 채워나가는 것이다. 이것을 설명하기 위해 이 섹션의 맨 앞에 나오는 '주제와 변주는 짧고 완결된 어떤 주제와 그 주제를 뼈대로 하는 일련의 변주로 이루어진다'라는 문장을 이 기술을 활용해 다시 써보면 이런 식이 될 것이다.

주제의 특징과 그것을 토대로 변주가 이루어지는 방식을 좀 더 잘 설명하기 위해서 나는 하나의 문장을 취하고 거기에 어이없을 만큼 무의미한 확장을 통해서 음이 아니라 말을 사용하는 변주의 표본을 만들고 있다. 이것은 짧지 않다. 또 읽기 즐겁지도 않다. 하지만 완결되지 않을 것 같은 이런 문장을 쓰는 나 역시 전혀 즐겁지 않다고 말하는 나를 독자 여러분이 어떤 식으로든 미워하지 않았으면 좋겠고, 애초에 이 주제를 선택하고 그 주제를 뼈대로 사용하기로 한 결정이 이미 후회스럽다. 이것을 설명하는 더 쉽고 즐거운 방법이 분명 있었을 것이다. 슈테판의 조언에 따랐다면 나는 이미 이 대목을 끝냈을 것이다. 하지만 내가 음악가 시절 갈고닦았지만 이제는 쓰지 않는 일련의 기술을 사용해보고 싶었다. 그리고 내가 그 시절 갈고닦은 주요 기술은 힘들어도 버티며 공부하고, 다양하게 변주되는 괴로움을 참는 것이었다. 그것은 근육을 고통스러울 만큼 과도하게 사용하고, 정신은 더욱더 고통스러운 피로에 시달리게 하며 끝없이 연습하는 것이다. 그것이 하루 종일 이루려던 연습의 주제였다. 물론 여러분이 이런 일을 나만큼 참을 수는 없을 것이다. 그래서 이 어이없는 단락을 끝내겠다.

물론 진짜 주제와 변주는 (나쁜 것조차) 이보다 훨씬 더 아름다울 것이다. 그리고 다른 장식 방법을 사용하는 훨씬 더 많은 변주가 있을 것이다.[5] 이런 변주에서 작곡가는 이런 일을 한다.

- (여러 악기를 사용하는 곡의 경우) 악기 편성과 성부 편성을 바꾼다.
- 템포를 바꾼다(느리게 하거나 빠르게 한다).
- 박자를 바꾼다(곡의 리듬이나 흐름을 바꾼다).
- 연관된 장조/단조를 탐구한다(그러니까 주제의 화성을 유지한 채 조를 바꾼다).

이것이 헷갈린다면 책 뒤쪽에 있는 '용어 풀이'가 도움이 될 것이다.

---

[5] 걱정 마시길. 여러분도 슈테판도 더 이상 이런 일로 괴롭히지 않겠다.

론도형식

소나타형식이나 세도막형식에서 앞서 나온 주제가 다시 반복되면 악장의 끝이 가까워졌다는 뜻이지만 론도는 그렇지 않다.

론도형식에서는 주제가 자주 반복된다. 하지만 큰 변화는 없는 채로 대비되는 섹션과 번갈아 가며 나온다. 그러니까 'ABACADAEAF…' 이런 식으로 작곡가의 창의력이 바닥날 때까지 혹은 우리의 인내심이나 알파벳이 바닥날 때까지 간다.

론도는 대개 밝고 경쾌한 음악에 쓰이고 흔히 마지막 악장에 나타난다. 단순한 구조는 깊고 진지한 명상보다는 가벼운 축하에 어울리기 때문이다.

열 살 때 재미있게 들었던 농담으로 이 형식을 설명해 보겠다.

(오리가 바에 간다.)

오리: 포도 있어요?

바텐더: 없어.

(오리가 나온다. 몇 걸음 걷다가 다시 바에 들어간다.)

오리: 포도 있어요?

바텐더: 없다니까.

(오리가 나온다. 문 앞에서 춤을 추다가 다시 바에 들어간다.)

오리: 포도 있어요?

바텐더: 없어! 그 소리 한 번만 더 하면 스테이플러로 네 부리를 바에다 박아버릴 거야.

(오리가 나가서 〈신이여 여왕을 구하소서〉를 3절까지 부르고 다시

안으로 들어간다.)

　　오리: 스테이플러 있어요?

　　바텐더: (어리둥절해서) 아니.

　　오리: 그러면 포도 있어요?

　론도 형식을 사용한 팝송도 많다. 〈올드 맥도널드〉[6]가 그 예
다. 동물 소리는 "음매" "매애" "꽥꽥" "프힝"[7] 등으로 바뀌지만
"올드 맥도널드에겐 농장이 있었지"라는 부분과 "에이에이오"
하는 부분은 변하지 않는다. 이렇게 변하지 않고 반복되는 부
분 때문에 아이들은 좋아하고 어른들은 싫어한다. 그리고 이것
때문에 작품이 론도가 된다.

골든보이의 그늘에서 길을 잃다

　'내 인생이라는 길고 복잡한 교향곡'(이 표현은 여기서 마지막
으로 쓸 것을 약속한다)의 전개부는 내가 줄리아드를 졸업한 직
후 가장 심하게 꼬였다. 당시 나는 다른 바이올리니스트의 약
혼녀였는데 그는 나보다 잘나가는 사람이었고[8] 그 사실은 내 기
질 중 최악의 부분을 이끌어냈다. 나는 그의 연주를 들을 때마

6　우리나라에서 〈그래 그래서(박 첨지는 밭 있어)〉로 변안된 노래.―옮긴이

7　코끼리가 나온다면 이런 소리일 것이다.

8　아직도 그렇다고 할 수 있다. 하지만 여러분이 이 책을 여러 권 사서 친구들에게 선물한
　다면 상황은 달라질지도 모른다.

다 나의 연주와 비교하지 않을 수가 없었다. 그가 성공할 때마다 내 실패가 두려웠다. 때로는 내 테크닉이 그를 능가하는 부분이 있다는 사실로 흔들리는 자신감을 달랬지만, 그에게는 있고 나에게는 없는 보이지 않는 무언가가 그의 연주를 객관적으로 더 뛰어나게 만든다는 생각에 시달렸다. 그리고 그 무언가가 무엇인지를 알아내기 위해서 나 자신을 탐색하는 대신(또는 아빠 말대로 어디에 초점을 맞추어야 할지 고민하는 대신) 나는 테크닉 연마에 더욱 매진했다. 그를 이기고 싶었고, 그것이 내가 그를 이길 수 있는 방법이라고 생각했다.

경쟁은 양방향에서 왔다. 골든보이는 나를 열심히 도와주었지만(여러 콘서트에 나를 추천하고 유명인과 함께 공연할 기회를 마련해 주었다), 그와 나 누구도 제2바이올린 자리를 원하지는 않았다. 그는 때로는 정말로 내 옆에서 제2바이올린 연주를 하기도 했는데(그러면 자신이 훌륭해 보인다고 농담하면서) 그럴 때도 내 부족함을 일깨워 주려고 노력했다.

내 친구 메타 부부는 '웨이스-레퀴로 첼로 듀오'로 함께 공연할 때가 많은데 그럴 때면 아름답고 행복하며 장난스러우면서도 깊은 사랑과 동료애가 흘러나온다. 그들이 결혼 서약에서 하거나 하지 않은 모든 약속들이 화성적으로 구현된다. 그에 반해 골든보이와 내가 함께하는 연주는 영화 「쥬랜더」에서 쥬랜더와 헨젤이 함께 런웨이를 걷는 것에 가까웠다.

여기에는 우리가 둘 다 전형적으로 경쟁심 강한 바이올리니스트라는 사실이 크게 작용했다. 우리가 줄리아드 협주곡 경연에 합격하고 학교 오케스트라의 콘서트마스터를 맡은 것은 평

온하고 야심 없는 성격 덕분이 아니었다. (그는 나보다 몇 년 앞서 두 가지를 다 했다.)[9]

골든보이는 경쟁을 즐겁게 여겼다. 하지만 나에게는 생존의 문제였다. 경쟁력을 갖추지 못하면 나는 클래식 음악계에 넘쳐나는 '플러스 원'이 될 운명이었다. 자신의 능력이 아무리 뛰어나도 배우자의 커리어와 명성에 묻히는 음악가들 말이다. 그런 일을 순순히 받아들일 수는 없었다.

이렇게 독립과 인정을 향한 소모전에 시달리던 어느 날, 앞서 말한 몬트리올의 콘서트를 관람하게 되었다. 그 다섯 살 여자아이가 클래식을 처음 듣고 "아름다운 음악"이라고 말했다는 이야기를 들었을 때 나는 지붕이 무너지는 듯한 느낌을 받았다. 마치 내가 오랫동안 유리창을 바라보면서 창문의 스티커 자국이 내 인생의 가장 큰 문제라고 믿고 그걸 떼어내려고 기를 쓰느라 그사이에 내가 살고 있는 집, 벽과 지붕을 비롯해 그 집을 이루는 모든 것이 허물어졌다는 걸 모르고 있던 것 같았다. 나는 실제로 그 집에 창문 이외의 부분이 존재한다는 사실마저 잊고, 애초에 스티커 자국을 떼려고 한 이유가 그 집을 가꾸기 위해서였다는 사실도 잊고 있었다.

그런데 지붕이 무너지자 어쩔 수 없이 주변을 둘러보지 않을 수 없었고, 주위가 온통 잔해 더미라는 사실을 피할 수 없었다. 그리고 어떻게 해야 할지도 알 수 없었다. 이 집을 고칠 수 있을까? 고치고 싶기는 한가? 아직도 집에 애정이 있는가? 아니

---

9 그런데 메타와 그녀의 남편 데이브는 많은 콩쿠르에서 입상한 실력자들인데도 내가 아는 사람들 중 최고로 꼽힐 만큼 평온하다. 하지만 다시 보면 역시 그들은 첼리스트다.

면 이 집은 아빠를 위해 지은 것이고, 내가 탈출하기 위해 그렇게 무너지게 만든 것인가?

나는 완전히 길을 잃었다. 나의 미래, 나의 가치, 나의 인간관계, 모든 것에 의문이 들었다. 답은 없었다. 분명한 것은 이제 창문 상태가 어떤지는 상관이 없다는 것뿐이었다.

8장

저주받은 클래식

베토벤의 머리카락, 모차르트의 진혼곡을 비롯한
클래식 세계의 미신들

나는 한동안 길을 잃고 폐허 속에 서서 의미 없는 발길질만 해댔다. 음악도, 커리어도, 연애도 다 꼬여버렸는데 어떻게 풀어야 할지 방법을 알 수 없었다.

그리고 안타깝게도 그 환멸과 무력감 때문에 나는 아주 불쾌한 사람이 되고 말았다. 한때 내가 문화적 꼰대였다고 한 말 기억하는가? 이 시절이 바로 그때였다.

내가 메타와 함께 맥스라는 재즈 피아니스트를 만나 다가오는 협연을 준비하며 아이디어 회의를 할 때 이메일상에서 저지른 실수를 생각하면 아직도 얼굴이 화끈거린다. 메타와 나는 전부터 듀오로 활동하고 있었는데(메타가 데이브와 듀오를 만들기 몇 년 전이었다), 맥스가 새로이 참여하게 되었다. 그는 훌륭한 재즈 피아니스트였지만 어쨌건 재즈 피아니스트였고, 우리는 재즈를 연주해 본 적이 없었기에 그와 무엇을 어떻게 해야 할지 몰랐다.

나는 단체 이메일을 보내서 맥스에게 멘델스존의 D단조 피아노 3중주를 연주할 수 있는지 물었고, 그러자 그는 자신이 고안한 재즈식 인트로로 시작했다가 바로 멘델스존의 도입부로 들어가겠다고 답장했다.

나는 재즈 피아니스트가 재즈를 연주하고 싶어 하는 것이 이상한 일이 아니라는 걸 인정하지 못하고, 또는 내가 지금의 곤경에서 빠져나가는 데 이런 식의 실험이 도움이 될지 모른다는 것도 생각해 보지 않고, 또는 다른 장르식 도입이 클래식 음악의 미래를 위해 꼭 필요한 그런 방식일 수 있다는 것도 생각해 보지 않고 반사적으로 메타에게 이메일을 보냈고, 그 내용은 대충 "이 사람 장난해?"라는 뜻이었다. 물론 실제로는 그보다 화려한 언어를 사용했는데, 문제는 내가 그걸 (실수로) 맥스에게도 보냈다는 것이다.[1]

우리 엄마는 내가 그런 이메일을 보낸 것도 또 하필 귀에 대상포진이 걸린 것도 이 시절 나의 우울함과 억눌린 불안 때문이었다고 믿는다. 나는 대상포진으로 머리 전체, 특히 턱이 아팠고, 음식은 재를 씹는 것 같았으며, 얼굴 절반이 흉측한 수포에 덮였다. 나는 몇 주 동안 검은 베일을 쓰고 집 안에서만 지내면서 골든보이의 유쾌한 놀림을 받았다. 그는 내 모습이 점쟁이 같다고도 했고, 가장 아끼는 자산의 일시적 품질 저하를

---

1 변명을 하자면 멘델스존이라서 내가 오버한 것도 있다.

참고 있는 자신이 대견하다고도 했다.[2]

그러던 어느 날 밤, 섬뜩하게도 오른쪽 귀가 전혀 들리지 않았다. 대상포진으로 귀에 염증이 쌓여서 생긴 일시적인 증상으로 일주일 뒤에 사라졌지만, 그 순간 내가 느낀 공포는 쉽게 잊을 수 없는 것이었다. 응급실로 가는 길에 나는 커리어의 정점에서 청력을 잃은 베토벤 생각을 떨칠 수 없었다. 그는 청력을 잃고도 훌륭한 작곡을 했지만 내가 과연 청력 없이 연주를 멀쩡히 할 수 있을까 의심스러웠다. 그때 나를 달랜 생각은 베토벤의 신성한 음악과 달리 나의 영혼 없는 음악은 세상이 크게 아쉬워하지 않으리라는 거였다. 특히 세상에는 아직 골든보이가 있었기 때문이다.

나는 연주할 때면 거의 항상 어딘가 먼 곳에서 오는 무인 항공기를 인도하는 듯한 느낌을 받았다. 연습할 때는 「왕좌의 게임」이나 「프로젝트 런웨이」, 「앤틱스 로드쇼」 같은 프로를 계속 틀어놓고 그걸로 어느새 성찬식 빵처럼 무미해져 버린 내 인생에 풍미를 더하려고 했다.

때로는 넷플릭스 대신 구글의 정보 속으로 빠졌다. 보면대 옆 화장대에 컴퓨터를 놓고 위키피디아의 글이나 간단히 스크롤할 수 있는 아무 글이나 읽으면서 생각 없이 손가락만 움직였다.

그러던 중 어느 날은 베토벤의 머리카락과 관련된 글을 봤는데 내용이 놀라울 만큼 흥미로웠다. 베토벤의 그 멋진 머리카락을 자르고 검사를 거쳐 경매로 팔았는데, 그게 다이아몬드로

---

2 이렇게 말하면 나쁜 놈 같겠지만 실제로 그는 그런 사람이 아니다. 우리는 사랑하는 커플보다는 자주 싸우는 남매와 훨씬 비슷했다.

만들어졌다는 이야기였다. 베토벤이 임종을 앞두고 머리카락 곳곳을 잘라두었고, 이후 생전의 친구와 지인들이 그것을 나누어 받았다. 최근에 그중 하나가 6만 4000달러에 팔렸다. (다이아몬드는 머리 열 타래에서 추출한 탄소로 만든 것으로 20만 달러에 팔렸다.)[3] 그런데 미국인 두 명이 1994년에 다른 머리 타래를 사서 검사를 해보니 많은 양의 납이 나왔다. 그것이 베토벤의 여러 건강 문제 및 어쩌면 청력 상실과도 관련 있을 수 있다. 러셀 마틴은 『베토벤의 머리카락』이라는 책까지 써서 바로 그 머리 타래가 베토벤의 침상에서 나치 독일을 거친 뒤 그 검사까지 이르게 된 여정을 추적한다. 지금은 없어졌지만 전에 「귀신 들린 베토벤의 머리카락」이라는 컴퓨터 게임도 있었다. 그것은 되살아난 나비 시체를 따라 모험하는 내용인데, 중간에 베토벤의 초상화가 나와서 말도 하고(그의 입이 포털이다) 번개와 오선지도 많이 나온다.

　그렇게 구글과 함께 놀던 그 시절 나는 아주 기이한 경험을 하게 된다. 믿을 만한 기사와 자료를 모두 훑은 뒤 나는 비공식적인 느낌이 나는 텍스트만 있는 엉성한 사이트에 들어갔다. 그 비디오 게임과 관련 있는 사이트 같지도 않았다. 그 게임은 어느 정도 말끔한 비주얼을 갖추었는데, 이 웹사이트는 외관을 전혀 중시하지 않는 것 같았기 때문이다. 하지만 초자연적 현상에 대한 관심은 양쪽이 똑같았다. 그 사이트의 글은 유려하지는 않아도 열렬한 문장으로 베토벤의 머리카락 주변에서 벌

3　이 기회를 빌려서 첫째, 이것은 나에게 좋은 선물이 될 것이며 둘째, 나도 죽은 뒤 다이아몬드가 되고 싶다는 말을 전한다.

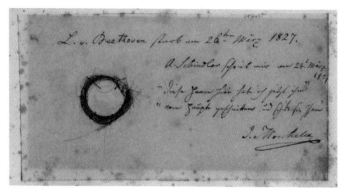

베토벤이 죽은 직후에 안톤 쉰들러가 작곡가 이그나츠 모셸레스에게 보낸 베토벤의 머리카락 한 줌. 이밖에 베토벤의 것이 확실한 여러 머리카락을 분석한 결과, 그의 죽음은 납중독이 아니라 간 질환 유전자와 과도한 음주에 의한 것으로 확인되었다.

어진 이상한 사건들을 설명했다. 유령이 출몰하고, 기이한 소리가 들리고, 물건들이 움직이고 한다는, 공포영화에 흔한 이야기들이다.

사이트는 또 그 사이트 방문자들의 집에도 초자연적 현상이 발생했다고 말했다.

나는 그 글에 '흥' 하고 콧방귀를 뀌었지만 떨리는 손으로 바이올린을 내려놓았다. (손에 땀이 났는데 그것은 나무에 안 좋기 때문이다.) 내가 좀 더 읽어보려고 침대에 들어갔을 때 전원도 꺼져 있고 몇 주 동안 쓰지도 않은 책상 위의 프린터가 갑자기 켜져서 작동했다. 나는 기겁해서 얼른 태블릿을 닫고 아무 프로나 보려고 텔레비전을 켠 뒤 서둘러 몇 마디 기도를 하고 베토벤에게도 빌었다. 그는 자신의 머리카락 또는 그 인터넷 사이트와 관련된 사악한 요괴들을 막아줄 수 있을 것 같았다. 그리고 프린터가 무서운 글을 출력할까 봐 그 플러그도 뽑았다.

시간이 지나서 공포가 가라앉자 다시 그 사이트를 찾아보았는데 어느새 사라지고 없었다. 그 뒤로는 그것뿐 아니라 그 비슷한 어떤 것도 찾지 못했다.

클래식 우주의 영원한 미스터리들

클래식 음악의 역사에는 이와 비슷하게 풀리지 않은 미스터리가 가득하다. 물론 그것이 의문의 웹사이트나 무선 프린터와 연결된 경우는 드물다. 여기 유명한 몇 가지 미스터리를 소개한다.

모차르트의 레퀴엠

모차르트가 레퀴엠을 쓰던 중 서른다섯의 나이로 죽었다는 것은 클래식 음악계의 가장 무시무시한 사실 중 하나다.[4] 이 글을 쓰는 내가 지금 서른네 살이라서만이 아니다. 그것을 둘러싼 이야기(모든 자료가 '미스터리에 둘러싸였다'고 표현하는)가 거기 더욱 큰 공포를 불어넣는다.

내가 어릴 때 들은 이야기는 이렇다.

어느 어둡고 무서운 밤, '정체불명의 컴컴한 남자'가 젊지만(너무나 젊지만) 병든 모차르트의 집에 찾아온다.[5] 남자는 주인의 심부름을 왔다. 신원은 밝힐 수 없는 주인은 지위가 높은 사람

---

4 레퀴엠은 죽은 자를 위한 미사 음악이다.

5 낮이었는지도 모른다. 그러나 '정체불명의 컴컴한 남자'는 언제나 나온다. 이 다소 중복된 표현은 이 작품과 관련된 글에서 '미스터리에 싸인'이라는 표현보다 더 자주 나온다.

으로 레퀴엠의 작곡을 의뢰하고자 한다고 한다.

모차르트는 그 일에 몰두하고, 일을 하면서 건강은 계속 나빠진다. 스스로 누가 자신에게 독을 먹였나[6] 아니면 저주를 내렸나 하고 의심할 정도였다. 모차르트는 이렇게 수수께끼 같은 상황에서 의뢰받은 레퀴엠이 사실은 자신을 위한 것이 아닐까 하는 의심을 떨치지 못했다. 그의 아내 콘스탄체는 모차르트에게 다른 작품을 작곡하라고 했고, 그 말에 따르자 증상이 가라앉았다. 기력이 회복되고 저주나 독살의 의심이 사라지자 모차르트는 다시 레퀴엠으로 돌아갔고, 그러자 다시 건강이 급격히 악화되어서 몇 주 만에 죽었다.

나는 이런 이야기가 사실인지 아닌지 말해줄 수 없다. 모차르트의 편지는 그의 과민성대장증후군을 진단하고 싶은 사람들에게는 도움이 되겠지만, 이 문제에서는 별다른 실마리를 주지 않는다. 당시의 기록, 특히 콘스탄체가 밝힌 내용들을 그렇게 신뢰하기는 어렵다.

우리가 정말로 아는 것은 이렇다. (단 200년 전의 일에 대해서 알 수 있는 수준에서.)

모차르트에게 레퀴엠을 의뢰한 사람이 누군지 모차르트는 몰랐지만 우리는 안다. (스포일러에 주의 바란다.) 그리고 그는 저승사자가 아니었다. 미스터리의 남자는 프란츠 폰 발제크 백작

---

6 작곡가 살리에리의 이름을 아는 사람들에게 흥미로울 만한 사실은 모차르트가 죽었을 때 살리에리가 그를 독살했다는 소문이 있었다는 것이다. 하지만 그렇다는 증거는 없고, 대부분의 역사가들은 그 가능성을 부인한다. 이게 다 무슨 말인지 모르겠다면 영화 「아마데우스」를 보기 바란다.

이었고 모차르트의 집을 찾아온 '컴컴한' 남자는 그의 시종이었을 것이다. 레퀴엠은 발제크의 아내의 1주년 기일을 기념하기 위해 의뢰한 곡이었다. 그 사실을 비밀로 한 것은(비밀로 한 게 사실이라면) 아마추어 음악가였던 폰 발제크 백작이 그것을 자신이 작곡했다고 발표하기 위해서였을 것이다. 하지만 모차르트는 그것이 발제크의 의뢰라는 것도, 또 작품을 둘러싼 의뢰자의 의도도 알고 있었을 수 있다.

모차르트가 곡을 완성하지 못하고 죽자 콘스탄체는 발제크에게서 잔금을 모두 받기 위해 프란츠 크사버 쥐스마이어에게 곡의 마무리를 맡긴다. (오늘날 가장 자주 연주되는 버전이 이것이다. 봉헌송까지는 모차르트의 것이고, 상투스부터 쥐스마이어가 모차르트의 스케치와 메모에 토대해서 작업한 것이다.) 쥐스마이어를 비판하는 사람도 있지만 지지하는 사람도 있다. 심지어 베토벤은 이렇게 말했다고 한다. "모차르트가 이 곡을 쓰지 않았다면 이 곡을 쓴 사람이 모차르트일 것이다." 나도 거기에 동의한다. 그리고 내 장례식에는 이 곡을 대형 오케스트라와 합창단으로 전곡 연주하기 바란다. (재건된 노트르담 대성당에서 하면 더 좋겠다.)[7]

차이콥스키의 죽음

차이콥스키의 죽음의 원인과 상황에 대해서는 통일된 의견이 없다. '공식 원인'은 콜레라지만(그는 콜레라 팬데믹의 와중에 쉰셋의 나이로 갑자기 죽었다), 그의 말년에 함께했던 사람들의

---

7 하지만 파리를 싫어하는 아빠가 그때까지 살아 계신다면 불가능하다. 우리 아빠에게 자식을 묻는 일보다 더 슬픈 일은 자식을 파리에 묻는 일일 것이다.

상충되는 설명과 여러 가지 수상쩍은 상황이 혹시 자살이 아니었을까 믿게 만들었다.

복수의 목격자가 차이콥스키가 죽기 전에 끓이지 않은 물을 마셨다고 주장하는데(그것은 코로나 팬데믹 시기에 천식 흡입기에 슈퍼전파 공기를 넣는 일하고 비슷했을 것이다), 이런 치명적인 행동이 언제 어디서 일어났는지는 설명이 갈린다. 실제로 나는 어렸을 때 차이콥스키가 콜레라에 감염된 물을 마셔서 자살했다고 들었지만, 자살설 지지자들은 대부분 물 사건은 (그런 일이 있었다 해도) 은폐를 위한 구실이고, 차이콥스키의 가족과 친구들이 공모해서 진실을 감추었다고 생각한다. 실제로 그는 비소 또는 느리게 작용하는 어떤 독으로 죽었다고.

상트페테르부르크 법대 동기가 꾸며낸 '명예법원'에 대한 섬뜩한 이야기도 전해져 온다. 그에 따르면 이 비밀 단체는 차이콥스키를 당시 불법이었던 동성애와 관련한 어떤 '도덕적 범칙'에 관한 청문회에 불러서 그에게 자살을 권유했다. (지시를 거부하면 그의 동성애 또는 특정 사건을 폭로하겠다고 협박했을지도 모른다.)

음모론 같지만(그럴지도 모른다), 정식 음악학자들은 여기에 힘을 실어준다. 그 설을 처음 제시한 사람은 러시아 음악학자로 『차이콥스키: 자화상』을 쓴 알렉산드라 오를로바다. 그리고 차이콥스키 전문가 데이비드 브라운은 『뉴그로브 음악 사전』에 이렇게 썼다. "그가 자살했다는 것은 의심할 수 없는 사실이다. 하지만 자살을 추동한 것이 무엇인지는 분명치 않다… 그가 끓이지 않은 물을 마시고 콜레라로 죽었다는 이야기는 조작이다." 그는 또 차이콥스키가 "비소 중독으로 죽은 것이 거의 확실하다"고도 썼다.

『차이콥스키』라는 책을 쓴 앤서니 홀든은 한 발 더 나아간다. "필자의 방대한 연구는 기존의 '명예 법정'설을 더 강화하는 한편 [차이콥스키의 동생인] 모데스트가 의료계의 친구들과 함께 차이콥스키의 바람에 따라 자살이라는 진실을 고의적으로 은폐했다는 결론을 거의 확정한다."

물론 음모론을 좋아하지 않는 음악학자 중에는 차이콥스키의 죽음은 전혀 비밀스럽거나 의도된 것이 아니라고, 주변 사람들 말이 제각각인 것도 다 설명이 가능하다고 주장하는 이들도 많다.

이런 혼란은 어쩌면 러시아 사람들이 보드카를 아주 많이 마신다는 사실로 설명될 수 있을지도 모른다.

9번의 저주

클래식 세계에는 작곡가의 9번 교향곡이 그 사람의 마지막 교향곡이 된다는 미신이 있다. 이 설은 말러 때문에 유명해졌다. 그는 베토벤, 브루크너, 슈베르트, 드보르자크가 모두 9번 교향곡을 완성하고 나서 금세 (브루크너의 경우 그것을 작곡하던 중) 죽은 것 때문에 아홉 번째 교향곡을 작곡하지 않으려고 애를 썼다. 말러는 8번 교향곡을 작곡한 뒤 〈대지의 노래〉라는 곡을 작곡했는데, 이것은 교향곡과 아주 비슷하지만 교향곡은 아니다. 아마 제목이 교향곡이 아니라서 그런 것 같다. 작품에는 가수도 두 명 나오는데 그것도 대부분의 교향곡에는 없는 것이다. 말러는 그렇게 해서 저주를 물리쳤다고 생각하고 9번 교향

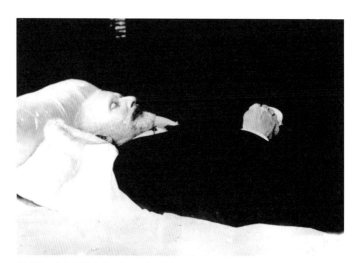

차이콥스키의 임종 당시 모습. 차이콥스키는 1893년 10월 페트르부르크에서 '교향곡 6번'을 직접 지휘하며 공개하고 9일 뒤에 죽었다. 이 곡은 그로부터 12일 후 열린 추모공연에서 다시 연주되는데, '비창'이란 표제와 그의 죽음이 연결되어 객석이 눈물바다가 되었다 한다.

곡을 작곡했는데, 이후 10번 교향곡을 완성하지 못하고 죽었다.

말러 이후에는 시벨리우스와 본 윌리엄스도 흔히 이 저주의 희생자로 거론된다. 본 윌리엄스의 죽음은 특히 섬뜩하다. 그는 아주 건강했고 아무도 그가 죽은 이유를 파악하지 못했다고 한다. 하지만 그는 여든다섯 살이기도 했다.

그런데 이 저주를 재미있다고 생각하는 나 같은 사람들에게 안타깝게도 자세히 살펴보면 이 설은 신빙성이 떨어진다. 슈베르트를 여기 포함시킬지는 그의 완성된 교향곡 6편과 미완성 교향곡 7편 중 어떤 것을 포함시키느냐에 따라 달라진다. 이런 엉터리 수학은 음악가들 사이에만 통한다. 시벨리우스는 교향곡을 여덟 편만 썼고 그중 하나는 스스로 폐기했다. 아홉 곡이라고 말하려면 음시音詩 〈쿨레르보〉를 포함해야 하는데 그는 다른 음시도 많이 썼기 때문에 다시 한번 수학이 이상해진다. 거기다 시벨리우스는 아흔한 살이었다. 이러건 저러건 이 세상이 나에게 아홉 번째 교향곡을 쓰게 할 만큼 돈이 남아돌지는 않을 것이다. (그러려면 먼저 여덟 개의 교향곡을 써야 하기 때문이다.)

라벨의 〈볼레로〉

이 저주는 유명하지 않지만(사실 우리 가족들만 하는 이야기다), 나는 라벨의 〈볼레로〉를 몹시 좋아하는 사람들은 확실히 정서적으로 불안정한 면이 있다고 생각한다. 이 사람들(대개 동생의 전 남자 친구들)이 원래의 불안정한 성격 때문에 〈볼레로〉에 끌린 건지 〈볼레로〉를 너무 많이 들어서 성격이 그렇게 된 건지는 알 수 없지만,[8] 만약 여러분이 어느 날 외딴 오두막에 가게 됐는데 여러분의 동행이 갑자기 레코드플레이어에 이 음악을 건다면 장작을 구한다고 말하고 가까운 곰 굴로 피하기 바란다. 그쪽이 차라리 더 안전하다.

베토벤의 축복

우리 부모님의 음악실에서 세 번째로 눈에 띄는 물건은(첫 번째는 2.7미터 크기의 스타인웨이 피아노고, 두 번째는 그 위에 걸린 정신없이 화려하고 어지러운 동물 문양 태피스트리다) 베토벤의 얼굴 사진을 담은 검은 테두리의 액자다. 그것이 놀라운 것은 그

---

8 사실 이 음악은 한 번 듣는 게 반복해서 듣는 것이다. 똑같은 주제가 열여덟 번 반복되기 때문이다. 바뀌는 것은 다다다다다다–다다다다 하고 끊임없이 울리는 스네어드럼 소리 위로 점점 두꺼워지는 악기 편성뿐이다.

의 실제 얼굴이 아니라 데스마스크를 찍은 것이기 때문이다.

나는 어린 시절에 그것을 피했다. 데스마스크라는 말 자체가 무서웠다. 내 머릿속에서 그것은 거의 초자연적인 존재가 되었다. 그러다 청소년기가 되자 그것이 좋아졌다. 베토벤의 얼굴은 어쨌건 아주 보기 좋았고(아픈 사람치고는 놀라울 만큼 생기 넘쳐 보였다), 나는 그의 표정에서 현명하고 동요 없는 어떤 것을 보게 되었다. 그것은『백설공주』의 마법 거울 속 얼굴 같기도 하고 〈돈 조반니〉의 기사장 같기도 했다. 게다가 베토벤 아닌가.

나는 연습할 때 그를 바라보는 버릇이 생겼고(넷플릭스가 생기기 전이었다), 때로는 그에게 내가 내려야 하는 다양한 결정에 대한 조언을 구하기도 했다. 콩쿠르를 앞두고 토요일 댄스파티에 가도 될까. 또는 공연할 때는 내가 늘 신고 싶어 한 10센티 하이힐 대신 엄마 말대로 단화를 신어야 하는 걸까 같은 것들이었다.[9] 그는 물론 대답해 주지 않았지만, 그에게 질문하는 과정을 통해 나는 이런 중요한 문제들에 대한 내 감정을 정리할 수 있었다.

그런 기억 때문에 나는 '길을 잃었던 시절'이 끝나가던 어느 날 마스크를 검색해 보기로 했다. 내가 약혼을 깨고 그와 얽힌 커리어도 정리하는 게 어떨까 하는 생각을 만지작거리기 시작했을 때였다. 그리고 골든보이의 아름다운 아파트를 떠나 부모님 집의 거미줄 가득한 지하실로 옮기면 어떨까. 그런 일에 베토벤의 생각을 듣고 싶었다. (혹은 내 결정에 확신을 얻기 위해 그의 표

---

9 엄마 말이 맞았다.

212

1827년 3월 29일 베토벤의 장례식 풍경. 운집한 3만 명의 인파 속에서 이동하느라 500미 터를 움직이는 데 한 시간 반이 걸렸다. 극작가 그릴파르처는 격정적으로 추도사를 낭독했 다. "이 순간을 기억하고 간직하라. 그를 묻는 자리에 우리가 있었고, 그가 세상을 떠났을 때 우리는 눈물을 흘렸노라."

정 없는 두 눈과 단단하게 찌푸린 입에서 어떤 표시를 읽고 싶었다.)

하지만 '베토벤의 데스마스크'를 검색하고 내가 맞닥뜨린 것 은 그토록 익숙하던 넓은 미간의 이목구비와 사랑스럽고 둥근 얼굴이 아니라 움푹 꺼지고 주름진 얼굴과 웨스 크레이븐의 공 포 영화에서 튀어나온 듯한 둥그런 눈 모양이었다.

알고 보니 부모님이 어린 시절 나에게 공연히 겁을 주었던 것이었다. 두 분의 음악실에 있던 마스크는 베토벤의 데스마스 크가 아니라 1812년에 프란츠 클라인이 뜬 주형으로 만든 '라이 프마스크'였다. (「스크림 6」으로 유명한 베토벤의 실제 데스마스크 는 요제프 단하우저가 만들었다.)[10]

나는 그날 베토벤의 데스마스크와 라이프마스크 어느 쪽과

---

10 나는 죽은 베토벤의 외모를 놀려도 된다고 생각한다. 베토벤도 내가 그를 얼마나 사랑하 는지 알기 때문이다.

도 의논하지 않았지만(대신 부모님에게 전화해서 소리를 질렀다), 그렇다고 베토벤이 내 결정에 개입할 기회가 없던 것은 아니다.

골든보이와 나는 어쩌다 보니 우리 공연 스케줄에서 가장 눈에 띄고 불편한 순간을 골라서 (유명한 라 호야 서머페스트에서 몇 주 동안 모든 사람 앞에서 커플로 돌아다닌 뒤) 관계를 끝내기로 했다. 너무도 환상적이고 모두에게 너무도 어색했다. 특히 페스티벌 기간에 너그럽게 우리를 자신의 집에 묵게 해준 분에게는 더욱 그랬다. 그리고 우리는 시즌이 끝날 때까지 관객들과 오랜만에 만나는 동료들에게서 결혼 관련 질문을 받아야 했다.

우리의 실제 결별 행위가 벌어진 곳은 무대 뒤편이었다. 내가 베토벤의 카카두 변주곡을 연주하러 나가기 몇 분 전이었다.

완전히 망가질 수도 있는 순간이었다. 나는 사랑하던 사람과 헤어졌다. 여러 가지로 불평을 하기는 했지만 그래도 그는 지난 4년 동안 나의 집이었고 나를 가장 지지해준 사람이었다. 내가 그를 응원하지 못할 때도 그는 나를 응원해주었다. 가장 가까운 친구이자 나의 닻이기도 했다. 인생에서 그가 사라지면서 내가 있을 곳도 없어졌다. 어디로 가야 할지, 무얼 해야 할지, 그와 함께한 시절만큼 안전하고 편안한 시절이 다시 올지 알수가 없었다. 부모님 집의 지하실은 안전하지도 편안하지도 않을 게 분명했다. 거기에는 진짜로 큰 거미들도 있기 때문이다. 그러나 나는 도약 없이는 앞으로 나아갈 수 없었고, 골든보이도 그걸 알았다.

무대로 나갈 때 나는 전에 없이 차분한 느낌이었다. 작품의 어둡고 매혹적인 도입부(그것은 '카카두'라는 이름의 작품치고는 너무도 어두운 매혹을 담고 있었다)가 내 절망적 상황을, 그리고 내 불확실한 미래를 말해주는 것 같았다. 하지만 단조로 이루어진 불안한 화성이 차분한 장조로 넘어가는 여덟 번째 마디에서 나는 베토벤이 나를 축복해준다고 느꼈다.

그 공연은 내 공연 중에 손에 꼽을 만큼 잘된 공연이었으며, 가장 즐거운 공연이기도 했다.

9장

일단 교향곡 먼저 시도해보자

하지만 교향곡만 듣는다면
클래식의 반의반도 못 즐기는 것

다행히 나는 부모님 집 지하실의 거미들을 만나지 않아도 되었다. 내 짐 상자 일부는 그리 갔지만, 그건 다 쓸모없고 중요하지 않은 졸업장 같은 것들이었다. 내가 골든보이의 아파트에서 가지고 나온 나머지 짐은 모두 옷 가방 몇 개에 들어갔다.

그것은 편리했다. 어쨌건 나는 짐을 싸야 했으니까. 그런 뒤 어리둥절한 반전이 닥쳐서(내가 얼마 전에 재즈 피아니스트에게 보인 무례를 생각하면 더욱 그렇다) 나는 갑자기 재즈 트럼펫의 전설 크리스 보티의 장기 투어에서 객원 연주를 하게 되었다.

아직도 그 일이 어떻게 일어났는지 모르겠다. 어느 날 크리스의 매니저 보비가 나에게 이메일을 보내서 금요일에 시간이 되느냐고 물었고, 다음 순간 나는 케네디센터 대기실에서 헬렌 미렌, 어리사 프랭클린과 함께 공연 순서를 기다리게 되었다.

그 공연에서는 더욱 황당하게도 빌 클린턴 정부의 국무장관이었던 매들린 올브라이트가 잠시 드럼을 협연하기도 했다.

그런 뒤 전용기, 안개 발생 장치, 화려한 카지노, 대형 공연장 매진 행렬이 이어졌다. 그 정신없었던 모험은 아직도 내가 실제로 경험한 일이 아니라 록 캠프 광고처럼 느껴진다.

하지만 그 투어에서 가장 감사한 것은 그런 화려함도 아니고 심지어 덕분에 내가 지하실 거미들과 함께 살지 않게 되었다는 사실도 아니었다. 나는 그것이 내가 알던 바이올린의 세계와 전혀 다르다는 사실이 좋았다.

첫 공연에서 나를 소개할 때 크리스는 마이크에 대고 가볍게 웃으며 말했다. "저는 이분을 20분 전에 만났습니다. 그리고 이분은 이틀 동안 연습하고 왔습니다." 나는 혹시 관객들이 나에게 토마토를 던지는 건 아닐까 싶었다. 내가 있던 세계에서는 준비 부족을 터놓는 것이 금기였기 때문이다. "관객을 민망하게 하면 안 돼." 한 선생님은 그렇게 말했다. 연습도, 준비도, 연주도 모든 것이 매끈해야 했다. 그렇지 않으면 그런 척이라도 해야 했다. 그래야 자신에게 박수 친 사람들이 화나지 않는다고. 하지만 아무도 기분 나쁜 것 같지 않았다. 나는 신기한 음악 실험이 아니라 고도로 훈련된 전문적인 음악을 듣기 위해서 돈을 낸 거라고 환불을 요구하는 사람은 아무도 없었다. 실제로 관객은 그 사실에 열광했다. 그들은 내 사연에 동참해서, 공연 내내 내 성공을 응원했다. 그리고 내가 긴장해서 버벅거리지도 않고 지난 이틀 동안 머리에 욱여넣은 곡들을 잊어버리지도 않자, 그들은 2004년 월드시리즈에서 우승한 보스턴 레드삭스의 팬들처럼 열광했다. 상황의 불확실성과 그 와중에 맞닥뜨린 인간미는 너무도 값졌다.

나는 거울 나라의 앨리스처럼 화려한 스타들, 엄청난 이동거리, 이상한 말이 가득한 세계로 던져졌다.

크리스 보티 밴드는 암호로 말하는 것 같았다. 아니면 전보문으로. 그런데 그 전보문은 항상 '송금 바람'이라는 말로 끝났다. (이런 식이다. "이비사섬은 끝내줘. 여자도 많고 이상한 흰색 가루도 많아. 송금 바람.") 투어 매니저 제레미는 매일 밤 대기실로 나를 데리러 와서 묵직한 목소리로 "행운을 빌어요. 우린 당신을 믿어요"라고 말하거나 같은 말이 적힌 테이크아웃 음식 용기를 건넸다.

나는 정신을 차릴 수가 없었다. 같은 얼굴들이 공연에 계속 나타났다. 크리스를 따라 전국을 도는 열성 팬들이었다. 나는 이 공항 저 공항으로 정신없이 날아다니다가 그 주에 이미 세 번이나 나왔던 휴스턴 뉴스에 다시 나왔다. 12월에는 블루노트에서 11일간 레지던시 공연을 해서 거의 똑같은 내용의 공연을 22차례나 했다. (사실 밴드 대부분은 22일 동안 44번의 공연을 했지만 나는 전반부만 참여했다.) 그리고 그렇게 투어를 하는 동안 우리는 그곳이 세상 어디건 그날 무슨 일이 있었건 상관없이 매일 밤 호텔 바에서 (우연히) 만났다.

이 새로운 세계는 중독적이었다. 다른 세상에 가서 개인적 트라우마에 질식되지 않은 일을 하는 것, 순수하게 재미있는 일을 하는 것은 몹시 즐거웠다. 나는 공연 조명이 흰빛만 냉랭하게 내리쬐지 않고 음악에 맞추어 변하는 것이 좋았다. 관객이 의자에 뻣뻣하게 앉아 있지 않고 박수 치고 환호하고 따라 부르는 것이 좋았다.

나의 옛 레퍼토리가 그립지도 않았다. 사실 몇 달 동안 클래식 음악을 전혀 듣지 않았다. 역시 클래식 음악을 공부했던 크리스가 왜 그쪽으로 갔는지 너무도 이해가 되었고, 나도 그 길을 따라갈까 하는 고민을 진지하게 했다. LA로 이사 가서 보비의 매니지먼트 아래 새로운 인생에 나설까 싶었다. '셀러브러티 파이트 나이트'[1]의 오프닝에 설 수도 있고, 이 투어에 나보다 먼저 참여했던 바이올리니스트처럼 연기를 시도해 볼 수도 있을지 모른다. 계획했던 것은 아니지만 내 인생이 방향을 튼다면 안 될 거 뭐 있겠는가? 뷔욤 바이올린을 팔아 펜더 일렉 바이올린을 살 수도 있다. 머리를 보라색으로 염색할 수도 있다.

그렇게 할 수도 있었지만 내 마음을 바꾼 일이 생겼다.

마술피리

내가 슈테판을 만난 것은 투어 중간에 베를린의 동생과 만나서 한국 식당에서 함께 식사를 하면서였다. 마리나는 나를 베를린에 눌러앉힐 심산으로 내게 며칠 사이에 여러 남자를 소개해 주었는데 슈테판은 그중 가장 무뚝뚝한 사람이었다. 식사 중간에 옆 테이블의 어떤 놈이 내 가방을 훔쳐 가지 않았다면

---

1   스타들이 암 연구 기금 마련을 위해 하는 공연.—옮긴이

나는 그를 끝까지 그렇게 기억했을 것이다. 하지만 그놈은 내 가방을 훔쳤고 그로 인해 우리가 몽땅 경찰서로 가게 되면서 나는 슈테판을 조금 더 알게 되었다.

그의 무언가가 (이게 말이 된다면) 나랑 비슷하다고 느껴졌다. 그는 가식이 없었고, 겉치레 없이도 매력적이었다. 그래서 나도 그와 함께 있으면 가식을 떨 수 없었다. 나는 그가 법학을 공부한다는 것, 야구팀 보스턴 레드삭스와 미식축구팀 뉴잉글랜드 패트리어츠의 열혈 팬이라는 것, 그리고 내가 만난 사람들 중에 가장 사랑스럽고 신기하게 재미있다는 걸 알게 되었다. 또 그가 식당에서 말이 없던 것은 주문한 떡볶이가 식사 내내 독일인의 위장을 조용히 태우고 있었기 때문이라는 것도 알게 되었다. (독일인은 전통적으로 매운 음식을 꺼린다. 거의 뱀파이어가 십자가와 성수와 말뚝형을 피하는 것과 비슷할 정도다.)[2] 나는 마리나에게 내가 독일을 떠나기 전에 슈테판을 한 번 더 만나게 주선해달라고 했고, 그 몇 주 뒤 내가 다시 베를린에 갔을 때 우리는 제대로 된 첫 번째 데이트를 했다.

슈테판은 모든 일정을 준비해 놓았는데, 그러면서 지금은 적대적 인수 제안에서만 보이는 비밀스러움을 유지했다. 그는 나와 만난 뒤에야 계획을 밝히고 나에게 〈마술피리〉를 보여주었다(오해를 막기 위해 이 말은 그가 나를 베를린 국립 오페라 극장에 데리고 가서 모차르트의 마지막 오페라 〈Die Zauberflöte〉를 보여주었다는 뜻이다. 두 살 때 내 성대를 박살 낸 밤의 여왕의 아리아가 나

---

2 나도 한번은 매운 마요네즈와 할라피뇨가 들어간 버거를 주문해서 화형장의 이슬로 사라질 수도 있었지만, 직원이 주문을 주방에 전달하지 않아서 목숨을 건졌다.

1742년 문을 연 베를린 국립 오페라 극장. 1941년 세계대전 중 연합군의 폭격을 맞아 파괴되었을 때 히틀러의 명에 따라 즉시 재건 및 재개관되었으나, 1945년 공습으로 다시 파괴되었다. 다시 재건하기까지는 10년이 더 걸려 1955년에야 준공되었다.

오는 그 오페라 말이다. 그날 밤 오페라가 끝난 뒤 내가 보았거나 보지 않았을지 모르는 어떤 비유적인 '마술피리'를 말하는 게 아니다).[3]

나는 처음에는 이런 데이트 계획에 대한 내 느낌을 알 수 없었다. 마음이 설레는가? 아니면 휴일에 찾아온 반갑지 않은 친구 같은가? 내가 달아나려 하는 것을 불쾌하게 상기시켜 주는? 나는 지난 몇 달 동안 클래식 음악을 듣지 않았다. 매일 매시간 그것을 들으며 평생을 보낸 탓에 그 몇 달은 몇 년처럼 느껴졌다. 그리고 공연 작품이 바로 그 음악, 우리 부모님이 내가 이 커리어를 선택한 계기라고 (거짓을 섞어) 말한 그 작품 아닌가? 거기다 내가 의무감 이외의 이유로 콘서트를 관람한 것은 고등학교 때가 마지막이었다. 객석에 앉아 있으면 자동적으로 연주

3 편집자 미셸이 "이 책은 그런 책이 아니"라고 했다.

와 관련된 집요함과 불안이 일었기 때문이다. (또 객석의 좌석이 폐소공포증을 일으키기 때문이기도 했고, 마지막의 박수가 나 아닌 다른 사람에게 간다는 사실 때문이기도 했다.)

하지만 잠시 후 내가 기뻐한다는 걸 알았고, 그 사실은 안도감과 놀라움을 동시에 안겨주었다.

그 기쁨은 그날 밤 내내 계속되었고, 오케스트라 소리가 가라앉을 때 솟아올랐다. 커튼이 열리고 대형 프레첼과 소시지가 매달린 천장이 드러났을 때도 마찬가지였다.[4] 그런 뒤 장엄한 화성의 도입부로 서곡이 시작되었고, 나는 가끔 오래된 교회나 성당에 갔을 때 느끼는 것 같은 감동에 눈물샘까지 자극받았다.

그것은 그 음악과 그것이 내 인생에서 수행한 역할 때문이기도 했지만, 슈테판 때문이기도 했다. 그의 매력적인 진지함이 그 자체로 나를 무장해제시켰고, 그가 음악가가 아니라는 사실도 그랬다. 그에게는 나와 같은 트라우마도 집요함도 없었다. 그의 귀는 훈련되지 않았고, 음악에 대한 사랑은 오염되지 않았다. 그가 음악을 어떻게 들을까 상상해 보니 내 인식 속에서 무언가가 탁 풀렸다.

나는 그와 같은 방식으로 듣는 일이 불가능했지만, 갑자기 여러 가지를, 수년 동안 내 곁을 지나간 아름다운 것들을 이해할 수 있게 되었다. 내가 클래식 음악가로 훈련받던 시절 어느새 무감각해진 내 정신 위로 돌 더미가 무겁게 쌓였었는데, 이제 거기에 어떤 환상 감각 또는 혈류가 돌아오는 느낌이 들었다.

---

4 그 공연의 연출이 그랬다는 것이다. 내가 아는 한 그 오페라는 원래 프레첼이나 소시지와 상관이 없다.

그전에는 아니었을지 몰라도 그때 나는 음악이, 나와 어떤 역사를 공유했건 간에, 나라는 인간과 뗄 수 없는 관계라는 것을 확실히 깨달았다.

만약 바이올린 공연에 갔다면 이런 느낌을 받을 수 없었을 것이다. 내가 공연을 보기 어려워한 이유는 연주자로 겪은 좌절이 떠올랐기 때문이어서, 내 커리어를 연상시키는 어떤 것(예를 들면 바이올린 소리)에도 즉시 닫히고 비판적인 마인드가 되었을 것이다.

오페라도 바이올린을 쓰지만 거기서는 부차적인 역할이다. 악기들 소리는 가수들의 강력한 목소리에 파묻힌다. 다른 말로 하면 악곡의 전체적 음색이 다르다. 어떤 사람들은 음색에 아주 예민해서 예를 들면 피아노 소리는 부드럽게 들리는 반면 금관악기 소리는 거슬린다고 한다.

하지만 오페라는 음량, 형식, 공연장 같은 요소에서도 바이올린 독주나 교향곡, 피아노 소나타 등과 구별된다.

나는 대형 콘서트홀의 전통적인 시각적 단조로움이 분위기를 망친다는 느낌을 자주 받았다. 모두가 똑같이 검은 옷을 입은 오케스트라의 모습은 내가 좋아하는 곡들의 활기, 열정, 즐거움을 잘 담지 못한다. 또 이 대형 앙상블 내에 존재하는 다양한 삼각관계, 경쟁 관계도 보여주지 않는다. 나는 연주자들의 얼굴 표정과 동작이 좀 더 잘 보이는(그래서 누가 누구와 섹스를 했는지 추측해 볼 수 있는) 작은 공연장에서는 그런 문제를 겪지 않는다. 하지만 내가 볼 때 평균적 대형 공연장 기악 공연의 지루한 (이미 말했다는 거 안다) 형식은 음악의 흥미를 깎아먹는다.

「브레인 게임」[5]에서 배우의 입이 "라라라" 하고 말하는데 거기에 녹음으로 "바바바" 소리를 입힌 에피소드와 비슷하다. 눈을 감지 않으면 소리를 제대로 알아듣는 게 불가능하다.

그러니까 교향곡 공연에 가서 지루해지기 싫으면 눈을 감거나 시선을 앞좌석 등받이에 고정해야 한다는 뜻이다.

반면에 오페라는(그리고 발레도) 세트, 의상, 스토리 라인이 있어서 잡생각을 떨치고 음악에 몰입하는 데 도움이 된다.

물론 모두가 똑같지는 않다. 「블랙 스완」을 안 본 사람들은 발레가 너무 미묘하다고, 또 오페라 창법은 너무 거창하고 요란하다고 생각한다. 강약 조절과 소리에 대한 집중 때문에 교향곡을 선호하는 사람도 많다. 그리고 위의 세 가지가 다 싫은 사람이 선택할 수 있는 다른 작품들도 많다.

작곡 시기를 고를 때와 마찬가지로 자기가 좋아하는 것을 알아내려면 모두 조금씩 들어보는 것이 가장 좋다.

오페라 공연 또는 교향곡 감상하기

엄밀하게 말해 '교향곡'이란 대형 심포니 오케스트라용으로 작곡한 3악장 내지 4악장 구조의 곡을 말한다.[6] (말했듯이, 악장은 미니시리즈를 한꺼번에 정주행해서 볼 때의 한 회와 비슷하다. 짧

---

5 인간 인지능력의 함정을 탐구한 텔레비전 프로그램.—옮긴이
6 드물지만 악장의 수가 더 많거나 적은 경우들도 있다.

은 이야기들이 모여서 긴 이야기가 되고, 이야기들 사이에 짧은 휴지부가 있는데 이 휴지부에는 박수를 치지 않는 것이 이상적이다.)

오늘날 대형 오케스트라는 현악기, 금관악기, 목관악기, 타악기 연주자 백 명가량으로 이루어진 앙상블을 가리키고 지휘자가 있다. 현악기 연주자가 무대의 대부분을 차지해서 바이올린만 두 그룹이 있고(일반적으로 각 그룹이 14~16인이다), 비올라, 첼로, 더블베이스 그룹은 그보다 약간 작다.

공연자로서, 특히 바이올리니스트로서 나는 이게 문제라는 생각이 자주 들었다. 우선 자신의 존재가 음악 세상에 내려진 신의 선물이라고 생각하며 자란 바이올리니스트들은 다른 열세 명의 바이올리니스트와 함께 앉아서 연주만 똑같이 하는 게 아니라 옷도 똑같이 입고 있어야 한다는 사실을 받아들이기가 힘들다. 우리가 샤넬이 살아 돌아와서 제발 입어달라고 애걸복걸하며 만든 드레스를 입고 무대 중앙에 서서 스포트라이트를 받는 대신 자기 소리를 집단의 소리에 합치고 팔과 어깨를 검은 정장으로 가리게 될 것을 안다면,[7] 그 많은 생일 파티와 나들이와 놀이 등 건강한 유년을 이루는 데 필요한 많은 것을 포기하고 연습만 하는 일은 없었을 것이기 때문이다. (그리고 정상급 오케스트라 단원들의 생활이 여유로운 것은 맞지만, 어린 시절 꿈꾸던 것보다는 0의 개수가 많이 부족하다. 역시 우리가 가지 않은 무수한 생일 파티들 때문이다.)

어쨌건 많은 관객이 사랑하고 또 덜 자기중심적인 음악가들

---

[7] 때로는 흰색과 검은색이지만, 그래도 튀면 안 되는 것은 똑같다.

막스 오펜하이머가 1923년에 그린 「오케스트라」. 빈 필하모닉 오케스트라 가운데에서 지휘하는 사람은 구스타프 말러이다. 이 작품은 1935년부터 1952년까지, 무려 17년에 걸쳐 완성되었다.

도 사랑해 마지않는 이 교향곡 형식에는 분명한 힘이 있다. 이 음악은 목관악기, 금관악기, 타악기의 다채로운 특징이 합쳐져서 장엄하고 강력하고 풍부한 소리를 만들고, 많은 작곡가가 자신이 가진 최고의 능력을 이 형식의 음악에 쏟아붓는다.

교향곡 외에 심포니 오케스트라가 연주할 수 있는 '교향곡적 작품'도 많다. 음시는 거의 같은 악기 편성이지만 구조가 더 유연하고 연결되어 있다. 때로 음시와 겹치기도 하는 표제 작품들은 이야기에서 구조와 영감을 얻는다. 오페라에서 따로 떨어져 나와서 (대개 프로그램 서두에) 단독으로 공연하는 서곡들도 있다. 정말로 샤넬 드레스를 입고 무대에 서는 협주곡 독주자들도 있다. (협주곡은 대개 3악장 교향곡 구조를 따른다.) 그리고 온갖 종류의 모음곡, 세레나데, 왈츠, 랩소디 기타 등등이 있다.

또 심포니 오케스트라보다 규모가 작고 한정된 형태의 오케스트라가 연주하는 '관현악곡'도 많다. 이것은 이런저런 특징 때문에 교향곡이 되지 못하는 작품들이다.

예를 들어 바로크 시대에는 심포니 오케스트라가 존재하지 않았고 교향곡도 작곡하지 않았다. 교향곡 같은(교향곡의 여러 요소를 갖춘) 작품들은 있었지만 그것은 '콘체르토concerto'라고 불렀다. 이때 잘난 척해서 미움을 받고 싶으면 이것의 복수형을 콘체르티concerti라고 써도 좋다. 이것이 헷갈리는 것은 이후에 '콘체르토'는 오케스트라가 독주자와 함께하는 작품, 즉 협주곡만 가리키게 되었기 때문이다. 오늘날에도 콘체르토는 협주곡이라는 뜻으로 쓰인다.

나는 현대의 협주곡을 좋아하고 독주자들도 좋아한다.[8] 관객의 관점에서 그들은 주인공 또는 내레이터의 역할을 한다. 음악 감상을 이끄는 시각적, 청각적 초점이 된다. 이 때문에 나는 언제나 협주곡이 교향곡이나 다른 관현악곡보다 듣기 편하다. 하지만 그러려면 우리가 그 독주 악기를 좋아해야 한다. 작품 전체의 색채가 그것에 크게 좌우되기 때문이다. 물론 독주자도 능란하고 매력적인 연주를 해야 한다.

그에 비해 독주 악기가 없는 경우도 많은 바로크 콘체르토들이 좋은 것은 지휘자 없이 공연하는 경우가 많다는 것이다. 이런 콘체르토들은 때로 오케스트라 앞줄의 연주자가 독주를 하기도 했지만, 협주곡의 경우보다 훨씬 더 협력적이고 기량 과시가 덜하다. 좀 더 구체적으로 말하면 제대로 된 독주자 없는

---

8 내가 오케스트라에 들어가서 독주자들의 반주를 하지 않는 한.

콘체르토는 '콘체르토 그로소concertogrosso'라고 한다. 하지만 이 걸 복수형으로 말하지는 않기를 권한다. 'concerto grossos'라 고 영어식으로 's'를 뒤에 붙이는 것도 어색하고, 'concerto/ concerti'의 경우처럼 굳이 'concerti gorssi'라는 이탈리아어 복수형을 쓰는 일은 대개 친구가 없어도 상관없는 사람들만이 할 수 있다.[9]

이런 작품은 교향곡이 부상하면서 인기가 시들었지만, 20세 기에 버르토크와 루토스와프스키 덕분에 다시 돌아왔다.

꼭 알아야 할 오케스트라 작품[10]

◎ 합주협주곡 D장조 Op.6 no.4 아르칸젤로 코렐리

◎ 브란덴부르크 협주곡 5번 D장조 BWV 1050 바흐

◎ 교향곡 모음곡 3번 D장조 BWV 1068 바흐

◎ 교향곡 41번 C장조 K.551 '주피터' 모차르트

◎ 교향곡 5번 C단조 Op.67 베토벤

◎ 교향곡 9번 D단조 Op.125 베토벤

◎ 〈한여름 밤의 꿈 서곡〉 Op.21 멘델스존

◎ 〈환상 교향곡〉 Op.14 엑토르 베를리오즈

◎ 교향곡 2번 D장조 Op.73 브람스

◎ 현을 위한 세레나데 Op.48 차이콥스키

---

9 그래도 'concerti grossi'를 쓰고 싶다면 두 단어 모두 복수형 '-i'로 끝내야 한다는 걸 잊지 말기 바란다. 안 그러면 친구만 없는 게 아니라 머리도 없어 보인다.

10 다시 한번 얘기하지만, 연대순으로 나열되어 있다. 이후에 나오는 모든 목록도 마찬가지 다. 또다시 각주를 달지 않기 위해 말한다.

◎ 〈돈 후안〉 Op.20 리하르트 슈트라우스

◎ 교향곡 9번 E단조 Op.95 '신세계로부터' 드보르자크

◎ 교향곡 3번 D장조 구스타프 말러

◎ 교향곡 5번 D단조 Op.47 드미트리 쇼스타코비치

◎ 현악 오케스트라를 위한 디베르티멘토 Sz.113 버르토크 벨러

◎ 관현악을 위한 협주곡 비톨트 루토스와프스키

◎ 〈바다가 되다〉 존 루서 애덤스

꼭 알아야 할 몇 개의 콘체르토(외로움을 즐긴다면 '콘체르티')

◎ 협주곡 4번 F단조 Op.8 RV 297 '겨울' 비발디

◎ 두 대의 바이올린을 위한 협주곡 D단조 BWV 1043 바흐

◎ 피아노 협주곡 23번 A장조 K.488 모차르트

◎ 바이올린 협주곡 D장조 Op.61 베토벤

◎ 피아노 협주곡 5번 E♭장조 Op.73 '황제' 베토벤

◎ 바이올린 협주곡 E단조 Op.64 멘델스존

◎ 피아노 협주곡 1번 B♭단조 Op.23 차이콥스키

◎ 첼로 협주곡 B단조 Op.104 드보르자크

◎ 바이올린 협주곡 D단조 Op.47 잔 시벨리우스

◎ 첼로 협주곡 Op.85 에드워드 엘가

◎ 피아노 협주곡 1번 D♭장조 Op.10 세르게이 프로코피예프

◎ 바이올린 협주곡 2번 G단조 Op.63 세르게이 프로코피예프

오페라와 발레 감상

오페라곡과 발레곡도 속성은 관현악적이다. 이때의 오케스

트라는 대개 정규 편성(작곡 시기에 따라 정의됨)이지만 현악기 수가 적다. 공연할 때 오케스트라가 그다지 넓지 않은 피트에 들어가 있어야 하기 때문이다.

피트란 무대와 객석 사이에 움푹 파인 공간을 말한다. 지휘자의 머리와 팔은 튀어나와서 그가[11] 관객의 시야를 가리지 않고 가수들을 지휘할 수 있게 되어 있다. 틈틈이 술을 마시고 싶은 사람에게는 훌륭한 장소지만, 폐소공포증이 있거나 자존감이 부족한 사람에게는 그렇게 훌륭한 곳이 아니다. 피트에 들어가는 일은 나에게 언제나 두 갈래 감정을 일으켰다. 어두운 구덩이에 세 시간을 처박혀서 공연의 스타들이 첨단 조명 속에 관객의 갈채를 받는 모습을 보는 일은 별로 영광스러운 감정을 일으키지 않는다. 하지만 피트에는 익명성의 아늑함이 있고, 특히 공연 중간에 토할까 봐 걱정되는 사람에게는 편안한 공간이다.

내가 관객이 되었을 때 이 두 서브 장르에 대한 마음은 다소 복잡하다. 오페라와 발레곡 중에는 클래식 음악 전체에서 손꼽히는 명곡들이 있고, 음악과 무대 세트와 의상과 플롯이 결합한 마법 때문에 나는 직업적 까다로움을 잊어버린다.[12] 나는 예전부터 교향곡보다 오페라나 발레 공연 관람이 훨씬 더 좋았다. 하지만 3장에서 말했듯이 이제 클래식 업계 사람들이 고정

---

11 나는 여기 'he'라는 단어를 썼다. 높은 보수를 받는 지휘자 중 여자는 5퍼센트 정도에 불과하기 때문이다. 앞으로 이 분야에 발전이 있어서 개정판을 낼 때는 고쳐 쓸 수 있기를 바란다.

12 하지만 장식 없는 미니멀한 연출의 공연에서도 스토리로 인해 몰입된다.

관념에서 빠져나와 전통적 콘서트 형식을 바꾸는 시도를 많이 하기 때문에, 오늘날은 교향곡에도 (때로는 아주 멋진) 시각적 요소가 곁들여진다.

오페라와 다른 대형 관현악 작품의 주요한 차이 두 가지는 가수와 구조다. 가수는 오페라의 핵심으로, 입문자들은 보통 두 부류로 나뉜다. 내가 싫어하면서도 자주 언급하는 영화 「귀여운 여인」에서 리처드 기어는 "오페라를 처음 보는 사람들의 반응은 극단적이다. 아주 좋아하거나 아주 싫어하거나"라고 말한다. 나는 이 말에 완전히 동의하지는 않는다. 나는 오페라에 처음 가서 잠든 사람도 많이 알고, 혼란과 흥미를 동시에 느낀 사람도 많이 안다. 그것은 오페라 작품이 무엇인지와 연출을 어떻게 했느냐에 따라 달라진다.

그럼에도 리처드 기어의 말에 동의하는 부분도 있다. 소프라노와 테너의 소리를 사랑하게 되는 사람들도 있고, 그 소리의 음색, 엄청난 성량, 그리고 사람이 평소에 내는 소리와 너무도 다른 소리에 극복할 수 없는 거부감을 느끼는 사람들도 있기 때문이다.[13] 여러분이 어느 쪽에 속할지 몰라도 오페라 가수들의 노래를 한번 제대로 들어보기를 권한다. 뛰어난 오페라 가수들은 클래식 음악계가 자랑하는 매력적인 음악가들이다.

그에 비해 발레 댄서는 보기에는 아름답지만 이따금 들리는

---

13 우리 아빠가 해준 이스트먼 음대의 한 소프라노 이야기가 있다. 그녀는 유명 미인 대회의 우승자이기도 했는데, 어느 날 밤 괴한에게 공격을 받자 그 남자의 귀에 높은 도 음을 날려 반격했다는 이야기다. 남자가 실신하면서 여자는 위기를 모면했고, 남자는 여자의 노랫소리에 모여든 사람들 덕분에 체포되었다고 한다.

포인트 슈즈의 따닥거리는 소리 말고는 발레의 소리에 기여하는 바가 없고, 음악적으로 볼 때 발레곡과 교향곡의 진정한 차이는 구조뿐이다.

곡의 구조는 오페라와 발레가 비슷하다. 두 장르는 전통적으로 오케스트라만으로 이루어진 서곡으로 시작한다. 서곡은 작품의 음악적 주제 또는 이야기의 분위기를 전하거나 두 가지를 다 전한다. 그런 뒤 음악은 아리아 또는 춤들이 연결되어 한 막 한 막을 이루고, 작품 전체의 흐름은 리브레토(대본) 또는 서사의 극적 구조를 따라간다. 영화음악과도 비슷하지만 오페라와 발레에서는 음악이 대사 역할도 하기 때문에 훨씬 중요하다.[14]

실제로 오페라에는 음악적인 대화도 따로 있어서 이것을 '레치타티보'라고 한다. 레치타티보는 엄격한 형식의 아리아는 할 수 없는 방식으로 스토리 라인을 진행시키는 유연하고 선율이 비교적 약한 부분이다. 음악을 모르던 내 전 남자 친구 한 명은 오페라에서 등장인물들이 폐에 칼을 맞고도 이제 죽는다고 10분 동안 노래한 뒤에 쓰러지는 게 싫다고 했다. 정확히 어떤 작품인지는 밝히지 못했지만(굳이 추궁해 묻지도 않았다. 그런 식의 오페라가 많기 때문이다) 그의 불만은 레치타티보가 아니라 주로 아리아에 대한 것이었을 것이다. 아리아는 대개 시간 속에 얼어붙은 한순간이다. 그것은 특정한 한두 개의 사건이나 감정을 표현하는데, 가사가 평범한 연극 대사처럼 진행되지 않는다. 대신 등장인물의 심리나 감정의 깊이를 표현할 수 있도록 똑같

---

14 영화음악의 중요성을 무시하는 것이 아니다. 「사이코」를 음 소거 상태로 하고 배리 매닐로의 노래를 틀어놓고서 보면 느낌이 전혀 달라질 것이다.

베르디의 오페라 〈에루살렘〉에서 주연을 맡은 질베르 뒤프레. '하이 C', 즉 높은 도음은 테너가 낼 수 있는 최고 음역이라 불린다. 뒤프레는 높은 도음을 팔세토 창법으로 부르던 다른 테너들과 달리 처음으로 흉성을 사용해 전달하면서 음악사에 이름을 남겼다.

은 말이 여러 차례 반복된다. 팝송에도 이런 일이 많지만, 아리아는 극이 이어지는 중간에 나와서 어색한 느낌을 주는 것 같다. 반면 레치타티보는 정상적인 대화와 비슷한 템포로 진행되고, 이에 맞추어 배경이 되는 음악도 화성이나 구조가 강하지 않다. 그러니까 관객들이 오페라 극장을 떠날 때 레치타티보를 흥얼거리게 되지는 않는다.

레치타티보의 대본은 대략 이런 식이다.

A: 해결됐나?

B: 진행되고 있어.

A: 어떻게? 자객을 보냈나?

B: 고추장으로.

A: 고추장! 맞아! 그는 독일인이지!

B: 매운 고추장에 그의 위가 얼얼해질 거야. 그리고 확실히 하기 위해 비소도 약간 섞었지.

A: 쓴맛이 나지는 않을까?

B: 매운맛이 가려줄 거야.

A: 매운 양념 때문에 그가 거부하지 않을까?

B: 동독 출신의 부모님이 그를 강하게 키웠어. 어린 시절에 음식을 남기면 해가 안 뜬다고 배웠지. 독이라도 먹을 거야.

A: 하! 천하의 바보로군. 그런데 고추장을 어떤 요리에 넣었지? 카레 소시지?

B: 떡볶이.

A: 안 돼!

B: 왜 그래? 당신 얼굴이 창백해졌어.

A: 떡볶이! 아까 부엌에서 봤는데—

B: 설마…?

A: 아아! 난 배가 고팠어! 그리고 나는 떡볶이를 좋아한다고.

B: 아, 내 사랑! 이건 다 내 잘못이야!

보다시피 위의 대사에 특별한 리듬이나 운율은 없다. 아리아는 다르다. 아리아의 가사는 대략 이렇다.

아, 떡볶이로 죽다니—

이토록 달콤한 고통이 있을까.

고추의 매운맛에 속아

애인의 손에 목숨을 잃는구나.[15]

아리아의 형식에 따라 위의 섹션에 이어 다른 가사와 음악으로 이루어진 B섹션이 나오다가 다시 이 가사가 반복될 수도 있다. 때로는 두 번 이상 반복되고, 특정 부분은 더욱 여러 번 반복될 수도 있다. 그래서 아리아가 끝날 때까지 "아, 떡볶이로 죽다니" 하는 가사가 오페라 극장 자막 화면을 대여섯 번 지나갈 수도 있다.[16]

발레는 연속성보다는 에피소드적 특징이 강하다. 레치타티보가 필요 없기 때문에 별다른 연결점 없이 한 장면에서 다음 장면으로 건너뛰는 일이 흔하고 그 사이에 박수도 많이 친다. 말하자면 하나의 이야기를 전달하는 여러 장면들의 묶음과 비슷하다.

사실 바로크 시대와 고전주의 시대에 발레는 긴 오페라의 틀 안에 있는 하나의 단편이었다. 독립적이고 완전한 실체로서의 발레는 낭만주의 시대에 이르러서야 등장했다.

꼭 알아야 할 오페라들

◎ 〈리날도〉 헨델

　시간이 없어서 아리아 한 곡만 들어야 한다면: '울게 하소서'

◎ 〈이집트의 줄리오 체사레〉 헨델

　아리아: '나의 운명을 위해 눈물을 흘리리'

15　내가 시인이라고는 말하지 않았다.

16　만약 내가 자막을 맡는다면 한 번에 한 줄씩 띄우지 않고 아리아 전체의 가사를 한꺼번에 띄울 것이다.

◎ 〈피가로의 결혼〉[17] 모차르트

   아리아: '나는 몰라요, 내가 누구인지, 뭘 하는지

◎ 〈돈 조반니〉 모차르트

   아리아: '누구의 짓인지 그대는 알리'

◎ 〈마술피리〉 모차르트

   아리아: '오 이시스와 오시리스 신이시여'

◎ 〈라 트라비아타〉 주세페 베르디

   아리아: '언제나 자유롭게'

◎ 〈트리스탄과 이졸데〉 리하르트 바그너[18]

   발췌: 서곡

◎ 〈카르멘〉 조르주 비제

   아리아: '세기디야'

◎ 〈장미의 기사〉 리하르트 슈트라우스

   아리아: 마지막 삼중창

◎ 〈투란도트〉 자코모 푸치니

   아리아: '아무도 잠들지 말라'

◎ 〈나사의 회전〉 벤저민 브리튼

   아리아: '타워 장면'

◎ 〈중국에 간 닉슨〉 존 애덤스

   발췌: '뉴스'

◎ 〈이룰 수 없는 사랑〉 카이야 사리아호

---

17 앞쪽 목록에 이미 있지만 여기에도 넣어야 한다.

18 재수 없는 놈이라고 내가 말했던가?

아리아: '펠랭의 아리아'

꼭 알아야 할 발레곡들

◎ 〈백조의 호수〉 차이콥스키

◎ 〈잠자는 숲속의 미녀〉 차이콥스키

◎ 〈호두까기 인형〉 차이콥스키

◎ 〈다프니스와 클로에〉 모리스 라벨

◎ 〈불새〉 이고리 스트라빈스키

◎ 〈봄의 제전〉 이고리 스트라빈스키

◎ 〈로미오와 줄리엣〉 세르게이 프로코피예프

◎ 〈애팔래치아의 봄〉 에런 코플런드

참고: 프로코피예프, 라벨, 스트라빈스키는 각각 〈로미오와 줄리엣〉, 〈다프니스와 클로에〉, 〈불새〉를 위한 콘서트 모음곡을 여러 곡 썼다. 그것들은 이 발레곡 각각의 하이라이트 모음 같은 것이다. 실제 발레 공연에 가지 않고도 (또는 두 시간의 음악 중에 때로 끼어드는 시간 때우기용 같은 부분을 건너뛰고) 음악을 듣고자 하는 사람들에게 안성맞춤이다. 그들을 위해서 나는 이 모든 작품의 두 번째 모음곡을 추천한다. 그러니까 〈다프니스와 클로에〉 모음곡 2번, 〈로미오와 줄리엣〉 모음곡 2번, 그리고 〈불새〉 모음곡의 두 번째 판인 1919년 개정본을 말한다. (차이콥스키 발레곡들도 모음곡이 있지만 그것은 차이콥스키와는 큰 상관이 없다고도 볼 수 있다. 그가 죽은 뒤에야 나왔기 때문이다.)

1892년 12월 18일 마린스키 극장에서 「호두까기 인형」이 초연되었다. 이후 이 발레는 130년 넘게 스테디셀러가 되었지만 초연의 반응은 미지근했다. 비평가들은 균형이 깨진 대본과 무질서한 안무를 비판했는데 그 와중에도 차이콥스키의 음악을 두고는 대부분 찬사를 보냈다.

합창곡

합창곡에 대해 글을 쓰려고 할 때마다 나는 에릭 휘태커의 얼굴을 찬양하게 되고 만다. 이것은 잘못된 일이다. 뛰어난 성취를 이룬 사람의 진정한 가치를 깎아내리는 일이다.[19] 하지만 이런 일은 내가 몇 년 전에 받은 충격 때문이다. 나는 이 유명한 합창곡 작곡가가 내가 상상하던 통풍에 시달리는 90세 할아버지가 아니라 비교적 젊은 나이에, 「로스트」의 소이어가 '낮에는 미술품 컬렉터/밤에는 신사 도둑'이라는 캐릭터로 변모한 것 같은 모습인 것에 깜짝 놀랐다. 이 때문에, 그리고 합창곡의

---

19 합창곡에 대한 부당한 무시도 마찬가지다. 합창곡 역시 제대로 인정받고 칭찬받을 가치가 있다.

세계가 사실상 독자적인 우주라는 사실 때문에 나는 여기에 합창-오케스트라 음악만을 다루겠다. 에릭 휘태커의 턱선에 대한 60쪽짜리 논문을 읽고 싶은 사람은 없을 테니.[20]

클래식 음악에서 합창 오케스트라 작품이 중요한 역할을 하는 분야는 미사곡, 칸타타, 오라토리오, 레퀴엠이다. 이 작품들은 각기 다양한 방식으로 오페라와 비슷한 스토리 라인이 있고, 독창자들이 있고, 때로는 레치타티보도 있다. 하지만 대부분 종교(기독교) 음악이라서 대체로 무대 연출 없이 공연된다.

간단히 말해서 오케스트라 구성은 오페라와 같지만, 장엄한 합창이 많고 재미도 약간 덜하다. 그러나 황홀감, 카타르시스, 정화감 등을 주고, 또 오케스트라가 가수와 함께 무대에 오른다는 (또는 교회에 들어간다는) 점은 좋다.

사실 나는 이런 음악으로 인생이 바뀔 뻔한 경험을 했다. 고등학교 시절 우리 학교 오케스트라와 합창단이 몬트리올로 투어를 가서[21] 노트르담 대성당에서 바흐의 〈마태 수난곡〉을 연주했다. 그렇게 장엄한 공간에서 그런 음악을 연주하고 듣는 일이 너무 감동적이어서 나의 무신론이 흔들리기 시작했다. 그런데 드레스가 너무 조였고, 토할 것 같은 느낌에 정서적으로 미성숙한 옆자리 파트너에게 몰래 지퍼를 내려달라고 했다. 그리고 그러기 위해 테너 뒤로 숨었는데 그때 그 아이가 어찌나 키득거렸는지 일이 끝났을 때 경건한 느낌은 다 사라지고 말았다.

---

20 하지만 진지하게, 이분의 이름을 검색해 보기를 권한다.

21 정말로 몬트리올은 내 인생을 변화시키는 장소인 것 같다.

어쨌건 이 분야의 음악은 바로크 시대의 레퍼토리 중에 가장 중요했다. 내가 위에 바흐를 말했지만(바흐는 오늘날까지 연주하는 미사곡, 칸타타, 오라토리오의 대부분을 작곡했다) 일반 대중에게 가장 잘 알려진 것은 헨델의 〈메시아〉다.

〈메시아〉는 물론 훌륭하고 중요한 작품이다. 그러나 안타깝게도 나는 할렐루야 합창이 크리스마스 광고(미식축구 경기 중에 나오는 칠면조 광고와 스웨터 및 자동차 겨울 세일 광고)에 너무 많이 나와서 광고 음악과 구별이 되지 않는다. 또 역사상 가장 스펙터클한 공연 실패 사례 하나는 〈메시아〉 공연의 마지막 대목에서 일어났다. 오르간 연주자가 엉뚱한 음전을 당겼는지 건반 위에서 기절했는지 내가 평생 들은 가장 괴상망측한 소리가 났다. 나는 그것을 유튜브에서 천 번은 들었고, 이제 그 마지막 대목에 이르면 실패한 공연의 고약한 불협화음만 들린다.

헨델의 〈메시아〉 말고 다른 몇 개의 합창 오케스트라 작품

◎ 〈하느님의 시간이 최상의 시간이로다〉 BWV 106 '비극적 행위' 바흐

◎ 〈마태 수난곡〉 BWV 244 바흐

◎ 미사곡 B단조 BWV 232 바흐

◎ 레퀴엠 D단조 K.626 모차르트

◎ 미사 솔렘니스 D장조 Op.123 베토벤

◎ 〈독일 레퀴엠〉 Op. 45 브람스

◎ 〈레퀴엠 미사〉 주세페 베르디

◎ 레퀴엠 Op.48 가브리엘 포레

1907년에 그려진 삽화에서 헨델이 성가대 소년들을 모아 〈메시아〉를 연습시키고 있다. 삽화에서 헨델이 소년에게 따진다. "자네가 악보를 딱 보면 부를 수 있다고 말하지 않았나!" 소년이 억울해하며 대답한다. "그랬죠. 그렇지만 한 번 보자마자는 무리입니다요."

참고: 이 모든 레퀴엠은 일반적으로 각각 '모차르트 레퀴엠', '브람스 레퀴엠', '베르디 레퀴엠', '포레 레퀴엠'이라고 부른다.

헨델의 〈메시아〉 중에 (내가 볼 때) 할렐루야 합창보다 훨씬 좋은 부분들

◎ '나의 주님은 살아 계시네'

◎ '나팔이 울리리라'

◎ '존귀한 어린 양'

◎ '우리는 양과 같이 길을 잃었네*All We, Like Sheep, Have Gone Astray*'(하지만 듣다 보면 무대 가득한 사람들이 "우리는 양을 좋아해*we like sheep*"라고 노래하는 것처럼 들린다.)

실내악

　실내악은 아주 넓은 범위의 음악을 가리키고, 공통점은 지휘자가 없다는 것이다. 그러니까 내가 이 종류의 음악을 가장 연주하기 좋아하는 것도 당연한 일이다. 그뿐 아니라 나는 이 음악을 듣는 것도 보는 것도 좋아한다. 시각적으로도 연주자들 간의 호흡이 눈에 보여서 교향곡 공연처럼 지루하지 않다.

　실내악은 파트별로 연주자가 한 명씩 있는 작은 앙상블용 음악으로, 연주자들의 뉘앙스와 개성을 잘 들을 수 있는 작은 살롱이나 응접실 공연을 목적으로 한다. 하지만 표준 레퍼토리에서 앙상블의 크기는 2중주(두 명의 연주자)에서 8중주(여덟 명의 연주자)까지 다양하다. 다양한 악기 편성이 가능하기 때문에 어떤 음악을 듣게 될지 알고 싶다면 라틴어 어원을 숙지하고 프로그램 해설을 읽는 것이 중요하다.[22]

　가장 유명한 편성은 현악 4중주다. 바이올린 두 대, 비올라 한 대, 첼로 한 대가 이루는 자연스러운 균형과 조화는 무적이다. 4중주 레퍼토리가 그렇게 방대한 것은 이 조화, '완벽한 조합'의 잠재력 때문이다.[23] 그리고 이 조화의 잠재력과 방대한 레퍼토리 때문에 전문적 현악 4중주단도 무척이나 많다.[24]

　이런 4중주단들(이 구성으로 전업 활동을 하고 함께 이동하고 매

22　2중주(duo), 3중주(trio), 4중주(quartet), 5중주(quintet), 6중주(sextet), 7중주(septet), 8중주(octet) 등의 용어는 모두 라틴어 어원에서 기원했다.—옮긴이

23　하이든은 68편의 현악 4중주를 작곡했고, 모차르트는 23편을 작곡했으며, 베토벤은 16곡을 남겼다. 고전주의 시대만 따져도 그렇다.

일 몇 시간씩 함께 연습하는)은 영화나 텔레비전에서 서로 싸우고 음모를 꾸미고 하는 모습으로 자주 나온다. 실제로 그들은 스크린 위의 모습처럼 잔학하고 복수심에 불타지는 않지만(만약 그렇다면 이 세상에 살아남은 제1바이올리니스트는 별로 없을 것이다) 이런 전설에 아무런 근거가 없는 것은 아니다. 여기서 사실에 부합하는 것은 대부분의 4중주단은 그만한 강도와 압박 속에 일하는 모든 소집단이 그렇듯 상당한 긴장을 안고 있다는 것이다. 둘 이상의 연주자가 로맨스에 휩싸이는 일도 드물지 않다. 하지만 사실에 부합하지 않는 것은 제2바이올리니스트가 대체로 마음속에 반감과 원망을 품고 있고, 기술적으로도 제1바이올리니스트에게 뒤떨어진다는 것이다. 최고 수준의 4중주단은 연주자 네 명이 모두 뛰어나다. 그리고 누가 어떤 파트를 맡느냐는 능력이 아니라 두 바이올리니스트의 소리가 앙상블의 나머지 부분과 어떻게 어울리느냐에 따라(오케스트라의 경우에는 어떤 자리가 비느냐에 따라) 결정된다. 4중주를 들을 때 제1바이올린보다 제2바이올린의 연주가 더 좋은 경우도 많고, 그리 많지는 않지만 바이올리니스트 중에는 제2바이올린의 좀 더 협력적인 역할을 좋아하는 이들도 있다. 많은 4중주단이 두 바이올리니스트의 위치를 계속 바꾸어서 누구도 부차적인 역할에 오래 머물지 않게 한다.

현악 4중주 다음으로 인기 있는 포맷은 듀오 소나타(피아노

---

24 이 중에 클리블랜드, 에머슨, 줄리아드, 과르네리 콰르텟이 가장 유명하다. 여기에 나는 콜더 콰르텟, 에스커 콰르텟, 크로노스 콰르텟, 에벤 콰르텟도 더하고 싶다. 하지만 그들 외에도 오늘날 세계적 수준의 연주를 하는 4중주단은 놀라울 만큼 많다.

와 다른 악기)와 피아노 트리오(피아노, 바이올린, 첼로)다. 상설 듀오와 피아노 트리오도 꽤 많지만 현악 4중주단만큼 유명한 앙상블이 많지는 않다. 상설 트리오는 유명 독주자(다니엘 바렌보임, 핀커스 주커만, 자클린 뒤 프레, 또는 에마누엘 액스, 레오니다스 카바코스, 요요마 같은)들로 구성되는 경우가 많다. 트리오는 좀 더 개인적이고 연습 시간이 덜 필요해서 개별적인 이동과 공연 스케줄을 가진 세 사람이 함께 하기에 이상적이기 때문이다.

실제로 음악 페스티벌이나 실내악 시리즈 공연 때에는 한 번도 만난 적 없는 연주자들이 공연이 있는 그 주에 처음 만나서 (물론 각각 자기 파트를 따로 연습한 뒤에) 며칠 동안 호흡을 맞추고 공연하는 일도 많다. 때로는 그 결과가 아주 훌륭해서 관객들에게 짜릿하고 고급스러운 난교 파티를 보는 듯한 느낌을 안겨준다. 하지만 어떤 경우에는 이 사람들이 과거에 모이지 않았던 것은 다 이유가 있었다고, 페스티벌 감독이 그 이유를 존중했다면 이런 어색한 앙상블을 내놓지 않았을 거라고 느낄 때도 있다.

실내악의 뛰어난 사례들
◎ 피아노와 바이올린을 위한 소나타 21번 E단조 K.304 모차르트
◎ 두 대의 피아노를 위한 소나타 D장조 K.448 모차르트
◎ 피아노 3중주 D장조 Op.70 1번 '유령' 베토벤
◎ 현악 4중주 11번 F단조 Op.95 '세리오소' 베토벤

◎ '마왕' Op.1 D.328 슈베르트

◎ 현악 4중주 14번 D단조 D.810 '죽음과 소녀' 슈베르트

◎ 현악 8중주 E♭장조 Op.20 멘델스존

◎ 〈시인의 사랑〉 Op.48 로베르트 슈만

◎ 피아노 4중주 E♭장조 Op.47 로베르트 슈만

◎ 피아노 4중주 1번 G단조 Op.25 브람스

◎ 피아노 3중주 A단조 Op.50 차이콥스키

◎ 바이올린 소나타 2번 A장조 Op.100 브람스

◎ 현악 4중주 F장조 모리스 라벨

◎ 현악 4중주 8번 C단조 Op.110 드미트리 쇼스타코비치

◎ 피아노 3중주와 현악 4중주를 위한 7중주 엘런 테이프 즈윌릭

독주곡

독주곡은 한 명의 연주자 또는 주요 연주자를 위해 작곡한 곡이다. 어떤 악기건 대체로 이 독주곡이 기술적으로 가장 어렵고, 연주자의 개인 레슨도 대개 이런 작품을 중심으로 이루어진다.

피아노의 경우 독주 레퍼토리는 협주곡 아니면 피아노만을 위한 곡으로 나뉜다. 후자에는 소나타, 즉흥곡, 간주곡, 야상곡, 그리고 온갖 구조와 길이의 다양한 작품들이 있다. 피아노 독주 음악(정말로 피아노 한 대만 연주하는)은 레퍼토리의 방대함과 전체 소리의 풍성함이 다른 독주곡들과 비교가 되지 않는다.

현악기의 경우에는 협주곡이 있고(이 이야기는 교향곡 부분에서 약간 다루었다), 바이올린만 연주하는 소수의 작품, 그리고 바이올린 연주와 피아노 반주로 이루어지는 많은 작품이 있다.

바이올린과 피아노의 조합이 때로는 실내악 앙상블로 분류되고 때로는 독주곡으로 분류된다는 사실은 분명 혼란스럽다. 하지만 이 두 가지는 피아노를 사용하는 방법이 다르다. 그러니까 바이올린과 피아노의 '소나타'는 두 악기가 대등한 파트너다. 같은 멜로디를 연주하고 번갈아 반주 역할을 하며 해석에서도 협력한다. 양쪽은 공동 주연이다. 하지만 바이올린 중심의 '독주곡showpiece' 작품에서 피아노는 영화의 오프닝 신에서 죽고도 이후 이발소 손님으로 한 번, 그다음에 주인공이 길에서 지나치는 거리의 철학자로 또 한 번 등장하는 무명 엑스트라와 좀 더 비슷하다(영화를 핏케언섬[25]이나 인구 50명의 아무 지역에서 극도의 저예산으로 촬영한다면 이런 일이 있을 수 있다).

이 차이를 확실히 알려면 공연 때 각 연주자의 인사 장면만 봐도 된다. 나는 소나타 연주가 끝나면 피아니스트가 일어나서 나와 함께 무대 앞에 설 때까지 기다리라고 배웠다. 그런 뒤에 둘이 함께 인사하고 함께 나가고 함께 다시 들어오고 또 함께 인사하고, 박수가 계속되는 동안 그렇게 모든 것을 함께 한다. 하지만 독주와 반주로 이루어진 공연이 끝나면 혼자 인사하고 (관객들이 박수를 치는 동안 여러 차례 계속), 그런 뒤 19세기 말 귀

---

25 고독을 사랑하는 사람이라면 '콘체르티'라는 말을 쓰는 대신 이런 곳으로 이사하는 것도 좋다.

오르간을 연주하고 있는 세자르 프랑크. 그는 말년에 바이올리니스트 외젠 이자이에게 결혼 선물로 〈바이올린 소나타 A장조〉를 헌정한다. 이 걸작은 바이올리니스트가 자신의 기량을 뽐낼 수 있는 요소들을 갖고 있어 바이올리니스트들이 특히 선호하는 곡으로 꼽힌다.

족처럼 우아한 태도로 피아니스트를 가리킨다. 피아니스트가 마치 내가 정신적 안정을 위해 늘 데리고 다니지만 누군가 하인이 한 명 더 필요한 경우가 아니면 굳이 세상에 드러내지 않는 시종인 것처럼.

이런 일은 해당 피아니스트의 능력과는 아무 상관이 없다. 같은 피아니스트가 소나타도 연주하고 쇼피스의 반주도 할 수 있다. 차이점은 작품이 피아노를 사용하는 방식뿐이다. 그리고 나는 언제나 피아니스트도 일어나서 함께 인사하게 했다. 안 그러는 게 너무 이상하기 때문이다.

한 사람만 연주한다는 의미에서의 진정한 독주곡은 피아노 외의 악기에는 그렇게 흔하지 않다. 연주자로서 나는 이런 독주곡을 연주할 때면 불안했고 나만 그런 건 아니었다. 독주곡은 미인대회의 수영복 심사와 같다. 여기서는 몸 대신에 해석과 기억력과 소리가 전시된다. 현악기 연주자는 뒤로 숨을 두 터운 화성도 없고(예외는 내가 만들어낼까 걱정되는 화성뿐이다), 피아노의 많은 음정이 일으키는 잔존 공명도 없다. 그리고 악 보를 기억하게 도와주는 외부의 힌트도 없다. 오직 연주자와 악기, 그리고 공연 내내 연주자 머릿속에서 아무 도움 안 되는 비판을 날려대는 내면의 평론가뿐이다.

바흐의 바이올린 독주 소나타와 파르티타들은 바이올린의 기본 레퍼토리에 속하는데, 특히 위험한 것으로 악명 높다. 이 작품들은 항상 악보 없이 연주하는데 정신적 지뢰가 한가득이 다. 나는 어느 파르티타를 연주하다 중간에 머릿속이 꼬이면서 전혀 다른 파르티타로 끝낸 사람들의 이야기를 들었고, 한 유 명 바이올리니스트가 악명 높은 샤콘을 연주하다가 잘못된 회 로에 갇혀서 곡의 도입부로 자꾸 돌아가는 고통스러운 연주회 를 직접 보기도 했다. 그 바이올리니스트는 결국 전반부를 세 번 연주한 뒤 즉석에서 마무리를 만들어내는 방식으로 난국을 벗어났고, 그것은 완벽한 연주보다 더 감동적이었다. 연주자의 침착함 덕분에 관객 중에 실수를 알아챈 사람은 거의 없었다.

샤콘과 그 더러운 (하지만 아름다운) 친구들인 독주 현악곡들

◎ 바이올린 파르티타 2번 D단조 BWV 1004[26] 바흐

◎ 첼로 모음곡 2번 D단조 BWV 1008 바흐

◎ 독주 바이올린을 위한 24곡의 카프리스 파가니

---

26 샤콘은 다섯 번째이자 마지막 악장이다.

◎ 슈베르트의 '마왕'에 토대한 그랑 카프리스 Op.26 하인리히
빌헬름 에른스트

◎ 독주 비올라를 위한 소나타 Op.25 no.1 파울 힌데미트

◎ 독주 바이올린을 위한 소나타 Op.27 no.2 '자크 티보' 외젠
이자이

하지만 원조인 독주 피아노곡이 훨씬 많다

◎ 피아노 소나타 13번 B♭장조 K.333 모차르트

◎ 피아노 소나타 14번 C#단조 Op.27 no.2 '월광' 베토벤

◎ 피아노 소나타 21번 C장조 Op.53 '발트슈타인' 베토벤

◎ 〈크레이슬레리아나〉 Op.16 슈만

◎ 24개의 전주곡 Op.28 쇼팽

◎ 〈베르가마스크 모음곡〉 드뷔시

◎ 24개의 니그로 선율 Op.59 새뮤얼 콜리지 테일러

◎ 〈밤의 가스파르〉 M.55 모리스 라벨

◎ 〈루마니아 포크댄스〉 Sz.56 버르토크 벨러

◎ 피아노 소나타 2번 피에르 불레즈

그리고 재미있어서, 또 오르간은 피아노하고 거의 비슷해서

◎ 토카타와 푸가 D단조 BWV 565 바흐

시종, 즉 반주가 있는 독주곡

◎ 〈서주와 론도 카프리치오소 A단조〉 Op.28 카미유 생상스

◎ 〈집시의 노래〉 Op.20 파블로 데 사라사테

◎ 〈카르멘 환상곡〉 Op.25 파블로 데 사라사테

◎ 〈나바라〉 Op.33 파블로 데 사라사테

◎ 〈치간〉 모리스 라벨

◎ 〈카르멘 환상곡〉 프란츠 왁스만

참고: 사라사테와 왁스만의 〈카르멘 환상곡〉은 둘 다 오페라 〈카르멘〉의 주제곡을 기반으로 한다.

마임

나는 언제나 즉흥 연주에 약했고, 그래서 그 바이올리니스트가 샤콘 지옥에서 우아하게 빠져나온 일에 그렇게 깊은 인상을 받았다.

어렸을 때는 고전주의 방식으로 그저 그런 작품들을 즉석에서 만들어낼 수 있었다. 하지만 첫째, 그 일은 내가 혼자 있을 때만 할 수 있었고, 그래서 이미 쓸모없는 기술이 더욱더 쓸모없었다. 그리고 둘째, 그런 경우에 나는 창작을 한다기보다 대개 흉내를 내는 것이었다.

즉흥 연주는 클래식 바이올리니스트에게 필요한 기술이 아니다. (앞서 언급한 그 바이올리니스트의 경우가 아니라면.) 보티 투어에서는 유용했을 것이다. 다른 사람들은 모두 즉흥 연주가 가능했고, 늘 즉흥 연주를 했다. 처음에는 그것이 당황스러웠다. 나는 공연을 망치고 싶지 않아서 다른 작품들을 대할 때와 똑같이 내 파트를 다 적고 음과 음반을 연구한 뒤(클래식 음악계에서는 그렇게 하니까), 모두가 확실하고 일관된 방식으로 연주하리라고 예상하고 무대에 올랐다.

사실 첫 공연 때 보티의 밴드는 내게 너그러웠다. 내가 준비할 시간이 며칠뿐이었다는 걸 알았기 때문이다. 하지만 내가 어느 정도 전체 지형도를 파악하자 그들은 곧바로 즉흥 연주에 돌입했다. 내가 머릿속에 그린 지도는 유동적이 되었고, 나는 그렇게 움직이는 부분들에 익숙해졌다. 그럼에도 내가 즉흥 공연에 제대로 참여하지 못한다는 사실, 또 매일 밤 똑같은 음을 연주하는 사람이 나뿐이라는 사실(아무리 즉흥 연주처럼 꾸민다고 해도) 때문에 나는 무언가 가짜가 된 것 같은 느낌이 들었다.

처음 그들과 합주했을 때 나는 준비 부족 때문에 정신이 없어서 공연의 다른 부분을 듣지 못했다. 내가 맡은 곡들을 연주하고 대기실로 돌아오면 공연이 끝날 때까지 내 파트를 연구하며 이번에는 다른 사람들이 옆에서 어떤 황당한 연주를 할까 스트레스를 받았다. 어느 정도 내 역할에 익숙해지자 나는 무대 옆에서 밴드의 음악을 제대로 듣기 시작했다. 그들은 음악적 기교도 훌륭했지만 정말 놀라운 것은 그들의 자유, 편안함, 창의력, 열정이었다. 리치 구즈는 항상 베이스의 가장 중독적인 선율을 찾았다. 빌리 차일즈는 밤마다 나는 꿈도 못 꾸던 소리의 세계를 창조했다. 그것도 즉석에서. 빌리 킬슨은 매일 밤 모든 힘과 에너지를 드럼에 쏟아붓고 땀에 젖어서 무대를 내려왔다.

공연 중 무슨 일이 생겨도 문제를 해결하고 그걸 이용했다. 그들은 웃고 즉흥 변주하고 떠들썩하게 놀았다. 그들의 구조는 방탄 이상이었다. 그들은 내진 설계된 마천루고, 거기에 기본적인 완결성과 공연의 스트레스를 견디는 능력을 갖춘 것 같았다. 반면에 나는 스스로의 뻣뻣함으로 취약해진 돌탑 같았다.

어느 날 밤 나는 주차장에서 음향 담당자 미키와 함께 호텔 셔틀을 기다리고 있었다. 때는 투어 막바지였고, 내가 슈테판과 함께 오페라를 보고 나라는 사람에게 가장 잘 맞는 음악은 언제나 모차르트, 베토벤, 바흐라는 걸 깨달은 뒤였다.

미키는 공연의 숨은 영웅이었다. 모든 악기가 앰프를 사용했는데, 많은 공연장이 음향이 좋지 않은 극장이나 우리 소리를 쉽게 묻어버리는 야외였다. 미키는 그런 환경에서 반향, 선명함, 도달 범위를 키우고, 각각의 소리를 예쁘게 만들고, 그 소리들 사이의 균형을 잡아서 멋진 결과가 나오게 해주었다. 그것은 쉬운 일이 아니었고, 나는 항상 그의 공로가 더 큰 인정을 받아야 한다고 생각했다.

그래서 관객 한 명이 지나가다가 나에게 연주를 칭찬했을 때 나는 "아뇨, 다 미키 덕분이에요. 이분이 사운드를 만들거든요" 하고 대답했다.

나는 이 말에 문제가 있다는 걸 미처 몰랐는데 잠시 후 그 사람이 어색하게 "그래도 동작은 훌륭했어요. 음악이랑 싱크가 잘됐어요" 하고 말했다.

그 사람은 내가 일종의 마임 연기자라고 생각한 것이다. 아니면 자동차 대리점 앞에서 춤을 추는 커다란 풍선 인형이라고. 차이점이라면 반짝이는 드레스를 입고 하이힐을 신었다는 것뿐이었다. 그러니까 내 말은 그 사람으로 하여금 내가 매일 밤 무대에 나가서 웃으며 인사하고 이렇게 저렇게 꼬물거리지만 실제로는 전혀 연주를 하지 않고 흉내만 냈다고 생각하게 만들었다.

재미있는 에피소드로 넘길 수도 있지만 사실 내가 느낀 것도 딱 그랬다. 그 투어에서뿐 아니라 내 바이올린 연주 전체가.

몇 주 후 보티 밴드와 마지막 공연을 했다. 나는 베를린의 에어비앤비를 예약했고, 누구도 서운하지 않도록 슈테판과 여동생의 집 딱 중간 위치를 골랐다. 그리고 한 달 동안 여행 짐을 던져놓고 눈부시게 쉬었다.

10장

음악계를 장식한 세기의 러브 스토리

혹은 금지된 사랑, 삼각관계를 둘러싼 가십거리들

연애 초반에 슈테판과 나의 관계는 시속 200킬로미터로 아우토반을 질주하는 우리 시어머니의 운전과도 비슷했다. 자신이 운전한다면 재미있지만 뒷좌석에 있을 때는 멀미가 이는.

사실 그 일은 우리 둘 모두에게 불편했다. 나는 보티 투어를 하며 처음으로 자유로운 유목민 같은 인생을 즐겼고, 슈테판은 수업, 일, 그리고 '국가고시(두 번에 걸쳐 5시간 동안 7과목을 보는 시험으로, 독일 변호사들의 취업에 중대한 역할을 한다)' 준비에 바빴다. 거기다 감정적 무감각에 빠진 나는 다음 남자 친구는 나보다 나이도 많고 돈도 훨씬 많은 사람이어야 한다고 생각하던 중이었다. 나이도 나보다 두 살 어리고, 거의 50년 동안 (수리하기는커녕) 페인트도 칠하지 않은 아파트에 사는 학생은 아니었다.

하지만 그런 것은 전혀 문제 되지 않았다. 우리는 서로에게 빠졌고, 나는 일곱 살 때 정한 길을 터덜터덜 걷거나 보티 투어 같은 곁다리 프로젝트로 가지 않고 마침내 정말 원하는 것을 발견했다. 그걸 위해서라면 내가 싸움도 불사할 일, 아니면 어쨌건 비행기 값을 많이 날릴 일을.

한번은 일주일 사이에 방콕에서 워싱턴, 베를린을 찍고 뉴욕으로 돌아온 일도 있다. 그것도 메타와 앨범을 녹음하는 중에 그랬다. 나는 지리적 거리가 사소해지고, 수면 시간대가 계속 바뀌고, 돈은 버는 대로 유나이티드 항공에 갖다 바치는 기이하고 붕 뜬 현실 속을 살았다. 하지만 내가 아무리 항공 마일리지 적립에 진심이어도 슈테판과는 몇 주씩 만나지 못하는 일이 많았다. (2020년 전에는 몇 주면 오래 떨어져 있는 것이었다.)

우리가 장거리 연애를 헤쳐나간 방식은 매일 밤 자기 전에 편지를 쓰는 것이었다. 엄청나게 진실하고 무진장 센티멘털한 그때의 연애편지들은 지금 볼 때마다 손발이 오그라들고 눈물도 찔끔 솟는다.[1] 그걸 여기 소개할 생각은 없지만 다른 사람들의 무진장 센티멘털한 러브 레터는 소개할 생각이고, 그 이유는 내가 가끔 슈테판에게「브리저튼」같은 드라마를 보라고 하는 이유와 같다. 나는 사람들에게 그런 힘을 휘두르는 것이 좋다. 또 클래식 장르의 위대한 천재들이 팔도 없고 다리도 없는 석조 흉상이 아니라 욕망과 고통을 아는 살아 숨 쉬는 인간이었음을 실감하는 것도 좋은 일이다.

---

1 슈테판은 우리가 함께한 첫 크리스마스에 그걸 프린트해서 제본했다. 말했다시피 우리는 그렇게 몰상식했다.

돈은 별로 없지만 유명한 사람들의 러브 레터

물론 무진장 센티멘털한 러브 레터를 쓰는 일이 아주 평범한 일이던 시절이 있었다. 사람들은 목욕 횟수보다 러브 레터를 쓰는 횟수가 더 많았다. 그래서 그때 사람들이 대면보다 우편을 선호했는지도 모른다.

하지만 로베르트와 클라라 슈만(음악사에 빛나는 이 두 천재는 헤어져 있던 기간이 아주 길었다)은 분명히 대면 시간을 가졌을 것이다. 목욕을 했건 안 했건.

우리는 2장에서 이미 클라라를 만났다. 피아노 실력으로 괴테를 놀라게 한 두 번째 열두 살짜리 신동, 괴테가 "여섯 명의 소년을 합친 것보다 더 강력하다"라고 말한 대상이었다. 재미있게도 그 여섯 명의 소년 중에는 아마도 클라라의 장래 남편 로베르트 슈만도 쉽게 들어갔을 것이다. 그는 피아니스트가 되고자 했으나 클라라의 연주를 듣고 자신은 예술적, 기술적으로 결코 클라라와 같은 수준이 되지 못할 것을 깨달았다. 다행히 일은 잘 풀렸다. 대신 역사에 빛나는 작곡가가 되었으니까.

이 커플과 관련된 가십적인 사실들은 이렇다.

- 클라라의 아버지 프리드리히 비크는 로베르트를 싫어했다. 그는 로베르트가 "능력 없고 어린애 같고 남자답지 않고 사회성이 부족"하고 또 "게으르고 착실하지 않고 오만하다"고 보았다. "불분명하고 연주도 거의 불가능한 곡을 만드는 그저 그런 작곡가"라고도 했다. (하지만 많은 피아

클라라 슈만이 스물한 살 때의 초상화. 클라라는 10대 시절에 이미 괴테, 멘델스존, 파가니니, 리스트도 찬사를 아끼지 않던 유럽의 일급 피아니스트였다. 가난한 무명 작곡가였던 로베르트 슈만과의 결혼을 반대했던 비크의 입장도 무리는 아니었다.

니스트가 그의 작품을 성공적으로 연주했다. 클라라도 그중 한 명이었다.)

- 로베르트보다 아홉 살 어린 클라라는 열여덟 살 때 그와 약혼했다. 처음 만났을 때는 훨씬 더 어렸다. (하지만 주목할 점은 클라라가 열여섯 살 때에야 두 사람이 첫 키스를 했다는 것이다.)[2]
- 클라라의 아버지는 둘의 관계에 반대해서 3년 동안 두 사람을 만나지 못하게 했다. (이전에도 일 년 반 동안 두 사람을 떼어놓은 적이 있다.)
- 일이 복잡해지고 변호사들이 개입했다.
- 로베르트와 클라라는 서로에게 약 2000통의 연애편지를

---

2   여전히 어린 나이이긴 하지만… 옛날인데?

썼다.

- 그들은 결국 결혼했다.
- 여덟 명의 아이를 낳았다.
- 그리고 클라라의 아버지와 화해했다.
- 이 커플의 시작이 험난했다고 생각한다면 마지막이 어땠는지를 들어보아야 한다.

프리드리히 비크는 딸과 로베르트의 연락을 막는 데 필사적이었다. 클라라를 데리고 장기 콘서트 투어를 하고, 투어 중에는 주변의 잉크병을 모두 없앴다. 그래도 그녀는 밤을 틈타서 몰래 편지를 주고받았다. 그리고 라이프치히에 돌아와서는 그곳의 유명한 게반트하우스 콘서트홀에서 한 귀향 콘서트 프로그램에 로베르트의 교향적 연습곡 네 곡을 넣었다. 이런 로맨틱한 제스처에 로베르트는 곧바로 청혼했고, 청혼과 함께 이들은 두 번째로 결별했다. 그러다 클라라와 로베르트는 마침내 비크와의 소송에서 승리했지만, 그때는 이미 클라라의 나이가 스물한 살이 다 되어 있었다. 그들의 결혼식은 그들이 어쨌건 결혼할 수 있게 되는 날 딱 하루 전에 치러졌지만, 덕분에 그들은 그 24시간 동안 클라라의 아버지에게 항거할 수 있었다.

결별 시기에 두 사람은 각자의 일에 열중했다. 클라라는 주로 콘서트로 바빴다. 그녀가 방해를 뚫고 보낸 편지들에는 왕과 왕비들 앞에서 한 공연의 이야기가 가득하다. 하지만 클라라는 〈로망스〉 Op.11 같은 중요 작품들을 작곡하기도 했다. 세

편의 로망스[3]로 이루어진 이 작품은 어둡고 그늘진 자장가와 정교한 빛의 순간을 넘나든다. 어쩌면 자기 일상을 지배하는 다양한 힘(음악, 로베르트, 아버지)을 반영한 것인지도 모른다.

로베르트는 그 작품에 대해 이렇게 썼다. "네 작품 〈로망스〉를 듣고서 나는 다시 한번 우리가 부부가 되어야 한다고 느꼈어. 너는 나를 작곡가로 완성해 주고 나도 마찬가지야. 내 모든 음악이 네 덕분이듯이 네 모든 생각도 내 영혼에서 나오는 거야."

로베르트는 이 결별의 시기에 유명한 〈크라이슬레리아나〉를 작곡했다. 이것은 E. T. A. 호프만이 창조한 인물 요하네스 크라이슬러(슈만과 성격이 아주 비슷한 천재 작곡가)에게서 영감을 받은 작품이다. 그는 원래 이 곡을 클라라에게 바쳤는데(이것은 큰 영예다. 많은 사람이 이 작품을 그의 최고 명곡으로 꼽기 때문이다), 클라라의 아버지가 난리를 피우는 바람에 헌사의 대상을 쇼팽으로 바꾸었다. 로베르트는 〈환상소곡집〉 Op.12도 작곡했다. 이 성격 소품집의 도입부는 내가 아는 음악들 중 손꼽힐 만큼 따뜻하고 가슴 설레는 음들로 이루어졌다.

클라라와 결혼하기 1년 전인 1840년에 로베르트는 갑자기 노래lied에 빠져서 130곡의 노래를 썼다. 이해를 '리더야르 Liederjahr', 즉 '노래의 해'라고 한다. 그는 자신의 열망과 기대와 감정을 모두 이 곡들에 쏟아부었다.

이 노래 중 내가 가장 좋아하는 것은 〈시인의 사랑〉이다. 이 것은 하인리히 하이네의 「서정적 간주곡」에 나오는 사랑의 시

---

3 19세기 낭만주의 시대에 많이 만들어진 감상적인 사랑 노래.

들에 곡을 붙인 연가곡이다. 이 중에서도 특히 내가 좋아하는 것은 첫 번째 곡 '눈부시게 아름다운 달 5월에'와 일곱 번째 곡 '원망하지 않으리'다. 이것들이 세상 최고로 아름답고 뛰어난 작품이라고는 말하지 않겠지만 이보다 단연 더 아름답고 뛰어나다고 분류할 만한 노래는 듣지 못했다.

'눈부시게 아름다운 달 5월에'는 흔들리는 짧은 피아노 반주로 시작하는데 그 소리는 음악으로 건네는 질문 같다. 피아노가 "언제…?"라고 물으면 노랫소리가 즉시 대답한다. "눈부시게 아름다운 달 5월에*Im wunderschönen Monat Mai*" 하고. 그리고 이 가사와 함께 음악은 도입부의 조성적 불안을 벗어나 따뜻하게 녹아든다. 그리고 거기서 다시 시작한다.

가사는 새싹을 이야기하고(봄에 대한 노래니까), 그 뒤에 "da ist in meinem Herzen / die Liebe aufgegangen"이라는 가사가 이어진다. 이것은 대략 '내 심장 속에 사랑이 솟아오르네'라는 뜻이다. 여기서 음악도 솟아오른다. 음악이 가사의 의미를 반영하고 강화하는 이런 기법을 '가사 그리기'라고 한다. 음악은 두 개의 층에 걸쳐서 차례로 솟아오른다. 첫 번째 층은 'Herzen'(심장)에서 오르고, 더 높은 두 번째 층은 'aufgegangen'(솟아오르네)에서 오른다. 이 효과가 몹시 뛰어나서 독일어를 몰라도 노래의 의미를 이해할 수 있다.

그리고 반복되는 선율이 2절에서도 마술처럼 통한다. 2절도 1절처럼 'im wunderschönen Monat Mai'라는 가사로 시작한다. 그런 뒤 새들(역시, 봄에 대한 노래니까)이 잠깐 언급되고 이어 이런 가사가 나온다. "da hab' ich ihr gestanden / mein

Sehnen und Verlangen". 이것은 대략 '그녀에게 내 동경과 열망을 고백했네'라는 뜻이다.

처음에 '내 심장 속에 사랑이 솟아오르네'라는 가사에 적용되었던 상승하는 선율이 이제 좀 더 비유적인 가사를 강조한다. 그것은 먼저 'gestanden'(고백했네)에서 올라갔다가 재정비를 하고 'Verlangen'(열망)을 향해 나아간다. 감상자는 여기서 가수의 어지럽고 불안한 흥분을 느낀다. 두 번에 걸친 상승 구조는 그의 부풀어 오르는 용기와 희망을 표현한다.[4] 하지만 그는 불안 속에 자신이 실망할 수도 있다는 것을 알고, 그래서 두 차례의 상승 사이에 재정비의 순간(휴지)이 필요하다. 마지막 가사 'Verlangen'은 이런 상승의 정상부다. 인생이 온통 열망이었던 슈만이 이 단어에 가장 높은 음을 준 것이 너무도 잘 이해된다. 그는 두 번째 음절(lang)에 약간의 불협화음도 넣었다. 간절히 한 걸음 아래로 내려오고 싶은 음이 열망을 음악적으로 체현한다.

이것은 노래 작곡의 최고 수준을 보여주는 한 가지 사례다. 내 말을 꼭 곧이곧대로 들을 필요는 없다. 여러분이 나처럼 글 읽는 속도가 느리다면 노래는 설명을 다 읽기도 전에 끝날 것이다. 곡 전체가 1분 30초밖에 걸리지 않는다.[5]

연가곡의 일곱 번째 노래 '원망하지 않으리'도 비슷한 기법

---

4 우리 부모님은 이 대목을 읽고 내가 거기 담긴 성적 암시를 놓쳤다는 데 실망하셨다. 두 분을 달래기 위해 여기서 용기와 희망 말고도 부풀어 오르는 것이 또 있을지 모른다는 말을 덧붙인다.

5 하지만 이것은 연가곡의 일부라서 이 노래가 끝나면 휴지부 없이 바로 다음 노래가 이어진다.

로베르트 슈만은 1828년 독일 최고의 명문 라이프치히대학 법학과에 입학했다. 피아노를 향한 열정으로 법률가가 되지는 않았지만, 자신과 클라라를 갈라놓으려 하는 장인을 상대로 소송을 내면서 조금이나마 전공을 살렸다.

으로 가사의 의미를 강조한다. 그래도 이 노래의 가장 두드러진 특징은 모호한 시에 대한 슈만의 해석이다. 시는 여자에게 말을 거는 남자의 시점이다. (그 대상은 누구라도 될 수 있고 어쩌면 반려동물이라도 상관없지만 여기서는 표준적 가정을 받아들여서 그냥 그 대상이 인간 여자라고 하자.) 그는 사랑을 잃고 가슴이 아프지만 자신은 화가 나지 않았다(ich grolle nicht)고 한다. 그런 뒤 여자에 대해서 잠깐 이야기한다. 그녀가 다이아몬드처럼 반짝거려도 그 심장에는 한 조각의 빛줄기도 들어가지 않는다고. 2절에서는 이렇게 말한다. "당신의 꿈을 꾸었네. 당신의 심장에 깃든 어둠을 보았지. 뱀이 그것을 먹고 있었어." 마지막 대목은 "내 사랑 당신은 너무 비참했어" 하는 가사다.

슈만의 음악 없이 하이네의 시만 보면 상처받은 전 애인이 날리는 죄책감과 냉소 어린 축복 같다. 관대함을 보이려고, 또는 관대한 외관이라도 보이려고 하지만 거기에는 애인의 잔인함과 냉혹함에 대한 원망과 비난이 가득하다. 내가 가본 많은 공연이 이런 해석에 토대하는 것 같다. 그러나 나는 하이네 시에 담긴 명백한 암시보다 슈만의 음악적 선택을 중시하는 공연을 더 좋아한다.

이 노래는 화난 것처럼 들리지 않는다. 도입부의 "ich grolle nicht" 하는 대목은 분명한 힘이 있고, 1절 말미에서 여자의 기쁨도 빛도 없는 심장을 말하는 대목의 음악은 신중한 단단함, 초연함과 엄밀함이 있다. 하지만 슈만의 작품이 마법적인 변화를 이루는 것은 2절이다.

꿈을 이야기하는 대목에서 노래는 눈부신 물결을 일으키며 최고점에 이르고 마침내 마지막 문장("나는 보았네, 당신이 얼마나 지독한지")에서 절정에 이른다. 이 대목의 음악은 너무도 아름답고, 분노보다 훨씬 더 큰 연민과 관대함을 암시한다. 슈만의 손끝에서 'ich grolle nicht'라는 선언은 진실이 된 것 같다. 가수는 정말로 분노 대신 연민과 이해로 가득하다. 그리고 그 소리를 들으면 그가 여자의 고통을 본 뒤에 더 큰 사랑을 느끼는 것도 느껴진다. 그가 전하는 가사는 이렇다. "당신이 보여. 나는 당신을 알고, 당신이 왜 그렇게 됐는지 알겠어. 당신을 용서해."

무엇보다 이 노래는 너무도 멋지다. 여러분이 한번 들어보고 그래도 인생에서 우리를 괴롭힌 사람들을 용서하고 싶은 마음이 안 생기는지 한번 보라.

나는 정말로 슈만이 가사를 그렇게 이해했다고 생각한다. 필생의 사랑 클라라는 5년 동안 거의 만날 수 없었고, 그녀는 아버지 때문에 비유적인 어둠에 갇혀 있었다. (프리드리히 비크가 그녀의 심장을 먹는 뱀으로 보였을 수도 있다.) 그리고 곧 이야기하겠지만, 슈만 자신에게 심각한 정서 불안 문제가 있었다. 그가 볼 때 이 여자의 지독함은 비난할 이유가 아니라 불쌍히 여길 이유였다.

결혼 후의 슈만 부부는 빛나는 등대 같았다. 그들은 영혼과 정신의 아름다운 결합, 예술과 음악으로 이룬 가정이었다. 하지만 안타깝게도 그들의 결혼은 '영원히 행복하게 살았습니다'로 끝나지 않았다. 나이가 들면서 로베르트의 불안과 우울증이 심해졌다. 그는 금속 공포증이 생겼다. 귀에 항상 높은 A 음이 울렸고, 때로는 통제할 수 없는 전율이 그를 사로잡았다. 나중에는 환각을 경험했는데, 그의 말에 따르면 천사 같은 환상과 악마 같은 환상이 교차했다. 그는 주변 사람에게 해를 끼칠까 걱정하기 시작했고 1854년에는 라인강에 뛰어들어 자살을 시도했다. 그런 뒤 스스로 정신병원에 들어가서 마지막 2년(1854~56)을 보냈고, 죽기 이틀 전까지 그와 클라라의 관계는 처음처럼 편지만 주고받는 관계로 돌아갔다.

로베르트와의 결혼은 클라라에게 편한 길이 아니었지만 그녀의 도움이 없었다면 로베르트는 결코 이토록 풍성한 음악을 남기지 못했을 것이다. 거기다 클라라가 로베르트와 결혼하지 않았다면 클래식 음악계 최고의 미스터리한 삼각관계도 없었을 것이다. 그것은 클라라 슈만, 로베르트 슈만, 요하네스 브람스의 강렬한 삼각 우정이다.

혼란스러운 삼각관계

브람스와 클라라 슈만의 관계는 클라라와 로베르트의 관계보다 훨씬 더 많은 이야기를 낳았다. (브람스는 나중에는 쇼핑몰의 산타클로스처럼 되었지만 클라라와 처음 만났을 때는 젊은 톰 히들스턴처럼 생겼다.) 브람스가 클라라에게 보낸 열렬한 편지들, 그리고 여러 차례의 작품 봉헌은 끝없는 추측을 낳았다. 둘이 애인이었나? 브람스의 대자였던 클라라의 막내 펠릭스가 사실은 브람스의 친자였나? 아니면 브람스가 열 살 이상 연상인 클라라 슈만에게 보인 애정은 오이디푸스 콤플렉스의 발현인가? 클래식 음악계의 가십 여왕들이 궁금해 미치는 질문들이다.

펠릭스 슈만이 브람스의 아들일 가능성은 희박하고, 오이디푸스 콤플렉스 운운하는 것은 당시 사회가 연상 여자와 연하 남자의 애정을 바라보는 관점이 다소 미개해서 그랬다고 해도, 브람스와 클라라 슈만이 애인 사이였나 하는 질문은 결론을 내리기가 어렵다. 우리의 증거는 편지뿐이고 그것도 대부분 브람스의 편지다. 클라라의 편지는 다수가 파기되었고 남아 있는 것들은 아무런 실마리를 주지 않는다. 그리고 이 편지들은 몹시 혼란스럽다. 브람스의 편지에는 의심할 수 없이 로맨틱한 내용들도 있지만, 그가 로베르트에게, 그리고 클라라-로베르트의 사랑에 대해 보인 깊은 애정과 존경을 보면 뒤로 배신을 했다는 상상을 하기가 어렵다.

그 편지들은 이렇다.

1855년 8월 12일 일요일 뒤셀도르프에서 쓴 편지에서 브람스는 클라라에게 이렇게 말한다. "저는 항상 당신을 생각합니다. 누군가를 이렇게 사랑하는 마음으로 이렇게 끊임없이 생각하는 일은 아주 오랜만입니다."

그리고 1856년 5월 31일 편지에는 이렇게 썼다. "사랑하는 클라라, 당신에게 다정하게 사랑한다는 말을 건넬 수 있다면, 그리고 내가 가진 모든 애정과 친절을 베풀 수 있다면 좋겠습니다. 당신이 내게 얼마나 소중한지 말로는 도저히 표현할 수 없습니다. 온갖 사랑스러운 이름으로 당신을 부르고 싶습니다. 그일은 결코 싫증이 나지 않을 것입니다."

아무리 상상해 봐도 친구에게 절대 이런 편지를 보낼 수는 없을 것 같다.

그가 1854년 6월 19일에 바이올리니스트 요제프 요아힘에게 보낸 편지에는 '클라라에 대한' 내용이 나온다(이때는 브람스가 슈만 부부와 친해지고 얼마 안 되었을 때다).

저는 그분을 사랑하는 만큼 그분을 존경합니다. 때로 그분을 조용히 안아주고 싶은 마음을 참아야 하고, 때로는 더한 마음도 있습니다. 저에게는 그런 것이 아주 자연스러워서 그분도 불쾌하게 여기지 않을 것 같습니다. 저는 이제 젊은 여자는 사랑할 수 없을 것 같아요. 어쨌건 지금은 그들을 다 잊었습니다. 젊은 여자들은 클라라가 우리에게 보여주는 천국을 약속만 하니까요.

이런 내용을 플라토닉하게 읽기는 아주 어렵고, 그러려고 하다 보면 거의 내가 정치인이 된 것 같은 느낌이 든다.

요제브 요아힘과 그 옆에 앉은 브람스. 요아힘의 아내의 불륜 스캔들에 브람스가 제삼자로서 휘말리기 전까지 두 사람은 돈독한 우정을 맺었다. 슈만 부부에게 브람스를 소개해준 것도 요제프 요아힘이었다.

　하지만 우리는 브람스의 다른 편지들도 살펴봐야 한다. 거기에는 그가 정신병원으로 로베르트를 찾아간 내용들이 있다. 그는 클라라가 남편을 만날 수 없을 때 혼자서 면회를 가곤 했다. 이 시절 브람스는 실제로 (로베르트의 승인하에) 슈만 부부의 집에 살면서 아이들을 돌보고 재정을 관리했다. 클라라가 콘서트 투어로 집을 비울 때도 그랬다. 브람스는 로베르트의 의사들과 나눈 이야기를 클라라에게 전해주고, 로베르트가 바깥세상과 소통할 수 있게 해준 사람이었다.

　유명한 1856년 5월 31일의 편지(이것은 "사랑하는 클라라"로 시작하고, 첫 단락이 끝나기도 전에 빼도 박도 못 하는 러브 레터라는 심증을 준다)는 내가 가장 좋아하는 편지 중 하나인데, 열렬한 사랑 표현 때문이 아니라 편지 뒷부분에 들떠서 로베르트에게 줄 지도책을 구했다는 이야기를 하기 때문이다. "오늘 아침 저는 쾰른에서 당신의 로베르트에게 선물할 초대형 지도책을 샀습니다. 대형 지도 83점이 아름답게 제본된 새 책입니다."

클라라는 종종 브람스를 통해 로베르트에게 선물을 보냈는데, 브람스는 자신이 산 이 선물을 직접 전달하는 데 특별한 열의를 보였다. "당신이 주문한 필기 세트가 오면 제가 그분께 지도책을 전달할 수 있게 해주세요! 하지만 당신의 뜻이 그렇고, 선물이 많지 않을 때에만 그렇게 하게 해주세요… 이 대형 지도책은 정말 멋지거든요!"

이런 흥분된 글 아랫줄에 선물을 사게 된 이유가 나온다. "의사들에게서 새로운 이야기는 없었습니다만, 얼마 전에 로베르트가 최대한 큰 지도책이 있으면 좋겠다는 말씀을 하셨다고 합니다."

비극적인 상황이지만, 병든 몸에 갇혀서 빠르게 자기 통제력을 잃어가는 로베르트 슈만이 최대한 큰 지도책을 구해서 탐구하고 싶어 했다는 일은 어딘가 사랑스러운 면이 있다. 그리고 브람스가 (로베르트가 더 이상 명료한 정신이 아니라는 걸 알면서도) 그 소망을 실현시켜 주려고 노력한 일도 마찬가지다. 나는 이 일이 두 사람이 공유한 크나큰 존경과 애정을 잘 보여준다고 생각한다.

1855년 2월 브람스가 정신병원에 다녀온 뒤 클라라에게 보낸 편지는 이런 애정의 또 한 가지 증거다.

더없이 사랑하는 친구에게,
오늘 저녁 당신에게 해줄 아름다운 이야기가 너무 많아서 어떻게 시작해야 할지 모르겠습니다. 저는 2시부터 6시까지 당신의 사랑하는 남편과 함께 있었습니다. 제 기쁜 얼굴을 보실 수만 있다면 이 편지를 읽는 것보다 더 많은 걸 아실 것입니다.

그런 뒤 브람스는 로베르트와 함께 한 일들을 이야기하고, 그중에는 그가 로베르트에게 클라라의 초상화를 선물했다는 것도 있다. "그분이 감동으로 거의 눈물을 터뜨릴 지경이 되셨던 모습을 당신이 보셨다면 얼마나 좋았을까요. 로베르트는 초상화를 품에 안고 말씀하셨습니다. '아, 내가 정말 오래도록 원했던 거야.' 초상화를 내려놓을 때 그분의 두 손은 덜덜 떨리고 있었습니다."

편지 종결부에 브람스는 그가 "이따금 술에 취한 듯 행복해했다"고 썼다.

이런 표현도 나라면 로맨틱한 관계에서만 쓰겠지만 이것은 로베르트를 가리키며 한 말이다. 그래서 나는 브람스가 슈만 부부 두 사람 모두를 사랑했다고,[6] 그가 감정이 풍부한 사람이고, 클라라에 대한 그의 사랑은 성애적 사랑보다는 궁정 연애에 가까운 것, 로맨틱하지만 육체적인 것은 아니라는 결론을 내리게 된다. 로베르트에 대한 사랑도 비슷했거나 몹시 아끼는 친구에 대한 사랑이었을지도 모른다.

로베르트의 장례식에서 브람스는 슈만 부부의 두 자녀와 함께 화환을 들고 행렬을 이끄는 영예를 맡았다. 그와 클라라는

6 흥미롭게도 로베르트 슈만도 클라라에게 보낸 어느 편지에 브람스의 생일을 "Geburtstag unseres Geliebten", 즉 '우리가 사랑하는 친구의 생일'이라고 썼다.

그 후로도 평생 친구 관계를 유지하며 편지를 주고받고 서로의 음악 활동을 응원했다. 로베르트가 죽은 뒤로 언어의 온도는 식었지만, 브람스가 평생 동안 클라라와 그 가족에게 헌정한 작품들에는 사랑의 증거가 가득하다.

브람스가 말년에 작곡한 여섯 편의 〈피아노 소곡〉 Op.118에는 그가 가장 사랑하는 곡 중 하나인 '간주곡'이 있다.

이것은 아주 적절해 보인다. 슈만 부부에 대한 브람스의 매혹[7]은 일종의 간주곡이라고 할 수 있다. 그러니까 한 인물이나 애착이 주요 특징을 이루는 어느 짧은 시기, 또는 음악 용어로 말하자면 악장인 것이다. 그리고 브람스의 A장조 간주곡(Op.118 no.2)은 향수, 다정함, 끈기 있는 헌신으로 가득하다.[8] 열렬하게 부풀어 올랐다가 아련하게 가라앉는 기억을 되새기는 느낌과 아주 비슷하다.

펠릭스 슈만(클라라의 막내아들이자 브람스의 대자로, 그 역시 뛰어난 바이올리니스트가 되었다)이 죽은 뒤 브람스는 자신의 아름다운 G장조 바이올린 소나타의 2악장을 그에게 헌정했다.

이것은 내가 바이올린 레퍼토리 중에 특히 좋아하는 악장이다. 이 작품은 상실과 비탄 하면 연상되는 많은 감정(슬픔, 분노, 하지만 무엇보다 기억으로 변모하는 비통)을 너무도 멋지게 표현한다. 바이올린이 처음 등장한 뒤에, 그리고 재현부가 시작할 때

---

7 그 강도를 생각하면 분명히 매혹이라고 부를 수 있다고 생각한다. 거기에 로맨틱한 감정이 있었건 없었건.

8 이 작품의 도입부는 내가 피아노로 칠 수 있는 유일한 부분이다. 아니 하나가 더 있는데, 그것은 내가 콜린 퍼스를 사랑하던 시절 그가 출연한 「오만과 편견」의 주제곡이다.

펼쳐지는 메인 주제는 가장 비참한 순간에 사랑하는 친구가 와서 포옹해 주는 것 같은 따뜻한 치유력이 느껴진다. 나는 이것이 그가 클라라를 포옹하는 방식이었다고, 그녀를 안아주고 슬픔을 공유하고 절망을 덜어주는 방식이었다고 생각한다.

이 소나타의 세 번째 악장에는 그의 가곡 '비의 노래'의 주제가 담겨 있는데, 클라라는 여러 편지에서 이것이 '자신의' 주제라고 말했다.

브람스에게서 그 소나타의 악보를 받은 클라라는 즉시 그 곡을 연주해 보고 "기쁨의 눈물"을 흘렸다고 답장을 보냈다.

우리는 브람스와 클라라 슈만의 관계가 정확히 어떤 것이었는지 알 수 없을 것이다. 하지만 아름다운 관계였던 것은 분명하다.

독신남

음악사의 귀여운 사실 하나는 차이콥스키와 브람스(이들은 클래식 작곡가 상위 10인 그룹에 들어갈 만한 두 거장으로, 3대 바이올린 협주곡 중 두 곡이 이들의 것이다)의 생일이 5월 7일로 같다는 것이다. 이것이 특히 귀여운 것은 차이콥스키가 브람스와 만나 술을 마시고 친해지기 전까지는 브람스와 그의 음악에 대해 온갖 험담을 하고 다녔다는 점이다. 둘이 만나기 전에 후원자 나데즈다 폰 메크에게 보낸 편지에 차이콥스키는 이렇게 썼다.

빈에서 브람스는 최고 대접을 받습니다… 브람스는 스타고 저는 무명입니다. 하지만 가식을 떨치고 말씀드리면 저는 저 자신이 브람스보다 뛰어나다고 생각합니다… 제가 정직하고 진실한 사람이라면 그에게 이렇게 말해야 합니다. "브람스 씨! 나는 당신에게 재능이 없다고 생각합니다. 허식만 가득하고 창조력은 없어요. 나는 당신을 하급으로 여겨 경멸합니다."

그러나 그와 한 번 만난 뒤에 차이콥스키는 자신의 악보 출판업자 겸 친구인 표트르 유르겐손에게 이렇게 편지를 썼다.

브람스와 술을 마셨습니다. 술을 아주 좋아하더군요. 멋진 분이고 제가 생각하던 오만함과는 거리가 멀었습니다. 성격이 어찌나 유쾌한지 함께한 이후 즐거운 기억만 남았습니다.

그는 브람스의 '단정한 머리'가 '인자하고 잘생긴 러시아 노사제의 머리'와 비슷하다고도 썼다.

물론 이것이 러브 레터는 아니다. 그리고 그는 브람스의 음악에 대해서는 마음이 따뜻해지지 않았다.

차이콥스키의 진짜 러브 레터 또는 로맨틱한 마음을 담은 편지(이런 말을 하는 것은 그 시절 러시아의 동성애자는 로맨틱한 사랑을 공개적으로 표현할 수 없었기 때문이다)에는 유머와 비애가 섞여 있다. 그 편지들에는 이런 유쾌한 환상이 있다.

그는 정말로 천사 같은 존재야. 나는 그의 노예, 그의 노리개, 그의 소유물이 되고 싶어!

또 비밀스러운 만남에 대한 생생한 묘사도 있다.

저녁 식사를 마치고 극장에 가기 전에 산책을 하다가 순수한 독일계 미남을 만났어. 산책 후 내가 돈을 주겠다고 했는데 그는 거절했지. 그 일을 한 건 예술을 사랑해서고 또 턱수염 있는 남자가 좋아서라는군.

하지만 그가 1876년 9월 28일에 동생 모데스트에게 쓴 편지에는 이제 인정하게 된 자신의 동성애와 그에 대한 사회적 시선으로 인한 고통 사이의 갈등이 드러나 있다.

너는 나더러 qu'en dire-t'on[프랑스어로 '사람들이 하는 말']에 신경 쓰지 말라고 하지. 그건 어느 정도까지만 맞는 말이야. 세상에는 내 결점들에도 불구하고 나를 무시할 수 없는 사람들이 있어. 하지만 그건 그저 그들이 나에게 심각한 문제가 있다는 걸 감지하기 전에 나를 좋아하게 되었기 때문이지. 사샤가 딱 그런 경우야! 나는 그녀가 진실을 눈치챘지만 나를 무조건 용서하기로 했다는 걸 알아. 내가 사랑하고 존경하는 다른 많은 사람도 마찬가지야. 그들의 동정심과 용서를 느끼며 사는 일이 내 마음에 무겁지 않을 거라고 생각하니? 내가 실제로는 잘못한 게 하나도 없는데? 사람들이 나를 사랑하면서도 때로 나를 부끄러워한다는 사실이 내게 얼마나 큰 고통인지 이해할 수 있니? 그런 일은 이미 백 번쯤 있었고 앞으로도 백 번 더 일어날 거야!

차이콥스키와 그의 법률적 아내였던 안토니나 밀류코바의 신혼여행 사진. 어릴 적부터 동성애적 기질을 갖고 있던 차이콥스키의 짧았던 결혼생활은 몇 주도 가지 않아 불행해졌고, 차이콥스키는 신경쇠약증으로 인해 자살을 결심하고 강에 뛰어들기도 했다.

그의 편지를 읽으면[9] 그가 싸우는 대상은 자신의 동성애가 아니라 그것을 죄악시하는 사회와 그 비난으로 인한 자신의 운명임을 분명히 알 수 있다. 이것은 당연히 그의 우울증에 기여했고, 그가 "전혀 사랑하지 않는" 여자와 결혼하기로 결심하게 만들었다. 또 그의 작품에 담긴 많은 어두운 감정의 토대가 되기도 했다.

그의 말에 따르면 그의 4번 교향곡 도입부는 "행복에 대한 소망의 실현을 가로막는 운명의 힘"을 나타낸다. 음악은 한동안 어둡고 무겁게 진행되다가 음울하게 유혹적인 주제로 바뀐다. 차이콥스키는 이것을 "달콤한 환상"이라고 말했다. "어디선가 밝고 우아한 사람 같은 형체가 지나가면서 손짓한다… 조금

9 마리나 코스탈레프스키가 편집한 『차이콥스키 문서: 가족 아카이브를 열다The Tchaikovsky Papers: Unlocking the Family Archive』를 추천한다.

씩 조금씩 꿈이 영혼을 완전히 감싼다. 우울하고 캄캄하던 것이 모두 잊힌다. 바로 여기, 행복이 있다!"

하지만 환상은 곧 사그라들고 그는 이렇게 썼다.

"아니다! 그건 꿈이었고, 운명이 잔인하게 우리를 깨운다. 그래서 인생은 암울한 현실과 행복의 짧은 꿈이 끊임없이 교차하는 일이다. 안식처는 없다. 바다를 떠돌다가 파도에 삼켜져서 깊은 바닥에 가라앉는 것이다."

그렇게 인생 대부분을 어둠에 감싸여 살았지만 차이콥스키는 풍성하고 화려한 멜로디로 유명하고 그것은 그가 인생에서 금지당한 낭만적 사랑을 표출하는 것 같다.

차이콥스키 하면 많은 사람이 디즈니 영화로 더 유명해진 〈잠자는 숲속의 미녀〉의 음악을 떠올릴 것이다. 그리고 콧노래로 흥얼거리기 좋은 〈호두까기 인형〉의 '꽃의 왈츠'도 대부분의 사람이 알 것이다. 하지만 나는 언제나 왈츠 다음 순간, 호두까기 인형과 사탕 요정이 다시 만나서 가슴 아픈 파드되를 추는 대목이 가장 가슴 뭉클하다.

그 장면은 다정함과 고귀함을 암시하는 부드러운 흐름으로 시작한다. 어쨌건 호두까기 인형은 왕자고 사탕 요정의 정체는… 아무도 모른다.

복잡한 화성과 리듬이 이 파드되를 화려하게 만들지만 멜로디는 기본적으로 내려가는 음계라서 필연성의 느낌을 전달한다. 우리는 살면서 아주 많은 음계를 듣기 때문에 음의 진행을 그냥 받아들이기만 하지 않고 예상도 한다. 차이콥스키는 음계가 반복될 때마다 오케스트라 구성을 통해서 강도와 예리함을 조절한다. 최초의 재현은 우아하게 내려간다. 달콤함과 순수함이 있다. 하지만 차츰 더 많은 악기가 참여하며 재현이 강력해지고 마침내 음계가 폭발하면서 사랑과 황홀감과 약간의 슬픔이 흘러넘친다.

나는 여기서 차이콥스키가 이 커플과 같은 선언적인 사랑과 사회적인 인정을 갈망하고 축복하며 살아간 것처럼 느껴진다. 차이콥스키의 삶에서 부정되고 금지되었던 그런 종류의 사랑 말이다.

베토벤의 불멸의 연인

금지된 사랑 이야기가 나왔으니 "불멸의 연인"(독일어로는 '운슈테어블리헤 겔립테unsterbliche Geliebte')에게 보낸 베토벤의 편지 이야기를 해야 한다. 이 편지들은 수많은 책, 영화, 결혼 서약 문구를 낳았지만 안타깝게도 베토벤 자신은 결혼에 이르지 못했다.

이 편지들은 클래식 세계에서 가장 유명한 언어의 모둠이다. 베토벤에 대해 조금이라도 아는 사람은 모두 그 존재를 안다. 그게 편지 자체 때문인지, 아니면 겉에는 잔뜩 가시가 돋친 까칠한 존재가 속은 흐물흐물한 경우보다[10] 더 매력적인 것은 없기 때문인지는 알 수 없지만, 많은 사람이 그것을 낭만적 편지의 전형으로 본다.

그런데 또 이런 매혹의 많은 부분은 이것이 완전한 미스터리

---

10 성계도 비슷하다.

이기 때문이다.

우리는 이 '운슈테어블리헤 겔립테'가 누구인지 모른다. 이 편지들을 애초에 보내기는 했는지도 모른다. 편지의 날짜에는 연도가 없고, 전문가들이 정밀한 탐구를 통해서 그것들이 1812년에 쓴 것이라고 추측했을 뿐이다. 그리고 독일어 문법의 젠더 표현이 그토록 구체적이지 않았다면 우리는 이 수수께끼의 여자가 정말로 여자였는지도 몰랐을 것이다. (어쨌건 덕분에 그것은 알 수 있다.)

우리가 모르는 다른 것(그 밖에도 의문이 많지만 나한테 가장 이상하고 신경 쓰이는 것)은 편지에 그렇게 영원하다는 말을 많이 하는데도 왜 이틀 동안 쓴 세 통의 편지가 전부인가 하는 것이다. 다른 편지들은 사라졌나? 폐기되었나? 그 여름 이후에 무슨 일로 두 사람이 영원히 갈라졌나? 아니면 이 불멸의 연인이 그냥 무응답이었나? (만약 그렇다면 우리는 그 여자의 콧대가 얼마나 높았던 건지 묻지 않을 수 없다.)

우리가 할 수 있는 건 추측하는 것, 멋대로 상상력을 발휘해 보는 것뿐이다. (촛불을 켠 욕조에 몸을 담그고 와인을 마시며 편지를 읽으면 더 좋을 것이다.) 가장 유명한 것은 세 번째, 그러니까 마지막 편지의 마지막 단락이다.

마음을 진정시켜요. 우리는 우리 존재의 차분한 성찰을 통해서만 함께 산다는 목표를 이룰 수 있어요—마음을 진정시키고—나를 사랑해 줘요—오늘도—어제도—당신에 대한 눈물 어린 열망—당신—당신—나의 생명—나의 모든 것—잘 살고—

나를 사랑해 줘요—이 연인의 진실된 심장을 늘 기억해 줘요.

당신의 영원한
나의 영원한
우리의 영원한

그러니까…

불멸의 연인이 누구였냐에 대한 설은 차고 넘친다. 베토벤이 자주 만난 부유한 기혼녀 안토니 브렌타노가 인기 후보고, 과거에 베토벤과 친밀한 편지를 주고받았던 요제핀 폰 브룬스비크 백작부인도 마찬가지다. 하지만 많은 역사가들은 이 연인의 신원은 언급된 적이 없고, 이 편지들이 암시하는 비밀스러운 분위기를 보면 앞으로도 밝혀질 수 없다고 생각한다. 그리고 이와 관련해서 내가 넘어갈 만큼 획기적인 이야기가 나오지 않는 한 나도 같은 입장을 취할 것이다.

어쨌건 나는 베토벤이 불멸의 연인을 만난 뒤 1810년 또는 1811년에 '대공' 3중주(피아노 3중주 B♭장조 Op.97)의 느린 악장을 썼을 거라는 생각을 자주 했다.

4악장 작품 중 3악장인 이 악장('안단테 칸타빌레 마 페로 콘 모토, 포코 피우 아다지오'[11]라는 제목의)은 모든 음악을 통틀어 내가 가장 좋아하는 악장 중 하나로, 불멸의 연인 편지에 담긴 완벽하고 아름다운 사랑을 잘 표현하고 있다. 머뭇머뭇 첫 눈길을

---

11 '느리게 노래하듯 하지만 힘있게, 조금 더 느리게'라는 뜻.—옮긴이

베토벤이 '불멸의 연인'에게 보낸 편지의 첫 페이지. 베토벤 사후 그의 유품을 정리하던 중에 서랍에서 발견되었다. 수취인은 결코 알 수 없지만 추정되는 상대들은 대개, 베토벤 늘 보였던 경향대로, 다른 남자와 깊은 관계를 맺고 있는 여자들이다.

주고받을 때의 시간이 멈춘 느낌, 얼굴과 목으로 피가 몰리는 느낌을 담은 순간들이 있다. 화성과 선율뿐 아니라 구조 전체를 포함한 악장 전체에 세상이 넓어지는 느낌, 이전의 이기적 태도가 갑자기 사라지는 느낌, 내가 슈테판과 만난 초기에 느꼈던 세상 모든 것에 감사한 마음을 담고 있다.[12]

그 악장은 주제와 변주로 구성되어 있는데, 거의 기도 같은 느낌을 주는 단순한 진술로 시작해서 가끔 뒷걸음질도 하며 온도와 힘을 높여나간다. 그리고 악장 끝부분으로 가면 다시 첫 진술(이것이 밑바닥이라는)의 단순함과 고요함으로 돌아갔다가 이어 숨 가쁘게 맥동하는 셋잇단음표들이 나온다. 이것들은 처음에는 조용하지만 꾸준한 발전을 이루어서 나중에는 더없이

---

12 나는 아직도 감사하다. 그의 야근에 화날 때를 빼면.

깊고 따뜻한 행복감으로 이어진다.

잘 들어보라. 그리고 조용히 화성을 맡고 있던 첼로 파트가 선율로 솟구쳐서 바이올린 파트와 눈부신 듀엣을 펼치는 순간에 미소를 짓지 않을 수 있는지 확인해 보라.

모차르트의 지저분한 편지

슈만 부부와 브람스, 그리고 베토벤의 편지는 러브 레터 스펙트럼의 따스하고 점잖은 쪽에 속한다. 그에 비해 모차르트의 편지는 오늘날의 힙합 가사 같은 면이 있다.

개구쟁이 여섯 살짜리의 그림일기에는 나올 법한 내용이지만, 클래식 음악의 거장의 편지에서 그런 표현을 보는 것은 충격적이다.

모차르트가 가족에게 보낸 편지에 대장 상태에 관한 내용을 많이 썼다는 이야기는 이미 했지만, 그 글들은 부모님에게 그의 소화기 상태를 알려주거나 혹시 자신이 병에 걸렸을지 몰라 의논하는 내용의 건전한 설명이 아니었다. 그것은 이상한 시이자 창의적인 대화였고, 그는 거기서 자신의 배설물을 자주 의인화하고 그것을 새롭고 흥미로운 방식으로 사용한다는 것을 암시했다.

많은 역사가들은 모차르트가 1777년에 사촌 동생 마리아 안나 테클라 모차르트를 만난 뒤 몇 년 동안 그녀를 사랑했다고 생각한다.[13] 그래서 마리안네(그렇게 불렸다)는 모차르트의 열렬한 배설물 관련 편지를 여러 통 받는 행운의 주인공이 되었다. 하이라이트 몇 부분을 소개한다.

1778년 12월 23일 자 편지에 모차르트는 다음의 시를 썼다.

꼭 와줘, 안 그러면

나는 똥을 쌀 거야.

네가 와주면 존귀한 나는

너를 칭찬하고 네 엉덩이에

인장을 찍고,

네 두 손에 키스하고,

'엉덩이 총'을 쏘고,

널 끌어안고,

네 앞쪽과 뒤쪽을

닦아주고, 너에게

진 빚을 싹 다 갚고

우렁찬 방귀를 내보내고,

어쩌면 무언가

떨구기도 할 거야—

이제 안녕—나의 천사

나의 심장

고통 속에 널 기다릴게.

많은 사람들이 모차르트의 이런 면을 그의 음악 및 천재로서

---

13 모차르트의 누나인 마리아 안나 모차르트(난네를)와 헷갈리면 안 된다. 이 편지를 처음 읽었을 때 나는 그동안 많은 이야기를 들었던 이 사촌이 난네를과 이름이 거의 같다는 걸 몰라서 처음 5분 동안 충격에 빠져 있었다.

의 명성과 통합시키는 데 애를 먹었다. 마거릿 대처가 그중 한 명이었다. 대처는 내셔널 시어터 연출가였던 피터 홀에게 「아마데우스」를 만든 일을 질책했다. (이 작품은 나중에 훌륭한 영화가 되었다.)

"그분은 불쾌해했다. 교장 선생님 같은 태도로 내 연극이 모차르트를 화장실 유머와 욕설을 남발하는 장난꾸러기로 그렸다고 강하게 나무랐다. 그토록 정교하고 우아한 음악을 만든 사람이 그렇게 입이 더럽다고는 상상할 수 없다고 했다. 나는 모차르트의 편지를 보면 그게 맞다는 걸 알 수 있다고 말했다. 그는 유머 감각이 아주 유치했다고. 그리고 어떻게 보면 그런 유치한 방식에 매달려서 스스로의 성숙을 가로막았다고. 그러자 총리는 말했다. '내 말을 듣지 않은 것 같네요. 모차르트가 그랬을 리 없습니다.'" 하지만 그는 그랬던 게 맞다.

투어와 집

슈테판과 나는 헤어져 있을 때마다 계속 손발이 오그라드는 연애편지를 썼다. 나는 보티 밴드를 떠난 뒤에도 자주 집을 비웠다. 메타와 함께 공연을 할 때도 많았고 내 독주 공연도 있었다. 그리고 베를린으로 영구 이주를 계획할 무렵 제임스 골웨이의 미국 투어에 합류하게 되었다.

투어를 하며 다니는 동안 나는 내 몸이 자석이 되고 세상 모든 자성 물질이 베를린에 모여 있는 것처럼 온 정신이 그쪽으로 쏠렸다. 괴로웠던 것은 아니다. 공연의 단조로움도 힘들고 바이올린과의 관계도 힘들었지만 그래도 연습 때나 친구들과 술집에 갔을 때 농담을 주고받을 수 있었다. 그러나 세계를 누비며 사는 일이 아무리 멋진 느낌을 안겨주어도, 이 세상에서 내가 가고 싶은 특정한 장소가 있다는 사실은 한순간도 내 머리를 떠나지 않았다.

베를린에서 처음으로 꽤 오랜 시간을 보내고 난 어느 날 아침 내가 슈테판의 아파트를 나가서 공항으로 가는 택시에 오를 수 있던 방법은 단 하나, 어느 날 (그러니까 곧) 투어를 끝내자고 내게 약속하는 것뿐이었다.

11장

웨딩 마치 연주자의 기쁨과 분노

인생의 소중한 순간에 불협화음을 피하는 법

영화 「어벤저스」에서 캡틴 아메리카가 전쟁과 페기 카터에 대한, 그리고 남극에서 50년 늦게 풀려나서 페기와 로맨스의 가능성이 사라져버린 것에 대한 분노를 샌드백에 쏟아붓는 장면이 있다. (샌드백은 그가 회상하는 동안 잠시 버티지만 결국 떨어져 나간다. 캡틴 아메리카가 워낙 힘이 세고 워낙 분노했기 때문이다.)

음악은 나의 페기 카터였다. 그리고 결혼식은 나의 샌드백이었다.

베를린으로의 이주는 처음에는 우아했다. 나는 크리스 보티, 제임스 골웨이와 투어를 그만두고 도이치 심포니 오케스트라의 객원 콘서트마스터가 되었다. 하지만 이 성취(나는 돈뿐 아니라 내 자아를 위해서도 이것이 필요했다)의 결과 오디션 준비와 합동 연습에 많은 시간을 보내게 되자 나는 지난 몇 달 동안 얻었던 시야를 잃고, 다시 성과와 지위를 주요 목적으로 하는 경쟁적이고 공허한 음악 세계에 들어가게 되었다. 투어 막바지에는 어느 오케스트라의 상임 콘서트마스터 오디션에 떨어졌다. 그리고 내가 떨어진 이유는 관현악 엑섭트(내가 고집이 덜했다면 어쩌면 줄리아드의 엑섭트 수업에서 공부했을)가 약해서라는 말을 들었다.

나는 새로이 노력하려는 의지를 잃었다. 연습에 대한 흥미도 시들었다. 많은 콘서트 제안을 거절했고, 곧 나의 공연 일정은 텅 비어버렸다. 내 커리어에서 남은 것은 몇 개의 수상 경력뿐이었다.

그럼에도 개인적인 차원에서 나는 어느 때보다 충만해 있었다. 나는 슈테판과 함께 살았다. 여동생 마리나와는 네 블록 거리였다. (아주) 어린 시절 이후 그토록 오래 기약 없이 행복한 재충전의 시간을 가진 적이 없었다. 하지만 20년 동안 매일같이 성취와 생산성을 지향하며 산 탓에 몸에 밴 부지런함은 어딘가 쏟아부을 곳이 필요했다.

안타깝게도 새로운 목적을 찾으려는 노력은 나를 좌절과 실패의 길로 인도했다. 한번은 유치원 파트타임 음악 교사 자리에도 떨어졌다. 또 한번은 모델 에이전시의 추천에 따라 삼성 광고에 출연할 '여자 바이올리니스트' 오디션에 갔더니 캐스팅 디렉터가 내 바이올린 실력은 알아보려 하지도 않고 '여자 친구' 역할이 더 맞겠다고 했다. (특별히 더 맞지는 않았던 것 같다. 거기도 떨어졌기 때문이다.)

슈테판이 청혼하자 내게 새로운 목적이 생겼다. 결혼식이었다. 나는 나의 모든 의지, 그리고 그에 따르는 집요함과 강박을 다해서 완벽하고 낭비 없는 결혼을 계획하기로 마음먹었다. 바이올린 포지션 이동을 연습하는 대신 결혼식장 관리자에게 그곳 벽의 보기 싫은 녹색 출구 표시를 가려달라고 부탁했다. 악기를 조율하는 대신 주문 제작 실크 웨딩드레스를 분해 재가공해서 짜증스러운 프린세스라인을 수선하려고 했다. 활을 긋는 대신 엄마에게 결혼식에 플립플롭을 신고 오면 인연을 끊겠다고 협박했다. (하지만 엄마는 결국 그렇게 했다.)

음악 선정에 이르자 나는 확고하면서도 관대한 전제군주가 되었다. 가능한 경우에는 슈테판의 요청을 수용했지만 그럴 수 없을 때는 줄리아드 동문 카드를 흔들면서 그가 독일에서 슐라거 음악을 들으면서 자랐다는 사실을 상기시켰다. 그러면 그는 내 권위에 양보할 수밖에 없었다. 독일 슐라거 음악은 최악이기 때문이다.[1]

이 분야에 대한 나의 폭정을 합리화하려면 클래식 레퍼토리에 대한 지식과 뛰어난 음악가들과의 인맥을 활용해서 하객들에게 눈부시고 감동적인 클래식 음악의 보석들을 줄줄이 선보여야 했는지도 모른다. 하지만 나는 그렇게 하지 않았다. 결혼식과 피로연을 통틀어서 클래식 음악은 한 곡만 골랐고, 그것의 연주자는 학교 동문들이 아니라 사촌 프레드와 우연히도 뛰어난 소프라노인 그의 여자 친구 프란체스카였다.[2]

---

1 독일 팝 음악의 일종인 슐라거 음악은 팝 음악과 비슷하지만, 다른 점은 확연히 나쁘다는 것이다. 의도 자체가 그렇다. 아무런 야심이 없다. 단순한 비트 이상의 어떤 것도 시도하지 않고, 그것이 표현하는 감정은 내가 아는 한 '흥겨움'뿐이다.

존 필립이 그린 1858년 영국 빅토리아 공주와 프로이센 프리드리히 왕세자의 결혼식. 바그너의 결혼 행진곡과 멘델스존의 축혼 행진곡이 수많은 결혼식에 울려퍼진 것이 이때부터였다. 이 두 음악, 서로를 원수처럼 싫어한 두 독일 작곡가의 음악을 선정한 것은 빅토리아 공주였다.

내가 결혼식에 클래식 음악을 많이 쓰지 않은 한 가지 이유는 동료들에게 연주를 부탁하기가 불편해서였다. 나는 그들에게 합당한 돈을 줄 수 없었다. (실제로 그들이 평소에 합당한 돈을 받는 것은 아니다.) 그리고 저평가받는 음악가들이 이런 행사 공연에서 어떤 느낌을 받는지 잘 알았다. 내가 프란체스카에게 부탁할 수 있었던 이유는 딱 하나, 그녀가 프레드의 여자 친구고, 프레드는 초등학교 2학년 때 "내 사촌은 닭"이라는 이야기를 써서 내게 갚아야 할 빛이 있었기 때문이다.

나는 또 내가 늘 비난하던 식상한 '가든파티'의 편견을 실현하는 게 싫었다. 모차르트의 바이올린과 피아노 소나타, 베토벤의 4중주, 브람스의 3중주 들을 존경하는 내 마음은 그것을 누

---

2 그녀의 아름다운 목소리를 듣고 싶은 사람들을 위해 이름 전체를 알려주면 프란체스카 페데리코Francesca Federico다.

군가의 (아마도 나의) 피로연 배경음악으로 사용하겠다고 생각
할 수가 없었다.

물론 내가 바이올린과 뒤틀린 관계가 되지 않았다면, 또 클
래식 음악계를 떠나고 싶은 마음이 들지 않았다면, 다른 방법
을 찾아서 동료 음악가들에게 내가 그들의 가치를 존중한다는
것을 전달하고, 내가 평생 공부한 작품들의 작곡가들에게 존경
심을 보일 수도 있었을 것이다. 이제 여러분에게 그 방법을 이
야기하려고 한다.

행사 음악의 기본

나는 아직도 클래식 음악의 특정 작품들이 잔 부딪히는 소
리, 샴페인 따는 소리, 온화한 덕담의 배경이 되는 일을 좋아하
지 않는다. 나는 21년 된 발베니를 제로콜라와 섞는 일도 좋아
하지 않는다. 하지만 내가 칵테일에 사용하는 위스키들이 있는
만큼 '배경음악'으로 적합한 작품들도 있다. 〈아이네 클라이네
나흐트무지크〉가 그중 하나다.

그런데 문제는 〈아이네 클라이네 나흐트무지크〉는 모든 사
람이 백만 번쯤 들었고, 어떤 음악가들은 그 제목이 나오면 파
업을 하려고 한다는 것이다. 클리셰를 (그리고 파업을) 피하는
한 가지 방법은 1악장을 빼는 것이다. 그 작품의 나머지 부분
은 앞부분보다 덜 알려져 있어서 음악가들도 덜 지겨워할 것이
다. 작품의 4분의 1을 싹둑 잘라내도 괜찮은가? 그렇지 않다. 하

지만 안 그러면 앙상블 중 한 명이 떠날 것이다. 그러니까 4중
주단을 불렀다면(그게 가장 흔하다. 원곡이 5중주인 경우도 그렇다)
어떻게 해서든 4분의 1은 없어지는 것이다.

좀 더 독창적인 레퍼토리를 원한다면, 그보다 앞선 시대로
가서 '세레나데'나 '디베르티멘토'라는 이름이 붙은 작품 아무
것이나 고른다. 이런 작품들을 행사 음악으로 쓰는 것은 전혀
신성 모독이 되지 않는다. (〈아이네 클라이네 나흐트무지크〉도 마
찬가지다.) 애초에 그런 목적을 표방하며 작곡한 음악이기 때문
이다.

하지만 칵테일파티 중간에 사람들이 잠시 음악에만 귀를 기
울일 시간을 마련한다면, 그래서 음악과 음악가들이 제대로
존중받게 해준다면, 거의 어떤 곡을 선택해도 좋다고 생각한
다. 천재성을 인정하는 것만큼 행사 주인을 우아하고 교양 있
어 보이게 하는 것은 없다. 거기다 음악이 끝나면 모두가 그것에
대해 이야기를 할 텐데, 그때가 여러분의 지식을 뽐낼 기회가
된다.

그러니까 행사에 월드클래스 음악을 쓴다면(그리고 월드클래
스 음악가를 섭외했다면), 사람들이 그 음악을 듣게 해야 한다.

월드클래스 음악가를 섭외하는 법

월드클래스 음악가를 섭외하는 법은 여러 가지가 있다. 선
택 범위는 책정 가격과 행사 규모에 따라 달라질 것이다. 여러
분이 조카의 결혼식에 보티 밴드를 부른 요르단 부호처럼 돈이
넘쳐나고 전 세계 어디서나 공연자를 데려올 전용기도 여러 대

라면 메트로폴리탄 오페라 전체를 부르거나 조슈아 벨이나 유자 왕 같은 유명 음악가에게 전화를 걸면 된다.

하지만 그만한 돈이 없어도 월드클래스 연주자를 집으로 부를 수 있는 합리적인 방법도 많다.

그중 하나는 가까운 유명 음악원을 찾아가는 것이다. 예를 들어 줄리아드의 웹사이트에는 '줄리아드 음악가 공연 문의'라는 버튼이 있다. 이것은 로스쿨 학생에게 기업공개를 맡기는 것과는 다르다. 음악계에는 아직 학생인 연주자들이 연륜 있고 배고픔 없는 전문가들보다 더 좋은 연주를 하는 경우가 많고 그중 일부는 이미 신발 끈 매는 것을 배울 나이부터 유명 공연장에서 공연을 했다. 이 사람들은 돈이 덜 든다.[3]

노스웨스턴 음대 시절 주말이면 나는 오래전의 어느 여름 '미친 스키장 페스티벌'에서 알게 된 나보다 조금 나이가 많은 음악가들 그룹과 함께 공연을 했다. 일부는 전업 프리랜서였고, 일부는 교사였고, 한 명은 시카고 심포니의 첼리스트였다. 바이올리니스트 마르코가 에이전시가 되어서 행사 음악 요청을 접수하고 또 재능 있는 친구들로 최대한 뛰어난 그룹을 만들었다. 그는 또 우리가 신청곡을 받을 수 있도록 공연마다 엄청나게 두꺼운 바인더(모차르트 4중주부터 비틀스 메들리까지 모든 곡의 악보를 담은)를 가져왔다.

대부분의 도시에는 마르코 같은 사람들이 많다. 그들은 자신이 가진 음악가(학생, 최근 졸업생, 연륜 있는 전문가)들의 네트워

---

3 내가 프란체스카에게 편하게 노래를 부탁한 또 한 가지 이유는 그때 그녀가 아직 뉴욕대 학생이었기 때문이다.

크를 활용해서 행사에 가장 적합한 집단을 찾아준다.

물론 마르코를 사칭하는 사람도 많다. 그들은 스스로 뛰어난 연주자도 아니고, 재능 있는 친구들도 없고, 상상 가능한 모든 음악의 악보를 담은 바인더도 없지만, 그만한 역량이 있다고 주장한다. 다행히 이제는 이런 음악가들이 다 웹사이트와 유튜브 영상이 있어서 확인하고 계약할 수 있다.

섭외한 다음에는 어떻게 해야 월드클래스 음악가에게 존중하는 마음을 전해줄까?

좋은 질문이다. 이런 질문을 받아서 기쁘다.

돈이 다는 아니다. 여러분이 그 요르단 부호만큼 돈을 준다면 연주자들이 대접을 제대로 받지 못한다고 느끼지는 않을까 걱정할 필요가 없겠지만, 친절한 행동이 섭외한 음악가의 공연에 미치는 역할을 과소평가하면 안 된다.[4]

한번은 줄리아드에서 나에게 학교 이사진 두 명이 혼주(신부의 부모님)인 결혼식에 가서 연주하라고 시킨 적이 있다. 그들은 학교에 많은 돈을 기부했을 것이다. 학교 측에서 내게 계속 이메일을 보내서 진행 상황을 확인했기 때문이다. 나는 결혼식 몇 달 전에 신랑 신부와 신부 부모님을 처음 만났다. 친절하고 정중해서 나는 그들이 좋았다. 우리는 함께 음악을 골랐고, '딱 맞는' 행진 음악을 찾았을 때 신부의 눈에 물기가 어리는 것을 보고 나는 그들의 결혼식에 내가 얼마나 큰 역할을 하는지 느

---

4 내 동생 마리나는 우리가 지불하는 금액에 맞추려면 얼마나 친절해야 하는지를 알려주는 알고리즘을 개발하고 있다.

플루트 연주에 능했던 프리드리히 2세처럼 직접 무대에 서서 악기를 드는 방법도 있다. 아돌프 멘첼이 그린 이 그림에서 대왕의 옆에 앉아 하프시코드로 반주를 하는 사람은 바흐의 차남인 칼 필리프 에마누엘 바흐이다.

껐다. 결국 이것(그들의 존중이 일으킨 나의 충성심) 때문에 나는 그때 꾸린 4중주단을 확실히 연습시켰다. 보수 때문이 아니었다. 보수는 괜찮았지만 대단하지는 않았다.

반대의 경우

노스웨스턴 음대 시절, 나는 학교 근처 교회의 결혼식에서 연주한 적이 있다. 학교 동기가 그룹을 꾸렸다. 보수는 보잘것없었고, 예비 부부는 우리를 만날 생각도 없었고, 결혼 코디네이터는 전체 행사에 대해 거의 아무것도 알려주지 않았다. 우리가 들은 것은 행진이 세 단계라는 것뿐이었다. 꽃을 든 화동들이 한 번, 신부 들러리들이 한 번, 그리고 신부. 우리는 각 단계를 대충 한 번씩 연습했다.

식장에 도착했을 때 코디네이터가 우리 좌석을 안내하고, 첫 번째 행진이 언제 시작할지를 알려주었다. 그 뒤로 우리가 코디네이터를 다시 본 것은 신부가 제단 앞에 왔을 때였는데, 그때는 이미 늦었다.

문제는 바로 시작되었다. 우선 우리는 꽃을 들고 입장하는 여자아이들이 몇 명인지 몰랐고, 키가 작아서 우리 자리에서는 그 아이들이 보이지 않았다.[5] 다음 문제는 우리가 첫 번째 행진곡을 마치기 전에 신부 들러리가 입장을 시작했다는 것이다. 그래서 우리는 계속 같은 음악을 연주해야 했다. 입장 중에 곡을 바꿀 수는 없기 때문이다.

마지막 신부 들러리가 제단 앞에 온 뒤 입구를 보니 바다 거품 같은 푸른색의 짧은 드레스를 입은 중년 여자가 다음번 행진을 준비하고 있었다. 우리는 속삭였다. '아, 첫 번째 행진에 화동들과 신부 들러리가 다 입장하는 거였나 봐. 두 번째 행진에 신부 어머니가 입장하고.' 우리는 두 번째 행진곡을 시작했다.

그런데 안타깝게도 첼리스트가 자꾸 실수를 해서 곡 전체가 길고 고통스러운 불협화음이 되었다. 다행히 복도가 상당히 짧아서 그 시간이 아주 길지는 않았다.[6]

우리가 마지막 행진곡인 신부 행진곡을 준비하는데 웨딩 코디네이터가 그러지 말라는 신호를 보냈다. 처음에 우리는 그게 무슨 의미인지 몰랐지만 그 때문에 우리가 머뭇거리는 모습을 집전 사제가 보게 되었다. 알고 보니 푸른색 드레스의 여자가

---

5   그곳은 전체적으로 모든 것이 짧고 작았다.

6   그래서 애초에 왜 행진곡 세 개가 필요했는지가 의문이다.

신부였다. 실수를 깨달았을 때 나는 처참한 기분이 되었다. 너무 괴로워서 돈도 받을 수 없다는 생각마저 들려고 했지만 액수가 너무 작아서 그냥 받았다.

돈이 전혀 없지만 그래도 월드클래스 음악가를 부르고 싶다면?

이렇게 하면 된다. 우리와 아주 친한 친구라거나 우리에게 생명이나 생계를 빚진 사람이 아니라면 어떤 경우에도 전문 음악가를 결혼식에 공짜로 부를 수 없다. 행사 계획 중간에 여러분에게 이런 생각이 든다면, 잠깐 멈춰서 타임머신을 타고 다섯 살 무렵까지 몇십 년을 거슬러 올라가 보자. 그런 뒤 악기 연주를 시작해서 20년 동안 매일매일 연습하고, 중간에 관련 학위도 몽땅 딴 뒤에 다시 타임머신을 타고 행사 계획을 하는 순간으로 돌아와 보자. 자신의 옆통수를 후려치고 싶어질 것이다.

하지만 우리가 음악가에게 '돈'으로 지불해야 한다는 법률 조항은 없다. 물론 음악가들은 거의 항상 돈이 필요하고 대부분은 돈으로 지급받기를 선호할 것이다.[7] 그리고 우리가 디제이나 사진사에게 돈으로 사례할 생각이라면 음악가에게도 똑같이 해야 한다. 그러나 음악가들도 관심사가 있는 사람들이고, 우리에게 언제 행운이 있을지는 모르는 일이다.

부르고뉴의 한 음악 페스티벌은 사례의 일부를 와인으로 준다. (정말로 좋은 와인이긴 하다.) 또 나는 패션 디자이너의 결혼

---

7 금괴 또는 차세대 비트코인이 선택지에 없다면.

식에서 연주하고 옷을 받은 적이 있다. (직접 디자인한 멋진 옷들이었다.) 그때 나는 돈을 받은 것보다 그게 더 좋았다. 그 돈이 인생을 바꿀 만큼은 되지 않았기 때문이다.

자신이 경력 있는 사진작가라면 무료 사진과 프로필 사진을 찍어주겠다고 제안할 수 있다. 회계사라면 연주의 대가로 음악가의 세금 관리를 해주겠다고 할 수도 있다. 인플루언서(객관적인 기준으로)라면 공연 비디오를 올려서 음악가들의 소셜미디어 유입을 늘려주겠다고 제안할 수도 있다. 하지만 돈 대신 이런 것을 제공하겠다고 제안할 때도 정중한 태도로 해야 하고, 이것이 관례에 어긋나는 일이라는 걸 인정해야 한다. 거들먹거릴 때가 아니라 공손해야 할 때다. 그리고 상대가 거절할 가능성이 높다는 걸 염두에 두어야 한다.

중요한 것은 (공연의 대가가 돈이건 수제 비스킷 평생 제공이건) 자신이 줄 수 있는 최대한을 주어야 한다는 것이다. 그리고 정중하게 대해야 한다는 것이다.

연주 목록

내가 결혼식에서 쓴 클래식 음악은 행진 음악(헨델의 오페라 〈줄리오 체사레〉의 '사랑하는 그대 눈동자')뿐이었지만 어쨌건 이것은 훌륭한 선택이었다. 이 아리아는 아름답고 경건하고, 가사는 사랑을 이야기하며, 박자는 천천히 걷는 속도와 잘 맞아서 심장 박동을 연상시킨다.[8] 길이도 우리 식장과 꼭 맞았다. 아

---

8 이 아리아의 오페라 연출은 흔히 웅장하고 극적이다. (가수의 동작이 극장 뒤편까지 보여야 하기 때문이다.) 하지만 눈을 감으면 내가 무슨 말을 하는지 알 것이다.

1724년 7월에 출판된 헨델의 오페라 〈줄리오 체사레〉 초판 악보의 표지. 오늘날 헨델의 오페라 중 가장 널리 연주되는 이 작품은 19세기까지만 해도 구식으로 치부되어 공연되지 않았다가 20세기에 이르러 다시 인기를 얻었다.

무래도 중간에 어색하게 끝나는 것보다는 작품 전체를 사용하는 것이 좋다. 음악 자체가 약간 행진 비슷한 것을 의도한 곡이기도 하다. 클레오파트라가 율리우스 카이사르를 처음 만날 때 부르는 노래이기 때문이다. (이들 같은 주인공이 되기를 꿈꾸지 않은 사람이 누가 있겠는가?)

이 작품처럼 사랑스러운 작품이 얼마나 많은데 그렇게 많은 사람들이 바그너의 결혼행진곡, 이른바 '웨딩 마치'나 파헬벨의 캐논에 맞추어 입장하는 건지 나는 이유를 모르겠다.

바그너의 작품이 실제로도 그의 오페라 〈로엔그린〉의 결혼식 장면에 쓰이기는 하지만 정말로 감동적인가? 그 아름다움이 머리를 후려치는가? 딱히 그렇지 않다. 거기다 계속 말해왔듯 바그너는 나쁜 놈이다.

그리고 파헬벨의 캐논에 대해서 이야기하자면, 이 곡이 향수를 일으키는 아련한 아름다움이 있다는 것은 인정한다. 그리고 엄청난 반복과 빈약한 주제 전개 때문에 두 마디마다 종지부 비슷하게 돼서 어떤 길이의 식장과도 잘 맞는다는 실용적인 이점도 있다. 그럼에도 이 작품은 거의 재난이다.

우선 이 작품은 너무 많은 데 쓰인다. 결혼식, 졸업식, 팝송, 엘리베이터, 텔레비전, 통화 대기음 등 헤아릴 수가 없다. 두 번째로 우리가 딱 세 음정을 듣고 무슨 곡인지 파악해서 소리를 차단한다고 해도(결혼식이라면 그럴 수 없지만 어쨌건 차단할 수 있는 상황이라면) 이 곡은 우리 머리에 서너 시간 동안 남아 있을 것이다. 무엇보다 이 곡의 가장 큰 문제는 실제로 연주할 때 위험하다는 것이다. 첼로 파트는 내내 여덟 개의 4분음표로 구성되어 있는데, 첼리스트는 끝날 때까지 아무런 변주 없이 계속 이것을 연주해야 한다. 그러는 동안 때로 달콤한 술이나 전채 요리가 장내를 돌아서 첼리스트(그리고 그들의 동료) 빼고 모두가 먹고 즐기는 분위기가 된다. 첼리스트에게는 엔드 핀이 있다는 사실을 잊으면 안 된다. 그들은 대체로 무던한 성격이지만 누구나 한계가 있다.[9]

여러분이 이미 파헬벨 또는 바그너의 곡을 사용하기로 마음먹었다면 그걸 나무랄 수는 없다. 하지만 여기에 대안이 될 만한 다른 곡들, 그리고 다른 행사에 사용할 만한 곡들도 제안해 본다.

---

9   나는 또한 그들 중 일부는 실제로는 깊은 억압과 분노를 품고 있으면서 겉으로만 무던한 척한다는 의심도 하고 있다.

결혼행진곡

행진곡은 우리가 선택한 음악 중 하객 대부분이 처음으로 듣게 되는 곡이다. 또 우리가 인생을 살면서 자주 떠올리는 음악이 될 것이다. 기쁨 속에 떠올리면 좋겠지만 분노 속에 떠올린다고 해도 말이다. 그러니 어느 경우라도 몇 주일, 몇 달을 머릿속에서 맴돌지 않는 곡을 고르는 것이 좋다.

◎ 피아노 3중주 1번 D단조 2악장 'Andante con moto tranquillo' 멘델스존
◎ 〈카발레리아 루스티카나〉 간주곡[10] 피에트로 마스카니
◎ 〈줄리오 체사레〉 중 '사랑하는 그대 눈동자'[11] 헨델
◎ 〈세르세〉 중 '그리운 나무 그늘이여' 헨델
◎ 두 대의 바이올린을 위한 협주곡 D단조 BWV 1043 2악장 'Largo ma non tanto'[12] 바흐
◎ 4중주 3번 C단조 Op.60 3악장 'Andante' 브람스
◎ 〈로미오와 줄리엣〉 중 '로렌스 신부' 프로코피예프
◎ 세레나데 10번 B장조 K.361 '그란 파르티타' 3악장 모차르트

 모든 행사에 사용할 수 있는 간주곡

행사 중간에 30~60분 정도 시간을 내서 다악장 곡 전체를

---

10 신부는 약 1분 15초 부분에 출발해야 한다.

11 이 곡은 우리에게 멋진 행운을 가져다주었다. 아직까지는.

12 2분 30초 부분에 멈춰도 좋은 부분이 있지만 식장 복도가 엄청나게 길고 내 여동생처럼 들러리를 잔뜩 세운다면 7분 30초에서 8분가량 걸리는 곡 전체를 사용하는 게 가장 좋다.

듣게 했으면 좋겠지만 대부분의 사람들에게는 그럴 시간이 없기 때문에 간주곡으로 좋은 짧은 작품들을 몇 편 소개한다.

성찰하는 분위기에는 이런 곡들이 알맞다:

◎ 즉흥곡 G♭장조 Op.90 no.3 슈베르트

◎ 녹턴 E♭장조 Op.9 no.2 쇼팽

◎ 피아노 4중주 3번 C단조 Op.60 3악장'Andante' 브람스

◎ 3중주 2번 C단조 2악장'Andante espressivo' 멘델스존

◎ 간주곡 A장조 Op.118 no.2 브람스

◎ A단조 바이올린 소나타 BWV 1003 3악장 바흐

◎ 〈죽은 왕녀를 위한 파반〉[13] 라벨

화려하고 밝은 행사에는 폭죽을 터뜨리지 않을 이유가 없다:

◎ F.A.E. 소나타 WoO 2 중 스케르초 브람스

◎ 화려한 론도 B단조 D.895 슈베르트

◎ 〈파가니니에 초절기교 에튀드〉 중 '라 캄파넬라' 리스트

◎ 〈세비야의 이발사〉 중 '나는 이 거리의 만물박사' 로시니

◎ '렌토보다 느리게' 드뷔시

일반적인 배경음악

여러분이 부르는 음악가들은 (뛰어난 음악가가 아니더라도) 위의 곡을 전부 소화할 수 있을 것이고, 배경음악도 선택해 줄 수

13 이 곡은 결혼식보다는 추모식에 추천한다. 마리나가 어느 날 당시 남자 친구이자 현재 남편인 라이언에게 화가 났을 때 이 작품을 결혼행진곡으로 쓰겠다고 한 적이 있긴 하지만.

것이다. 마르코의 바인더를 기억하라. 그러므로 여기에 해당하는 특정한 곡은 추천하지 않겠지만 몇 가지 조언할 점은 있다.

회사의 파티, 결혼식 전주, 칵테일파티, 무엇을 위한 연주라도 대체로 바로크 시대나 고전주의 시대의 음악 중 고를 것을 추천한다. 이미 말했듯이 '세레나데', '디베르티멘토'라는 이름이 붙은 것이 가장 좋다. 이 작품들은 일반적으로 대화가 오가는 행사 음악으로 태어난 것이기 때문이다. 왈츠도[14] 고려할 수 있지만 행사장 분위기가 톨스토이 작품의 배경 같을 때만 그렇다. 낭만주의와 20세기 작품을 추천하지 않는 것은 이 시대의 폭넓은 역동, 템포, 분위기가 조용한 인사, 예의 바른 착석, 속사포 같은 "실례합니다"의 연발과는 들어맞지 않을 때가 많기 때문이다. 이 시기의 음악은 격렬한 폭발이 자주 있어서 수프 그릇을 들고 선물 테이블로 가는 손님들이 놀랄 수 있다.

졸업식

비타민 C의 노래 〈졸업〉 대신에(이 노래는 실제로 파헬벨의 캐논에 가사를 붙인 것이다), 하이든의 '고별' 교향곡(교향곡 45번)을 고려해 보자. 하이든은 그의 후원자인 귀족이 시골 별장에 너무 오래 머물러서 궁정 오케스트라 단원들이 가족을 만나지 못하고 힘들어하자 장난스러운 항의를 담아서 이 곡을 작곡했다. 이 곡은 마지막 악장에서 약간 코믹한 점진적 퇴장이 일어난다. 음악이 진행되는 동안 마지막 줄 연주자 두 명이 일어나

---

14 예를 들면 요한 슈트라우스 2세의 작품

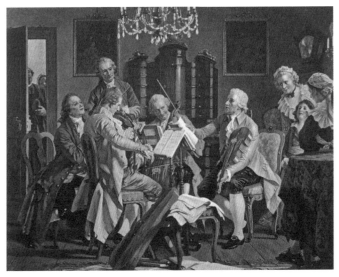

현악 4중주를 연주하는 요제프 하이든. 그는 30년 동안 에스테르하지 후작에게 고용되어 궁정 악장으로 활동했다. 피고용자로서 봉급을 받으며 가문을 위해 곡을 지어주던 그의 생활은 지금으로 따지면 직장인에 가깝다.

서 나가고, 이어 다음 줄 연주자가 나가는 식으로 진행되다가 마지막에는 무대에 바이올린 두 대만 남는다. 윌리엄 토머스는 앤도버의 졸업 공연 때 해마다 이 곡을 지휘했고 항상 열렬한 반응을 얻었다. 작품은 초연 때도 하이든의 후원자인 에스테르하지 대공 니콜라우스 1세를 감동시켜서, 사람들은 다음 날 바로 도시로 돌아갈 수 있었다.

　이 곡의 유일한 문제는 상당히 좋은 학교 오케스트라가 필요하다는 것이다. 안 그러면 그냥 공연 중간에 연주자들이 일어나서 나가는 일밖에 되지 않는다.

감상자로 돌아가는 길

결국 웨딩드레스의 뼈대와 안감을 모두 뜯어내서 서툴고 노동집약적 방법으로 다시 가공한다는 것은 별로 좋은 아이디어가 아니었다. 뼈대는 드레스를 받쳐준다는 목적이 있었다. 안타깝게도 마지막까지 바느질에 몰두해 있느라 나는 이 사실을 식장에 들어가기 30분 전에야 깨달았고 그때는 손을 쓸 방법이 없었다.

이 깨달음은 맹렬한 자기혐오의 폭풍을 일으켰다. 나는 나의 쓸모를 찾으려고 했지만, 내가 내 생각보다 훨씬 더 쓸모없다는 것만 보여주었다. 실패를 만회하려고 시도한 일이 지금까지 그 무엇보다 더 큰 실패로 이어졌다. 드레스를 세워 들고 식장으로 갈 때 나는 최악의 공연을 앞두었을 때와 똑같은 느낌을 받았다. 망할 거라는, 준비가 덜 됐다는, 서글프고 화가 난다는.

이런 유독한 혐오는 그날 하루를 망쳤을 수도 있지만 그래도 건질 것 하나가 있었다. 도서관 바깥 모퉁이 너머에서 대기할 때, 프란체스카의 목소리가 열린 문밖으로 헨델의 음악을 전달하자 나는 고통에서 빠져나왔고, 분노와 짜증 가득한 고슴도치에서 현실 감각을 갖춘 인간으로 변모했다.

나는 어벤저스 체육관의 캡틴 아메리카에서 〈사운드 오브 뮤직〉의 폰 트랩 대령으로 변했다. 그는 아이들이 슈레더 남작부인에게 노래하는 것을 듣고 엄격한 훈육과 무뚝뚝한 간헐적 대화, 그리고 오랜 부재가 좋은 양육법이 아님을 깨닫는다. 나는 결혼식이 패션쇼도 공연도, 커리어를 대체할 무엇도 아니고, 그저 새로운 인생을 축하하는 자리라는 것을 깨달았다. 그 인생은 바로 슈테판(실패와 방황과 직업적 좌절이 가득했던 나의 한 해를 인생 최고의 해로 만들어준 사람)과 함께하는 인생이었다.

결혼식은 이벤트 플래닝 분야의 내 실력 부족을 여실히 드러낸 현장이었다. 피로연 중에 우리 두 사람 중 한 명의 손바닥에 가격표가 있는 것을 보았고, 하객에게서 유두 가리개를 빌렸고, 밖에 비가 오자 우산을 준비하지 않았다는 걸 깨달았다. 하지만 그 어떤 일도 (비를 맞고 덜덜 떠는 하객들도) 나를 낙담시키지 않았다.

만약 이것이 영화라면 관객들이 따뜻한 미소를 지으며 떠날 준비를 하다가 잠시 후에 "근데 저 여자 커리어는 어떻게 된 거야?" 하고 물어보는 해피엔딩 영화였을 것이다.

커리어 관련해서 좋은 일도 있었다. 결혼식 후에 내가 드레스 참사와 관련해서 간략한 글을 썼는데 그것이 처음으로 지면에 발표되었고, 거기서 뻗어나간 길이 (결국) 이 책까지 이어졌다는 것이다.[15] 하지만 음악과 바이올린 관련 일들은 여전히 엉망이었다.

간단히 말하면 나는 그만두었다. 그 젯블루 항공사 승무원이 퇴사할 때처럼 극적이고 의도적인 방식이 아니라,[16] 현실을

---

15 만세!

16 2010년에 이 항공사 승무원이 비행 중 승객에게 괴롭힘을 당하자 착륙 직후 회사를 그만두겠다고 기내 스피커로 방송한 뒤 맥주 두 병을 들이켜고 긴급 탈출 하강로로 비행기에서 내린 일이 있다.

직면하지 못하는 미성숙한 인간이 관계를 끝낼 때와 비슷했다. 그것은 그냥 점점… 시들해졌다. 바이올린과 나는 가끔 만났지만 자주 만나지는 않았고 만날 때마다 늘 어색했다.

그러나 내 경우에 그것은 진작에 관계가 끝났지만 시간만 질질 끈 그런 일은 아니었다. 아직도 상처가 있었고 아팠다. 그 시절 일주일이 완전히 망가졌던 일이 기억난다. 동생이 와서 이렇게 말했기 때문이다. "참, 프랑수아 만났어. 언니하고 같이 소나타 해석하고 싶다길래 내가 언니는 요새 연주 별로 안 한다고 하니까 안타까워하더라. 프랑수아는 늘 언니가 하고 싶은 말이 많다고 느꼈대."

그 말에 나는 "그렇게 말해주니 고맙네" 하고 넘어가는 대신 프랑수아의 얼굴에 주먹을 날리고픈 충동을 느꼈다. '소시오패스 아냐? 그런 무책임하고 공연히 사람 마음을 흔드는 말, 악당처럼 유혹하는 거짓말을 하다니' 하는 생각 때문이었다. 나는 빈 그릇이고 할 말이 없었다. 이것은 사실이었다. 천재적인 해석을 원한다면 골든보이를 찾아가야 한다.

그렇게 되었다. 하지만 더 중요한 것은 '음악'(내가 한때 인생 전부를 바쳐서 사랑했던 것)이 여전히 바이올린을 비롯한 내 모든 문제에 얽혀 있었다는 것이다.

나는 몇 달 동안 상황을 그냥 두었다. 글을 쓰고, 모델 오디션에 떨어지고, 「왕좌의 게임」을 (이번에는 바이올린 연습 없이) 정주행했다. 독일어 공부를 시작했다가 너무 어렵고 낯선 문법에 독일 전체가 싫어져서 그만두었다.

그러던 어느 날 밤늦게 슈테판과 함께 소파에 앉아 잡담을 하다가 그에게 들려주고 싶은 곡이 떠올라서 유튜브에 들어가 보니 있었다. 몇 주일 뒤에 또 한 곡이 생각났다. 그리고 몇 주일 뒤에 또 한 곡. 슈테판은 잘 받아들였다. 나는 그에게 음악에 대한 느낌을 묻고 그가 듣는 얼굴을 보았다. 베를린 국립오페라 극장에서 시작된 것이 자연스럽게 이어지는 것이었다. 그때 그의 꾸밈없는 감상(음악적 순진함)은 내 관점에 새로운 자극이 되었고, 나는 비유적으로 돌 더미에 깔린 내 일부가 짜릿짜릿해지는 느낌을 받았다. 그날 밤 소파 위의 대화 이후 나는 다시 음악을 감상하기 시작했다.

12장

자, 그럼 이제 클래식 한번 들어볼까?

내 멋대로 클래식을 사랑하기 위하여 필요한 모든 것

어떻게 보면 웨딩드레스 참사는 열두 살에서 스물아홉 살까지 내 인생의 축소판이었다. 내가 그 세월 내내 유두 노출의 위험 속에 산 것은 아니지만, 바이올린을 배울 때 나는 결혼식을 준비할 때와 마찬가지로 기술적 세부에(그리고 나 자신과 나의 성취에) 집착한 나머지 애초에 그 일을 시작한 이유를 잊어버렸다. 나는 음악을 사랑해서 바이올린을 시작했고 슈테판을 사랑해서 결혼식을 준비했지만 내 강박, 내 자아, 내 집요함, 내 파괴적 완벽주의가 두 가지 모두 망칠 뻔했다.

결국 양쪽 다 해결책은 같았다. 헨델의 아리아가 내 이기적인 불만을 없애주었고, 내가 그날 식장에 오기 전까지 품고 있던 아름다운 감정을 다시 느끼게 해 주었다. 비슷한 일이 나의 음악적 발전이라는 더 큰 과정에서도 일어났다. 내가 학창 시절 키웠던 정서적 무감각의 해독제는 음악 자체였다. 음악을 연주하지 않아도 대신 '감상하는' 일. 그것을 분해하지 않고 그냥 '듣는' 일이 남아 있었다.

내가 렉스의 멘델스존 연주를 처음 들었던 일곱 살 때와 그 녹음을 다시 들었던 10여 년 후를 비교한다면, 여러 면에서 일곱 살 때가 음악을 더 잘 이해했다고 할 수 있다. 20대 때 나는 너무 망가진 나머지 렉스의 연주가 만들어낸 아름다움과 기쁨을 인식할 수가 없었다. 나는 음악을 연주하는 법을 배우면서 음악을 듣는 법, 음악에 감동하는 법을 잊어버리고 말았다.

렉스가 죽고 얼마 지나지 않아 그의 부모님은 아들이 소장했던 클래식 시디 컬렉션을 앤도버의 클리프 음악도서관에 기증했다. 나도 그것을 들었다. 나무로 된 파일 캐비닛의 작은 서랍을 열고 색인 카드를 뒤져 예후디 메뉴인, 아르튀르 그뤼미오, 다비드 오이스트라흐의 음반을 찾던 일이 기억난다. 나는 이런 바이올린의 옛 거장들을 렉스 덕분에 알게 되었다. 하지만 렉스의 컬렉션이 얼마나 방대한지 제대로 알게 된 것은 이 글을 쓰기 시작하고 나서 지금의 사서 칼의 도움을 받아 도서관 자료실을 탐색하면서였다.

그것은 평범한 고등학생 클래식 팬이 침대 밑에 보관하는 시디 더미 수준이 아니었다. 개수로만 500장이 넘고 희귀 음반도 많았다. 칼의 표현에 따르면, 타워레코드에 들어가서 그냥 살 수 있는 종류가 아니었다. 그리고 표준 (심지어 확장된) 바이올린 레퍼토리에 그치지도 않았다. 오페라도 있고, 4중주, 피아노곡, 오케스트라곡도 있었다.

칼은 렉스 시절 당시 도서관 사서였던 샐리의 메모도 발견했다. 메모에는 렉스가 자주 와서 희귀 시디를 대출하기도 하고 때로는 학교 자료실의 '부실함'을 채울 방법에 대해 샐리와 가벼운 대화를 나누었다고 적혀 있었다. 샐리는 또 그가 매주 필요한 자원봉사 시간을 열심히 채우고 그 성소에서 듣는 일에 몰두했다고도 썼다.

렉스는 멘델스존 협주곡으로 내 인생에 들어왔다. 그는 내 눈에 (그리고 그날 밤 있었던 다른 많은 사람들에게) 뛰어난 바이올린 연주의 등대처럼 빛났다. 그래서 나는 늘 그가 바이올리니스트라고 생각했다.

악구 정복과 테크닉 연마에 전념할 때, 나는 그것이 렉스와 바이올린에 대한 그의 사랑을 기리는 방법이기도 하다고 생각했다. 하지만 그만한 잠재력이 있던 연주자가 왜 음악원에 가서 콘서트 연주자의 길을 걷지 않았는지는 생각해 보지 않았다. 이제 와서 생각해 보니 분명한 이유가 떠오른다. 렉스는 바이올린 연주자 이상으로 '감상자'였을 수도 있다.

클래식 음악을 듣는 법

다른 장르와 달리 클래식 음악의 표준 레퍼토리는 쉽게 다가오지 않는다. 정신을 집중하지 않고도 음악을 들을 수 있게 하는 전체를 관통하는 비트가 별로 없다. 그러니까 우리의 언어처럼 멀티태스킹을 가능하게 해주는 특징이 없다. 몇 번만 들어도 노래의 핵심 부분을 기억하게 해 주는 중독성 있고 반복적이고 짧은 후크도 가사도 대체로 없다.

일하거나 청소 혹은 요리를 하거나 누구를 만날 때 배경음악으로 클래식을 틀어놓을 수는 있지만(바흐를 들으면서 빵을 굽는 것처럼 멋진 일은 없다), 그 영양가를 온전히 흡수하고 싶다면 평소보다 좀 더 집중하는 것이 좋다. 비교적 조용한 공간에서 듣는 것을 추천한다. 팝 음악은 음량이 처음부터 끝까지 상당히 일관된 편인 데 비해 클래식 음악은 그 폭이 매우 넓어서 조용할 때는 (자동차 엔진 소리나 결혼식 하객의 대화 소리 같은) 주변 소리에 묻히기 쉽다.

집에 있기만 하다면 완전히 조용해야 한다는 것은 아니다. 집은 내가 가장 좋아하는 감상 장소다.[1] 내가 원하는 만큼 크게 반응할 수 있다는 점이 좋고, 또 몇 초 앞으로 돌려서 슈테판이 놓친[2] 아름다운 부분을 다시 듣는 것도 좋다. 그리고 우리 집에는 좋은 스카치위스키도 많다.

하지만 공연 관람도 잊을 수 없는 최고의 감상 경험을 많이 안겨주었다. 공연의 에너지는 어느 것에도 비할 수 없다. 정말로 훌륭한 공연에는 최고의 사운드 시스템도 전달하지 못하는 강렬함이 있다.

이 책의 마무리에 앞서 여러분이 클래식 음악을 어디서나 원하는 방식으로 들을 수 있는 방식을 전부 알려주고 싶다. 집에서

---

1 나는 이 책으로 우리 집 모든 방에 뱅앤드올룹슨 베오랩 28 스피커를 달 수 있을 만큼의 돈을 벌기를 정말로 바라고 있다.

2 그러니까 충분히 감탄하지 않은.

19세기 말~20세기 초 오케스트라 악단이 스튜디오에서 녹음하는 모습. 녹음 기술의 발달하면서 음악 감상을 위해 반드시 공연장을 찾을 필요가 없어졌지만 100년 전만 해도 녹음 수단이 매우 조잡했다. 당시엔 마이크가 없었기 때문에 비슷한 역할을 하는 큰 금속관을 앞에 두고 녹음했다.

듣는 팁과 공연장에서 마주칠지 모를 그 어떤 꼰대도 막아 낼 콘서트 에티켓도 알려주겠다. 또 어떤 연주자의 어떤 공연에 갈지, 어디가 좋은 좌석인지, 복잡한 작품 제목을 어떻게 해독하는지와 같이 여러분이 고려해야 할 여러 가지 요소도 살펴볼 것이다. 시작하는 데에 정답은 없다. 목표는 여러분이 이 멋진 작품들을 최대한 즐길 방법을 찾는 것이다.

두 시간 동안 의자에 가만히 앉아 있기가 싫다고? 상관없다. 슈트라우스의 〈차라투스트라는 이렇게 말했다〉의 첫 5분은 스카이다이빙과도 잘 맞을 것이다. 1분 15초 무렵에 점프하기 딱 좋은 대목이 있다. 그런 뒤 약간 이상하고 걱정에 잠긴 듯한 소리가 나지만(스카이 점프 직후라면 대부분의 사람이 그런 느낌이지 않을까?) 3분 지점에서 낙하산이 펴지면 우리는 환상적으로 솟아오르는 멜로디 속에 세상 위로 두둥실 내려와서 착륙할 수 있다. 그리고 음악이 다시 이상해지기 전에 얼른 끄면 된다.

하지만 먼저, 어디 귀를 기울여야 할까

사람들은 때로 내가 전직 바이올리니스트였다고 말하면 이렇게 반응한다. "저는 클래식 음악을 몰라요. 어떻게 들어야 할지 모르겠어요." 이 책을 산 독자들 중 그 문제에 대한 해답을 기대한 분도 있을 텐데 그런 분은 상당히 답답했을지도 모르겠다.

리듬, 박자, 멜로디, 화성 같은 개별 요소들을 어떻게 들어야 하는지 명쾌하게 설명하는 책은 많다. 하지만 내가 이 책에서 의도하는 것은 그런 것이 아니다. 예전에 내가 바이올린 레슨을 받고 있을 때 괴팍하기로 이름난 첼로 선생님 한 분이 연습실로 벌컥 들어와 내 선생님에게 소리 지른 적이 있다. "그만! 더 이상은 학생에게 말하지 마세요! 우리가 할 수 있는 최선의 방식은 학생들을 헷갈리게 하는 거예요! 언제나 최대한 헷갈리게 하세요. 학생들이 연습실에 틀어박혀서 그 말이 무슨 뜻인지 고민하게!"

그분이 무언가 감지했던 건지도 모른다. 그리고 나는 클래식 음악의 구조를 낱낱이 해체해서 마법과 신비를 깨는 일은 정말로 하고 싶지 않다. 동시에 여러분에게 도움도 되고 싶다. 그래서 아주 멋진 음악적 효과의 사례를 몇 가지 알려주겠다. 인어 공주가 우연히 주운 도자기와 숟가락, 포크 등을 통해 인간에 대한 집착을 키운 것처럼 여러분도 이 사례들을 통해서 훌륭하고 방대한 보물 창고에 마음을 열 수 있을 것이다. 나머지는 여러분이 (비유적으로) 연습실에서 알아내길 바란다.

이 효과는 우리가 9장에서 잠깐 이야기한 '가사 그리기'라는 개념과 비슷하다. 혹시 잊었을 경우를 대비해서 다시 한번 설명하면 가사 그리기는 음악을 활용해 가사의 의미를 강조하거나 음악에 가사의 내용을 반영하는 것을 말한다. 〈아름다운 5월에Im wnderschön Monat Mai〉의 경우처럼 가사가 상승을 묘사하면 음악도 올라간다. 어둠이나 슬픔을 묘사하면 음악도 단조가 되고, 고통이나 그리움 관련 내용이 있으면 불편한 소리(불협화음이라고 한다)가 나온다.

가사 그리기라는 용어는 가사가 있는 음악에만 적용되지만, 가사가 있건 없건 모든 작품은 음악으로 의미를 전달한다. 그리고 그 의미는 때로 놀라울 만큼 구체적이다.

베토벤은 언젠가 친구에게 보낸 편지에 자신이 어찌나 흥분했는지 "오늘 하루 종일 셋잇단음표였다"라고 말했다. 아주 빠른 박자를 나타내는 셋잇단음표는 흥분과 불안을 묘사할 때 자주 쓰이기 때문이다.[3] 드럼 롤 소리는 천둥소리를 가리킬 때가 많다. 반복적인 부점 리듬은[4] 질주하는 말발굽 소리를 나타낼

---

3 셋잇단음표는 음 세 개가 하나로 묶인 것인데 왈츠의 경우처럼 첫 번째 음정에 강세가 있다.

4 부점 리듬은 하나로 묶인 두 개의 음에서 첫 번째 음이 두 번째 음보다 (세 배) 긴 것을 뜻한다. 미국 국가의 첫 두 음이 부점 리듬이다.

때 자주 쓰이지만, 같은 부점 리듬이라도 템포가 느려지면 고귀함 혹은 군사력을 나타낸다. 특히 바로크 시대와 고전주의 시대의 음악에서 그렇다. 상승 도약이나 하강 도약은 감정이 폭발하는 순간에 사용되고, 노래에 도약이 많다면 그것은 대부분 분노를 표현한다. 〈돈 조반니〉에 멋진 사례가 있다. 거기서 돈나 안나가 악당 돈 조반니에게 복수를 맹세하며 부르는 아리아 '누구의 짓인지 그대는 알리'는 가수의 음역대 끝에서 끝까지 질주하고, 현악기들은 배경에서 분노로 떨린다. 이 아리아에는 조금 전에 말한 부점 리듬도 가득하다. 돈나 안나는 고귀한 동시에 무시무시하기 때문이다.

이 경우는 가사가 있지만 음악은 가사 이상의 더 큰 그림을 전달하려고 한다. 〈돈 조반니〉에 비슷한 사례가 또 하나 있다. 아리아 '우리 함께 손을 잡고'다. 여기서 모차르트의 멜로디는 달콤하지만 거짓된 느낌이고 아주 단순하다. 돈 조반니가 유혹을 대하는 가벼운 태도 그리고 그의 표적이 된 체를리나의 지적 소박함과 사회 경제적 처지를 반영한 것이다. (시골 소녀 체를리나는 돈 조반니와 결혼할 줄 알고 그와 동침을 허락한다.) 아리아는 주제에 대한 두 개의 독립된 진술로 시작한다. 하나는 조반니의 것이고 하나는 체를리나의 것인데 둘 사이에 짧은 휴지가 있다. 하지만 음악이 진행되면서 두 가수 사이의 분리가 무너진다. 노래가 들어오는 간격이 점점 짧아지다가 곧 서로 겹쳐 가며 노래하고, 마침내 체를리나가 굴복하면서 둘이 함께 노래한다. 그리고 연출에 따라서 다른 일들도 한다.

많은 오페라와 음시가 '라이트모티프leitmotif'를 사용한다. 라이프모티프란 주요 인물이나 사건, 개념과 관련된 짧은 음형을 말한다. 이것은 짧은 주제가처럼 활용되어서 특정 인물의 등장을 알린다. 관객에게 앞서 나온 무언가 또는 누군가를 상기시켜 주기도 한다. 베르디의 오페라 〈오텔로〉(이탈리아어라서 '오셀로'가 아니라 '오텔로'다)는 '키스'(이탈리아어로 'baccio')라고 불리는 주제를 사용한다. 이 모티프는 오텔로가 귀향해서 데스데모나와 감격스럽게 재회할 때 처음 나타난다. (그가 그녀에게 'baccio'를 요구해서 이런 이름이 붙었다.) 그런 뒤 이 주제는 여러 가지 사악한 힘(주로 이아고) 때문에 배신감에 사로잡힌 오텔로가 데스데모나를 죽이기 직전에 나온다. 그가 질투로 분노하는 단계를 지나 데스데모나의 사랑을 잃은 것을 한탄할 때다. 그리고 작품 마지막 부분에서 오텔로가 데스데모나에게 잘못이 없음을 깨닫고 자살할 때 마지막으로 다시 나온다. 효과는 아주 뛰어나다.

쇼스타코비치의 4중주 8번은 가사나 스토리 없이도 섬뜩할 만큼 또렷한 그림을 그리는 멋진 사례다. 이 곡은 역사상 최고의 작품 중 하나이자 내가 가장 좋아하는 작품이기도 하다.

쇼스타코비치는 이 작품을 맹렬한 영감 속에서 사흘 동안 작곡했고, 파시즘과 전쟁의 피해자들에게 헌정했다. 이 작품을 쓴 시점에 그가 자기혐오에 빠져 있었고(쇼스타코비치가 강압 때문에 억지로 공산당에 입당한 직후였다), 그래서 일종의 자살 유서로 이 작품을 썼다는 사실은 여러 증거가 뒷받침한다. 그 증거 중 하나는 음악 자체다. 1악장은 그의 음악적 서명이라고 할 특징적 음형을 반복하며 시작한다. D, E♭, C, B 음인데, 독일식 표기

독소전쟁이 발발하자 이미 유명 작곡가였던 쇼스타코비치는 군에 지원했지만, 근시가 너무 심했기에 시민군에 들어가 소방대로 일했다. 교향곡 7번 '레닌그라드'를 작곡한 것이 이때였다. 1941년 레닌그라드에서 찍은 사진.

로는 'D, Es, C, H'라고 쓴다. D는 드미트리고, SCH는 쇼스타코비치(Schostakowitsch)의 마지막 세 글자다. 이 모티프는 2악장에 다시 나와서 바이올린으로는 분노의 비명을, 저음 악기들로는 성난 포효를 쏟아낸다. 그리고 작품 곳곳에서 어두운 분위기를 표현할 때 거듭 나타난다.

4중주 전체에 섬뜩한 이미지와 숨 막히는 인용이 가득하다. 작품은 쇼스타코비치 두 번째 피아노 3중주의 '유대인 주제'도 사용하고, 19세기의 혁명 노래 〈비통한 속박의 고통*Tormented by Grievous Bondage*〉도 사용한다. 작품 초반에 오싹한 페달음이 나오는데, 이 음은 음악의 다른 부분에서 벌어지는 일들에 관심이 없는 듯 한동안 무감각하게 계속된다. 대부분의 사람들은 이러한 작품 곳곳의 여러 페달음을 머리 위를 날아가는 전투기 소리로 해석한다.

특히 4악장 초입에는 소름 끼치는 순간이 있다. 3악장의 마지막 음이 남긴 여운을 중단시키며 귀청을 찢는 노크 소리가 세 차례 울린다. 한밤중에 찾아온 KGB 요원이 문을 두드리는 소리다. 어떤 사람들은 3악장의 기괴하고 냉소적인 왈츠를 해골의 왈츠라고 하고, 어떤 사람들은 처형되기 전에 자기 무덤 위에서 춤을 추어야 했던 유대인들의 왈츠로 듣는다. 이 왈츠는 쇼스타코비치의 특징적 음형을 다시 한번 사용하고, 그래서 나는 이것이 공산당의 지령을 강제로 수행하는 쇼스타코비치 자신의 왈츠일 수도 있다고 생각한다. 정확한 의미가 무엇이건 이 음형의 중요성과 상징성은 명백하다.

나는 이런 이야기를 열두 권도 더 쓸 수 있다. 하지만 쇼스타코비치 다음 사람에게 공정하지 않기 때문에 여기서 멈춘다. 그리고 넘어가기 전에 마지막으로 세 가지를 말하고 싶다.

첫째, 처음 음악을 들을 때 이런 효과를 못 느낀다고 속상해할 필요는 없다. 이런 테크닉은 대개 은근히 표현되어 우리가 모르는 새 무의식에 새겨지기를 의도한다. 그래도 쇼스타코비치의 작품에서 KGB의 노크 소리를 놓친다면 그것은 놀라운 일일 것이다.

둘째, 이 음악을 감상하다가 무언가 들리는 것 같으면, 그러니까 무언가 우리에게 특정한 방식으로 다가오거나 무슨 이야기를 하는 것 같다면, 그 느낌을 믿어라. 잘못 들은 것이라고 해도 스스로 이런 자유를 허락하면 음악 감상이 훨씬 즐거워질 것이다.

셋째, 지금 당장 책을 내려놓고 쇼스타코비치의 음악을 들어보라.

음악 감상의 몇 가지 팁

이제 이 장르에 담긴 수많은 경이를 탐색할 준비가 되었으니 여러분은 언제 어떻게 그리고 누구와 클래식을 들을지 자유롭게 결정할 수 있다. 이 장의 나머지 부분에서는 음악 감상을 시작할 때 고려할 만한 다양한 선택 사항에 관해 안내하겠다.

작품 고르는 법

집에 있으면 무엇을 들을지 거의 무한대로 선택할 수 있다. 유튜브, 애플뮤직, 스포티파이 덕분에 우리는 듣고 싶은 작곡가와 작품을 쉽게 찾을 수 있다. 1장과 9장에서 소개한 작품들을 잠깐씩이라도 들어보고 자신의 취향이 어느 쪽인지 대략 파악해보기 바란다. 만약 그러지 않았다면 1장과 9장에서 소개한 작품들을 잠깐씩이라도 들어보고 자신의 취향이 어느 쪽인지 대략적으로 파악해보기 바란다.

세상에 나가 음악을 듣기 원한다면, 음악(또는 프로그램)이 다른 요인들에 의해 제한된다는 것을 유념하자. 특정 작곡가나 작곡 시기에 집중해서 우리가 당황할 확률을 줄여주는 페스티벌들도 있지만(예를 들어 '모스틀리 모차르트Mostly Mozart'라면 당연히 모차르트 중심이다)[5], 대부분의 경우는 어느 정도 범위가 있다. 그러니 먼저 프로그램을 확인하라. 그레고리오성가를 두 시간

---

5 실제로는 다른 음악들도 있지만 어쨌건 대부분 고전주의 시대 음악이다.

동안 듣고 싶지 않다면.[6]

오페라나 발레를 보러 간다면 가기 전에 스토리를 한번 살펴보는 것도 좋다. 어린 시절 〈피가로의 결혼〉을 처음 보았을 때 나는 그게 여장남자 이야기인 줄 알았다. 그리고 아직도 〈호두까기 인형〉의 스토리를 제대로 모른다.[7]

스토리 중에 불쾌한 내용이 있을 수도 있기 때문에 미리 대비하는 것이 좋다. 오페라에는 자살도 강간도 드물지 않다. 그리고 과거의 작품들이 흔히 그렇듯이, 몇백 년 전에는 괜찮았다 해도 오늘날에는 용납할 수 없는 인물과 상황들도 있다. 나는 〈마술피리〉의 음악을 매우 사랑하지만, 그 스토리는 '무어인'이라고 나오는 한 등장인물을 인종차별적으로 다루고, 성폭행 미수 상황을 가볍게 그린다. 지금은 대부분의 제작진이 다양한 방법으로 인종차별 관련 내용을 생략하지만, 이 작품을 감상하려면 이런 면에 대해 알아둘 필요가 있다. 나는 그럼에도 그 음악을 좋아하지만 그럴 수 없는 사람도 있을 것이고, 그건 당연히 존중받아야 할 일이다.

교향곡과 실내악 작품들은 불쾌한 내용이 문제가 될 가능성이 적지만 이쪽에서는 다른 문제에 부딪힌다. 기분 나쁘게 헷갈리고 썰렁한 제목들이다. 이제 이 이야기를 해보자.

---

6 하지만 걱정할 것 없다. 뮤지컬 「프로듀서스」의 주인공들처럼 일부러 흥행을 망치려고 작정한 공연이 아니라면 누구도 그렇게 환불을 부르는 프로그램을 만들지 않을 테니까.

7 원어인 독일어로 읽었더니 더 헷갈린다.

기분 나쁘게 헷갈리고 썰렁한 클래식 곡 제목을 해독하는 법

베토벤은 〈엘리제를 위하여〉로 기억되고 싶어 하지 않았다. 1장에서 말했듯이 심지어 사람들이 이 곡을 듣는 것조차 원하지 않았다. 〈엘리제를 위하여〉를 좋아하면 안 된다는 건 아니지만(그러니까 여러분이 어떤 이유로 이 곡을 좋아하는 경우), 이건 한 작곡가를 대표하는 절정의 작품이라기보다는 술 마시고 보낸 문자 메시지에 가깝다.

그럼에도 〈엘리제를 위하여〉는 세상에서 가장 유명한 클래식 작품 중 하나이다. 왜냐? 대부분의 클래식 작품들이 바보 같은 제목을 달고 있기 때문이다. 그런 제목들은 아무런 연상도 일으키지 않고 적대감에 가까운 거부감만 안겨준다. 클래식 곡의 제목은 여섯 개 이상의 요소로 이루어져 있고, 숫자를 착각하면 완전히 다른 작품이 된다.

생각해 보라. 〈아이네 클라이네 나흐트무지크〉, 〈사계〉, 〈월광 소나타〉라는 제목들이 얼마나 머리에 잘 들어오는가. 심지어 베토벤의 9번 교향곡도 〈환희의 송가〉로 더 잘 알려져 있다. 이름은 중요하다.[8]

안타깝게도 내가 이 시스템을 바꿀 수는 없다. 내가 할 수 있는 일은 여러분이 이 시스템을 헤쳐나가게 도와주는 것, 그리고 나 역시 이런 일이 짜증스럽다고 공감해 주는 것뿐이다.

---

8 그런데 이 작품들에도 길고 복잡한 제목이 있다. 예를 들어 비발디의 '봄'은 "협주곡 1번 E장조, Op. 8, RV 269 '라 프리마베라'"다. 이렇게 들으면 전혀 느낌이 다를 것이다. 하지만 이런 긴 제목은 왕실 가족 직책처럼 공식 행사에서만 쓰인다.

클래식 작품 제목의 표준 형식은 다음과 같다.

교향곡 5번 C단조 Op.67

소나타 21번 E단조 K.304

피아노 3중주 2번 E♭장조 D.929

그러니까 '작품의 종류/n번/[조 이름]장·단조/[분류 기호]숫자'의 형식이다.

때로 간주곡 A장조 Op.118 no.2 같은 변이도 있다. 이것은 그 작품이 118번 작품과 별개의 간주곡이 아니라 118번 작품 '세트'의 두 번째 간주곡이라는 뜻이다.

내가 첫 번째 곡을 작곡했다고 해보자. A장조 교향곡이다. 그러면 이것을 '교향곡 1번 A장조 Op.1'이라고 부른다. 이어 두 번째로는 G장조 소나타를 작곡했다고 하자. 이 작품의 제목은 '소나타 1번 G장조 Op.2'가 된다. 이것은 내가 작곡한 첫 번째 소나타이고, 전체적으로는 두 번째 작품(opus)이라는 뜻이다.

내 작품은 대부분 작곡가들의 경우와 마찬가지로 작품 번호(opus number, Op.)로 목록 번호가 매겨질 것이다. 하지만 예외적인 목록 번호 약칭도 있다. 그중 몇 가지는 중요하다. K 또는 KV는 '쾨헬 번호', BWV는 '바흐 베르케 페르차이히니스', HWV는 '헨델 베르케 페르차이히니스', Hob은 '호보켄', D는 '도이치'의 약자이다. 이것들은 몇몇 특정 작곡가의 작품에 쓰는 약칭으로, 각각 모차르트, 바흐, 헨델, 하이든, 슈베르트의 작

품 목록을 정리한 사람들의 이름을 딴 것이다. 그러니까 간단히 말해서

K/KV(Köhel) 번호는 모차르트

BWV(Bach-Werke-Verzeichnis) 번호는 바흐

HWV(Händel-Werke-Verzeichnis) 번호는 헨델

Hob(Hoboken) 번호는 하이든

D(Deutsch) 번호는 슈베르트

Op(Opus) 번호는 다른 대부분의 사람들(때로는 슈베르트도 포함)[9]의 작품에 붙지만, 이것 말고도 몇 가지가 더 있다.[10]

목록 번호가 중요한 이유는 이것을 통해 해당 작품이 작곡가의 인생 전체에서 어느 시기에 속한 것인지 알 수 있기 때문이다. 작품을 인식할 때 꼭 필요한 것은 아니다. 대부분의 경우 작곡가 이름과 작품 종류와 번호면 충분하다. (예를 들어 베토벤 피아노 소나타 8번.)

제목에 작품 종류나 목록 번호 약어가 아닌 단어가 있다면 (따옴표가 붙거나 이탤릭으로 표시된다), 그것은 작곡가 또는 다른 사람들이 그 작품에 추가적으로 붙인 이름이다. 바로 그 이름을 사용하는 것이 좋다. 그러면 본 제목의 무의미를 피해 갈 수 있다. "베토벤의 '전원' 교향곡" 하면 사람들은 그것이 베토벤의

---

9 뉴욕/보스턴 밈을 기억하라.

10 무의미해 보이는 알파벳 몇 개 나오고 그다음에 숫자가 나오면 여기에 해당한다.

율리우스 슈미트가 그린 「산책하는 베토벤」. '영웅'이나 '전원'이 베토벤 스스로 붙인 제목
인 데 반하여 교향곡 5번 '운명'의 제목은 그렇지 않았다. 비서였던 안톤 쉰들러가 1악장
서두 첫 네 음의 주제가 무엇이냐고 묻자 베토벤이 "운명은 이와 같이 문을 두드린다네'라
고 말한 것에서 유래했다는 설이 있다.

교향곡 6번 F장조 Op.68이라는 걸 안다. (그의 6번 교향곡이 F장
조라는 것이나 그 작품 번호가 68번이라는 걸 몰라도.) '베토벤 6번'
이라고 해도 되지만 모차르트 교향곡에서는 이 방법이 잘 통하
지 않는다. 그는 교향곡을 41편이나 썼기 때문이다.

　그리 즐거운 일은 아니다. 하지만 생각해 보면 야구 선수들
의 타율이나 쇼핑 목록, 또는 친구들의 생일을 외우는 것보다
크게 더 어렵지는 않다.[11]

연주자를 선택하는 일
　듣고 싶은 작품을 고르고 작품 제목과의 전투를 끝냈다면 어

11　나는 그런 일들도 못한다. 그래서 작품 번호를 검색하느라 많은 시간을 보냈다.

떤 연주자를 들을 것인지를 생각해야 한다. 이 결정은 집에서 듣느냐 공연 현장에서 듣느냐에 따라서 달라진다. 어느 경우에나 이 사항은 음악에 대한 우리의 반응에 큰 영향을 미친다. 에마 톰슨이 셰익스피어 대사를 읊는 것을 생각해 보라. 그리고 지난번 명절에 만난 아흔 넘은 친척 할아버지가 술에 취해 (틀니도 없이) 그것을 읊는 것을 생각해 보라. 형편없는 연주자가 연주하면 아무리 훌륭한 작품도 형편없어지게 마련이다.

그래서 유튜브로 음악을 듣거나 웹사이트도 수상 내역도 없는 무명 콘서트 시리즈에 갈 때는 약간의 주의가 필요하다. 수준을 알 수 없기 때문이다. 물론 유튜브에도 작은 콘서트에도 얼마든지 훌륭한 연주자들이 있지만 머리만 아프게 하는 공연도 있다. 유망한 '동네 아티스트'를 외면하라는 것이 아니라 처음에는 확실하게 인증받은 시리즈와 연주 단체, 또는 수십만 조회 수의 유튜브로 시작하는 것이 안전하다는 뜻이다. 그러니까 여러분이 소규모 공연이나 조회 수 3인 영상을 보고 실망했다면 같은 작품을 검증된 유명 연주자의 연주로 꼭 다시 한번 들어보기를 바란다.

최고 수준의 연주자라도 각각의 해석은 우리의 음악 경험에 심대한 영향을 미치기 때문에 자신에게 가장 매력적으로 느껴지는 아티스트를 찾기를 바란다.

심지어 같은 아티스트의 해석도 때로 연주에 따라 달라진다. 글렌 굴드가 연주한 바흐의 골트베르크 변주곡 1955년 녹음본은 길이가 39분 정도다. 그런데 그의 1982년 녹음본은 50분이 넘는다. 같은 음악, 같은 템포 표시를 연주한 것이지만 전혀 다른 느낌이다. 두 녹음본 다 예술성과 천재성을 높이 평가받는다. 그저 작품의 다른 측면을 강조할 뿐이다.

(나도 한번은 굴드에게서 영감을 받아 대담한 템포를 사용하기로 마음먹은 적이 있다. 스위스의 한 콩쿠르에서 모차르트 소나타를 연주할 때였다. 그러나 콩쿠르는 실험에 어울리는 장소가 아니라는 것과 더욱이 시계로 유명한 스위스의 콩쿠르에서 시간으로 실험을 해서는 안 된다는 것을 알았어야 했다. 나는 거의 절반의 템포로 연주한 뒤 심사 위원들이 웃음에 가까운 반응을 보였을 때에야 그 사실을 알아챘다. 하지만 그 템포로만 수행할 수 있던 음형과 화성적 포지션 이동이 있었기 때문에 나 자신은 아직도 그때의 결정을 존중한다.)

고古음악 공연이라는 것도 있다. 고음악 연주자들(내가 4장에서 포틀랜드 비건에 비유해서 화나게 만든 사람들)[12]은 역사적으로 정확한 연주를 위해 그 시대의 악기와 활을 사용하는데 그중 상당수가 지금 주류 음악계에서는 쓰지 않는 것이다. 현이 다섯 개에서 여덟 개까지 달리고 프렛이 있는 첼로 비슷한 악기 '비올라 다 감바'가 한 예다. 이들은 바로크 시대부터 고전주의 시대까지의 음악을 재현하려고 한다. 그리고 합성 소재로 만든 현 대신 양의 창자로 만든 장선腸線을 쓴다. 그러니까 실제로는 아마 비건이 아닐 것이다. 이들은 비브라토나 소리가 지속되게 하는 서스테인 사용을 최소화해서 다른 공연과 비교할 수 없이 순수한 느낌의 맥동과 아련함을 전달한다. 이 음악은 예배당이나 교회에서 아주 환상적이다. 하지만 이런 공연은 흔하지 않

---

12 포틀랜드 비건들도 화를 낼 것 같다.

다. 게다가 이들의 악기는 현대인의 귀에는 반음 낮게 조율돼서 마치 초고도근시 두더지용 안경을 쓴 것 같은 느낌을 안겨준다.

그러니까 결론적으로, 어떤 연주자를 선택하느냐가 중요하다.

콘서트 관람

집에서 음악 감상을 시작하는 편이 확실히 더 쉽다. 하지만 그리 오래지 않은 옛날, 날이면 날마다 집에 틀어박혀 외출할 수 있는 날만 고대하던 시절, 이러다 노 메이크업에 하의 실종인 채로 죽어서 볼썽사납게 부패까지 진행된 상태로 나의 미모를 전혀 모르는 사람들에게 발견될지도 모른다고 두려워하던 시절이 자꾸 꿈에 나타난다면 무조건 외출이 하고 싶어질 수 있다. 그렇지 않다고 해도 그냥 오페라 또는 교향곡이나 발레 공연을 경험해 보고 싶어질 수도 있다.

이유야 어찌 됐든 나는 여러분을 응원한다.

구글도 도와준다.

인터넷에 들어가 보면 여러분이 사는 지역의 대형 공연장에서 하는 콘서트뿐 아니라 음악적 수준은 그에 뒤지지 않지만 규모가 작은 공연장에서 하는 친근한 콘서트에 대한 정보도 얻을 수 있다.

사실 북극권 거주자가 아니라면 선택 범위는 엄청나게 넓다. 그리고 북극권 거주자의 경우도 캐나다 정부가 1년에 한 번 문화 프로그램을 관람할 기회를 준다. 설령 그 프로그램에 등장한 게 나이고 내가 나와서 춥다고 내내 징징거리기만 한다고 해도 말이다. (혹시 화씨 영하 40도가 섭씨로도 영하 40도라는 사실을 아는가? 내가 어떻게 알았는지 맞혀보라.)[13]

대형 음악 페스티벌도 있다. 교향곡과 실내악 공연에 다양한 강연과 행사가 곁들여지는 탱글우드 페스티벌, 아스펜 음악 페스티벌 등이 그 예다. 그중에 스위스의 베르비에 페스티벌도 있는데 여기 가면 클래식 음악계의 유명 인사들을 보며 하루를 시작하고, 저녁이면 천막에서 베르비에 페스티벌 오케스트라의 공연을 관람한 뒤, 밤이면 인근 바에서 60스위스프랑을 내고 매캘런 12년 위스키 한 잔으로 하루를 마감할 수 있다.

관객이 친근하게 접근할 수 있도록 기획한 소규모 페스티벌도 많다. 내가 참여한 모든 축제 중에 아스펜과 베르비에 페스티벌을 포함해서 가장 따뜻한 기억으로 남은 것은 오타와에서 열린 '음악과 그 너머Music and Beyond'라는 페스티벌이었다. 매해 여름, 몇 주 동안 오타와 거리에는 공짜 음악이 넘쳐난다. (캐나다 정부는 예술을 지원하기 때문이다.) 음악가들이 운하 위를 떠다니며 헨델의 〈수상 음악〉을 연주한다. 박물관 한편에서 소규모 관객 참여형 공연이 열린다. 밤에는 '음악과 서커스' 공연이 열려서 공중그네 곡예사들이 모차르트와 드보르자크의 선율에 맞추어 날아다닌다. 어느 해 여름에 나는 코스 요리가 나오는 만찬회장에서 연주했는데, 그곳의 만찬은 각각의 코스가 특

13 날씨에 대한 나의 징징거림은 타당했지만 그럼에도 불구하고 북극권과 노스웨스트준주의 관객은 내가 만난 최고의 관객들이었다.

정 음악 작품과 연결되어 있었다. 또 언젠가(어린 시절의 환상을 실현한 잊을 수 없는 밤이었다)는 신중하게 선정한 엑섭트를 배우 크리스토퍼 플러머와 함께 공연한 적도 있다. 그가 음악 사이 사이에 멋지게 낭송한 셰익스피어의 대사는 평생 잊지 못할 감동이 되었다.[14]

유명 교향악단과 오페라단은 기본 공연 외에도 어린이를 위한 오후 공연, 공개 연습, 청소년을 위한 공연, 무료 공원 콘서트 등을 한다. 이런 공연에서는 유쾌하고도 매너 있게 가져온 음식을 먹고 술도 마실 수 있다. 한 음도 빠짐없이 귀에 담을 수 있는 최적의 환경은 아니지만, 즐거운 소풍을 싫어하는 사람이 어디 있겠는가?[15]

전 세계 곳곳의 비정형적 공연장에서 비정형적 형식으로 하는 일급 콘서트도 매우 많고, 공연 중 관객과 음악가의 교류를 허락하는 경우도 흔하다.

다시 말하지만 구글님은 많은 걸 알고 있다. 이제 구글님도 모르는 걸 다룰 차례다.

어디에 앉을까

사람들 중에는 비행기를 탈 때는 아무리 짧은 비행이라도 중간 좌석에 절대 앉지 않으면서도 콘서트에서는 복도에서 열 칸 떨어진 좌석에 아무렇지도 않게 앉는 이들이 있다. 나는 이런

---

14   그가 연기한 「사운드 오브 뮤직」의 폰 트랩 대령은 어린 시절 내 최초의 짝사랑 상대이
     기도 했다.

15   나의 배우자 슈테판이 그런 사람이다.

일이 전혀 이해가 되지 않는다.

　이런 말을 하면 비난하는 사람이 많겠지만 나는 대공연장이나 대극장에 갈 때면 먼저 좌석 배치를 확인하고 내가 원하는 자리에 앉을 수 있는지에 따라서 프로그램과 공연자 등의 요소를 고려한다. 순서가 잘못된 것 같은가? 맞다. 하지만 그건 내가 공연 내내 '화장실에 가야 하면 어쩌지? 옆자리 사람이 에볼라 증상을 보이려고 하면 어쩌지?' 하는 걱정을 하지 않을 수 있는 유일한 방법이다.[16] 에볼라가 두려운 게 아니라면 나를 따라 하는 것은 추천하지 않는다.

　나는 가능하다면, 특히 다른 사람이 돈을 낸다면 언제나 박스석에 앉는다. 박스석은 박스가 있는 좌석이 아니라 대공연장이나 대극장의 발코니(2층 이상)에 있는 좌석을 말한다.[17] 그런 선택이 불가능하면 발코니의 복도쪽 좌석을 찾는다. 그다음으로 내가 선호하는 곳은 홀 뒤쪽에 있는 값싼 입석이다. 물론 입석이 있을 경우에 해당한다. 박스석은 공연장에서 가장 비싼 좌석이다. 음향이 대체로 훌륭하고 다른 구역보다 훨씬 아늑하기 때문이다. 하지만 입석도 좋다. 공연 내내 한자리에 박혀 있지 않아도 되고 그곳 관객들은 비교적 느긋하고 덜 까탈스럽기 때문이다. (두 시간 동안 서 있는 걸 꺼리지 않을 만큼 음악을 사랑하기도 한다.) 거기다 입석은 가격이 박스석의 10분의 1 정도밖에 되지 않는다.

16　내가 에볼라를 두려워하는 이유는 죽는 것보다 토하는 것 때문이다.

17　내가 오페라 극장에 골판지 상자를 가져가서 공연 내내 그 안에 앉아 있으면 사람들 반응이 어떨지 궁금하긴 하다.

박스석은 18세기만 해도 집중해서 공연을 관람하는 이들을 위한 것은 아니었다. 당시 박스석은 한가한 귀족들의 공간으로, 음악을 경청하고 끝까지 자리를 지키는 것은 부르주아나 하는 짓이었다. 저 오른쪽의 남녀를 보라. 무대는 뒷전이고 서로에게만 관심이 있을 뿐이다.

여러분이 나처럼 폐소공포증에 시달리거나 지구 대멸망설에 사로잡혀 있지 않다면 오케스트라 구역(1층)에 앉아도 된다. 그러나 키가 작은 경우에는 추천하지 않는다. 그런 사람은 발코니에 앉는 게 좋다. 그곳은 경사가 더 가파른 편이기 때문이다.

일반적인 에티켓

이제 몇 가지 콘서트 에티켓을 다룰 차례다. 여러분이 공연장에서 전화를 받거나(내가 시카고에서 공연했을 때 이런 일이 있었다) 1열에 앉아서 샌드위치 비닐 포장을 뜯어서 먹는다거나(내가 베이징에서 공연했을 때 이런 일이 있었다) 할 것이 걱정되어서가 아니라 여러분이 필요한 관행을 숙지하고 편안하게 관람하기를 바라기 때문이다.

먼저 공연 중에 전화를 받거나 1열에서 샌드위치를 먹으면 안 된다. 조용히 먹어도 안 되고 뒷줄에서 먹어도 안 된다. 예외는 야외에서 돗자리를 깔고 보는 공연의 경우뿐이다. 실내 콘서트는 사진 촬영, 아기와 반려동물 동반을 엄격하게 금지하는 결혼식과 비슷하다.[18] 난데없는 벨 소리, 삐 소리, 플래시, 응가 등은 허용되지 않는다.

휴대폰을 껐는지 잘 확인해라. 이것은 실수하기 정말 쉽기 때문이다. 말러 게이트를 잊으면 안 된다. 그리고 말러 이야기가 나와서 말인데, 나는 예전에 친구가 말러의 3번 교향곡을 연주할 때 그에게 전화를 건 적이 있었다. 나는 그가 거기 있는 줄 몰랐고, 그가 전화기를 소리 모드로 하고 주머니에 넣어둔 줄도 몰랐다. 내가 교향곡을 추천하면서 조용한 순간이라고 말한 순간을 기억하는지? 마지막 종지 직전의 순간. 바로 그 순간 그의 폰이 울렸다. 그는 아직도 그 사건의 심리적 충격을 다 극복하지 못했다.

우리가 시끄러운 소리를 내야 할 때는 박수를 치며 "브라보"라고 외칠 때뿐이다.[19]

언제 박수를 쳐야 하나

박수와 관련해서 가장 안전한 방법은 다른 사람들이 전부 박

---

18 어린이 콘서트라면 어린이를 연령 불문, 태도 불문 데려가도 된다. 하지만 그런 경우가 아니면 아이가 얌전한 경우에만 데려가기 바란다. 대부분의 공연장은 입장 가능 연령을 제시한다.

19 '용어 풀이'에 가면 박수 치면서 외치는 다른 말들도 있다.

수 치는 것을 확인한 뒤 합류하는 것이다.

그렇게 해도 된다. 퍼스트다운이 뭔지 모르고 미식축구를 봐도 되는 것과 마찬가지다. 하지만 이런 방식을 쓰면 아무래도 외부인 같은 느낌이 든다.

그래서 추천하지 않는다.

오페라는 막이 끝날 때뿐 아니라 지휘자가 나올 때에도 박수를 기대한다. 음악과 공연에 감동했다면 뛰어난 아리아나 앙상블 후에도 박수를 칠 수 있다. 그렇지만 너무 무리할 필요는 없다. 오페라가 끝나면 가수들이 차례로 인사하고 무대 밖으로 나갔다 다시 들어왔다 하는 동안 거의 한 시간가량 박수를 치게 되기 때문이다.[20] 물론 정말로 감동적인 공연이라면 저절로 박수가 나와서 체력은 문제가 되지 않을 것이다.

발레의 에티켓도 비슷하다. 지휘자가 등장할 때, 막이 끝날 때, 중요한 장면이 끝날 때 박수를 친다. 하지만 파드되/파드트루아/파드카트르(2인무/3인무/4인무)등 중에도 (그다지 자연스럽게 느껴지지 않을 때에도 자주) 박수를 쳐야 한다. (간단히 말해보면 이런 장면들은 여러 개의 짧은 부분으로 이루어지는데, 일단 모든 무용수가 나왔다가 각자 독무를 하고, 그런 뒤 모두가 다시 나온다. 관객은 각 독무마다 박수를 칠 수 있다. 음악만 생각하면 이런 박수는 별로 어울리지 않지만, 이럴 때는 각 무용수의 기량에 대한 칭찬이다.)

교향곡이나 독주곡, 실내악곡 공연은 규칙이 좀 더 엄격하다. 교향곡 연주 때는 콘서트마스터가 무대에 올라올 때 처음

---

20 박수에 인색하면 안 된다. 이 사람들이 가수라는 걸 유념해야 한다. 내가 '기대한다'고 쓴 데에는 이유가 있다.

박수를 친다. (미국만 이렇다. 미국의 경우 오케스트라 단원은 대개 공연 시작 전에 자리에 앉아 있기 때문이다.)[21] 그런 뒤 지휘자 입장 때 다시 박수를 치고, 독주자가 있을 경우에는 독주자 입장 때 다시 박수를 친다.

이렇게 공연 초입의 박수 러시가 지나가면 그 후로는 각 곡이 끝날 때만 박수를 친다. (특정 기념일과 관련된 공연이나 팝 콘서트가 아닌 경우, 또 공연 당사자가 박수를 유도하지 않는 경우에는 음악 중간에 박수를 치면 안 된다.)

이때 헷갈리는 것은 7장에서 말한 악장이다.

악장은 앞에서 말했듯 에피소드처럼 개별적 존재라서 때로는 악장이 끝나면 박수를 치는 게 당연하게 느껴진다. 때로는 그 말이 맞기도 하다. 예를 들어 차이콥스키 바이올린 협주곡 1악장(엔딩이 역대급으로 멋지고 뜨거운)이 끝난 뒤 여러분이 자리에서 벌떡 일어나 박수를 쳐도 누구도 여러분을 나무랄 수 없을 것이다. 연주가 훌륭하다면 다른 사람들도 여러분과 함께 자리에서 일어나 박수를 칠지 모른다.

더욱이 '박수 금지' 규칙은 클래식 음악에서 상대적으로 역사가 짧다. 바로크 시대와 고전주의 시대에는 관객이 악장 사이뿐 아니라 심지어 악장 중간에도 자유롭게 박수를 쳤다는 기록이 여러 곳에 있다. 한편으로는 박수가 전면 금지된 궁정들도 있었다.

나는 이 문제에 갈등을 느낀다. 나는 관객이 답답함을 느끼

---

21 유럽은 다르다. 유럽에서는 오케스트라가 한꺼번에 입장하고 그들 모두를 위해 박수를 친다.

19세기에는 극장이나 오페라하우스가 고용한 '클라크claque'라는 박수 부대가 있었다. 공연의 성공을 예측할 수 없던 극장이 관객들의 취향보다 박수 부대에 의지해 호평을 유도한 것이다. 19세기 파리의 박수 부대 모습을 그린 캐리커처.

는 것은 원하지 않는다. 하지만 누군가 내 말을 듣고 느린 악장 중간에 "브라보" 하고 외쳐서 음악을 망치는 일도 원하지 않는다.

박수 문제는 길을 건널 때 신호등을 지키는 것과 비슷한 면이 있다. 이론적으로 빨간불에서는 길을 건너면 안 된다. 하지만 차가 한 대도 지나가지 않는데 가만히 기다리는 건 바보 같아 보인다.

다른 사람들이 박수 칠 때를 모른다고 면박 주지 말기

내가 3장에서 한 이야기를 기억하는가? 베를린 필하모닉 공연에서 악장 사이에 박수 치지 말라고 소리 지른 여자 말이다. 그 사람처럼 되지는 말자.

어떤 사람이 악장이 끝나고 혼자서 소리치고 환호하며 온 관객의 시선을 한 몸에 받는다면 그냥 입을 가리고 웃으면서 조용히 당신의 높은 수준을 기뻐하자.

집에서 감상하기

현장 공연을 가느냐 마느냐에 상관없이 집에서 아래의 것들도 시도해 보면 좋다.

1. 바흐의 〈골트베르크 변주곡〉으로 하루를 시작한다. 일어나자마자 틀어도 좋고 알람과 동시에 울리게 하면 더 좋다. (전날 밤에 「양들의 침묵」을 본 경우가 아니라면.)[22] 그러면 이를 닦는 것 같은 평범한 일도 정신을 투명하게 만드는 명상이 될 것이다. 아침 햇빛도 따갑고 짜증스럽지 않고 심오하고 상쾌한 것으로 바뀐다. 커피도 마음을 다스리고 강화해 주는 영약이 되어서 우리가 평정심과 전투력을 가지고 하루를 시작하게 해준다.

2. 아이들과 (아니면 술 취해서 아이 같아진 룸메이트와) 멘델스존의 〈한여름 밤의 꿈 서곡〉에 맞추어 춤을 춘다. 이 서곡은 셰익스피어 작품의 모든 것을 음악을 통해 환상적으로 그려 보인다. 그 마법은 압도적이다. 그것은 12분 동안 우리를 숲을 뛰어다니는 요정으로, 쾌활한 당나귀로, 또 공중을 날아다니는 오베론과 티타니아로 만들어줄 것이다.

3. 하우스 콘서트를 연다. 하우스 콘서트는 내가 가장 좋아하는 공연 형태지만 초대받지 않으면 갈 수가 없다. (무작정 가

---

22 내 동생 마리나는 고등학교 때 그 영화를 처음 보았는데 그다음 날 엄마가 아빠를 시켜서 그 음악으로 마리나를 깨우게 했다. 마리나는 전혀 음악을 즐길 기분이 아니었다.

면 체포당한다.) 해법은 직접 그런 콘서트를 여는 것이다. 지역에 따라 다르지만 그리 큰돈을 쓰지 않아도 된다. 내가 줄리아드에 다닐 때 유명한 '예행 연습' 공연이 있었다. 학교 근처의 고층 아파트에 사는 한 여자가 학생들이 큰 공연에 나가기 전에 자기 집에서 예비 공연을 할 기회를 주었다. 주최자는 연주자들에게 연주료를 주지 않고 공연이 끝난 뒤 객석에 모자를 돌려 기부를 받았다. 이것 말고 라이브 스트리밍 콘서트의 단체 관람 모임을 꾸릴 수도 있다.

4. 유튜브에 들어가서 플로렌스 포스터 젠킨스Florence Forster Jenkins의 밤의 여왕 아리아를 찾아보라. 여러분 인생 최고이자 최악의 것이 될 것이다.[23]

5. 술 또는 아이스크림을 들고 소파에 앉아서 듣는다. 먹을 때 소리만 심하게 나지 않으면 어떤 음식이라도 좋다. 파트너, 반려동물, 친구도 함께한다. 그래야 멋진 순간에 서로를 바라볼 수 있다.

6. 음악 속에 이야기를 만든다. 음악의 변화가 플롯과 맞아 들어가게 한다. (이것도 아이들 또는 술 취한 룸메이트와 함께할 때 좋은 방법이다.)

---

23 플로렌스 포스터 젠킨스는 20세기 초 뉴욕 사교계의 인물로, 형편없는 노래 실력에도 불구하고 아마추어 소프라노로 왕성하게 활동해서 대중의 조롱거리로 유명세를 얻었다.—옮긴이

7. 다음의 음악영화를 본다.

「내 사랑 다니엘라」(1948)

내가 최고로 좋아하는 영화 중 하나다. 부인에게 충실한 남편(지휘자)이 자신의 멋진 아내(린다 다넬)가 자신의 매니저와 불륜 관계인 것 같다는 이야기를 듣고 벌어지는 일을 다룬 블랙코미디다. 영화 대부분은 공연 중에 벌어진다. 주인공 렉스 해리슨은 지휘를 하면서 아내를 어떻게 해야 할까 다양한 방법(너그럽게 물러나는 일에서 살인까지)을 상상하는데, 음악이 그런 상상을 촉발하는 역할을 한다.

가짜 지휘 연기가 거북할 때도 있지만 오케스트라 연주자들은 진짜고, 음악은 클래식 업계와 관련된 많은 낙인을 드러내면서 그것과 싸운다.

「아마데우스」(1984)

러닝타임이 세 시간이라고 겁먹지 말자. 물론 이것은 시대극이고 이런 걸 싫어하는 사람들도 있을 것이다. 그러나 이 영화는 화려하고 재미있고 감동적이며, 아름다운 음악이 가득하다. 사실보다 상상에 근거해 있지만 그래도 많은 진실을 담고 있다.

작품은 당대에는 성공했으나 후세에는 잊힌 작곡가 안토니오 살리에리가 모차르트를 죽였다고 고백하는 것으로 시작한다. (조심해야 할 것은 초입에 나오는 살리에리의 자살 시도 장면이 예기치 못하게 잔인하다는 것이다. 하지만 그 뒤로는 잔인한 장면이

요제프 빌리브로드 멜러가 그린 안토니오 살리에리의 초상화. 그는 24세 때 오스트리아 황실의 인정을 받아 궁정 오페라 감독으로 임명됐고, 38세 때 궁정 음악을 책임지는 자리에 오른, 당대 오스트리아 빈 음악계 최고의 중심인물이었다.

전혀 없다.) 영화는 살리에리가 빈에서 모차르트를 만나는 장면으로 이어지고, 그렇게 아름다운 음악을 만드는 모차르트가 너무도 장난꾸러기 같고, 나아가 때로는 무례하고 화장실 유머를 남발하는 데 당혹해하는 장면이 연달아 나온다. 이 작품은 몇 편의 모차르트 작품을 짧지만 멋지게 활용한다. 그러니 저녁 시간을 비우고 팝콘을 준비한 뒤 첫 장면이 지나가기를 기다렸다가 먹으면 된다. (그 부분은 정말로 끔찍하다.)

「오페라의 하룻밤」 (1935)

나는 흑백영화 팬이다. 어느 정도냐면 슈테판과 (경찰서로) 첫 산책을 할 때 내가 1930년대에 살았으면 좋겠다고 말하기도 했다. 그 말이 독일 사람에게 어떤 느낌을 줄지 미처 생각하지 못했다. 그 말로 우리의 관계도 슈테판의 생명도 끝날 뻔했지만, 다행히 내가 그의 표정을 알아차리고 무슨 뜻인지 설명해

서 모든 것이 파탄 나는 것을 막을 수 있었다.[24]

옛 영화들을 좋아하다 보니 나는 자연스럽게 막스 형제도 좋아하게 되었다.

「오페라의 하룻밤」은 기본적으로 문화적 꼰대들과 세상의 소금 같은 음악 애호가들의 싸움을 다룬다. 첫 장면에서 우리는 그루초 막스가 부유한 과부 클레이풀 부인(마거릿 듀몬트)의 상류 사회 진입을 돕기 위해 고용되었다는 걸 알게 된다. 그를 위해 그는 부인에게 고루한 고트리브 씨의 오페라단에 큰돈을 기부하라고 권유한다. 반대편에는 리카르도 바로니가 있다. 젊고 카리스마 넘치는 테너인 그는 한낱 합창단의 일원일 뿐이지만 그의 목소리는 인성 파탄자인 주역 가수 로돌포 라스파리보다 훨씬 뛰어나다(고 여겨진다). 두 남자는 모두 오페라단의 프리마돈나를 사랑하는데, 여기서 이 여자는 세상의 모든 갈팡질팡하는 음악 감상자를 나타낸다.

영화는 (막스 형제 영화가 모두 그렇듯이) 완전히 난센스라서 영화 내용을 곧이곧대로 받아들이면 안 된다. 하지만 한 시간 반 동안 즐겁게 키득거릴 수 있고, 그 와중에 베르디의 오페라 〈일 트로바토레〉를 얼마간 접할 수 있다.

「랩소디」(1954)

이 영화에서는 엘리자베스 테일러가 낭만적이고 철없는 사

---

24 명확히 하자면 나는 1930년대에 살고 싶지 않다. 그저 내가 좋아하는 흑백영화에 나오는 화려한 버전의 1930년대에 살고 싶을 뿐이고, 그것도 그냥 멋진 의상과 멋진 재즈클럽과 멋진 영화 세트 때문이다.

교계의 스타로 등장해서 가난하지만 귀엽게 오만한 바이올리니스트(비토리오 가스만) 남자 친구를 따라 취리히의 음악원에 간다. 영화에는 아주 비현실적인 음악 장면들이 있다. (예를 들면 가스만이 카페에서 바이올린을 꺼내자 카페에 있던 사람들이 각자 악기를 꺼내서 반주를 하는데 그중에는 베이스와 하프도 있다.) 그런 점만 극복한다면(나는 극복할 수 있다) 이것은 영화사에 꼽힐 만한 최고의 음악영화 중 하나다. 이것은 우리 부모님이 이야기하는 밤의 여왕 이야기와 여러 가지 방식으로 반대다. 부모님의 이야기는 전체적으로 사실인 디테일들이 모여서 사실이 아닌 이야기를 만든 경우다. 반면에 「랩소디」는 디테일은 오류가 많지만 음악원 생활의 강도와 정신을 잘 포착하고, 짜임새 있는 전개가 라흐마니노프의 피아노 협주곡 2번을 연주하는 클라이막스 장면까지 이어져서 이 작품 감상에 아주 완벽한 정서적 맥락을 제공한다.[25]

가스만의 연주 연기는 형편없지만, 그가 악기를 들고 엘리자베스 테일러에게 가까이 다가가면서 그녀의 귀에 아마도 소음일 소리를 폭발시킬 때 엘리자베스 테일러가 육체적 고통을 드러내는 모습은 재미있다.

「쇼생크 탈출」 (1994)

이것은 음악영화가 아니고 음악은 한 에피소드로 지나간다. 하지만 팀 로빈스가 교도소의 스피커로 모차르트의 〈피가로의

---

25   음악이 다 나오는 건 아니지만 그래도 상당히 많은 부분이 나온다.

결혼〉 속 '저녁 바람이 부드럽게'를 틀어서 모든 수감자와 교도 관들이 듣는 장면은 잊을 수 없는 감동을 남긴다. 이 아리아는 모차르트의 다른 작품들에 비하면 단순한 편이지만, 그 단순함에서 나오는 순수한 빛이 콘크리트와 가시철망에 둘러싸인 삭막한 교도소 뜰과 선명하게 대조된다. 눈부신 순간이고 음악을 기가 막히게 사용한 경우다. 거기다 모건 프리먼의 목소리 또한 그 자체로 음악이다.

여기 클래식 음악이 특정 에피소드에 인상적으로 쓰인 영화 몇 가지가 있다.

2001: 스페이스 오디세이	슈트라우스 〈차라투스트라는 이렇게 말했다〉 Op. 30
위대한 레보스키	모차르트 레퀴엠 D단조 K. 626 중 '라크리모사'
킹스 스피치	베토벤 교향곡 7번 A장조 Op. 92의 2악장 '알레그레토'
멜랑콜리아	바그너 〈트리스탄과 이졸데〉 서곡
플래툰	바버 〈현을 위한 아다지오〉
귀여운 여인	베르디 〈라 트라비아타〉 발췌곡
분노의 주먹	피에트로 마스카니 〈카발레리아 루스티카나〉 간주곡
양들의 침묵	바흐 〈골트베르크 변주곡〉 BWV 988
데어 윌 비 블러드	브람스 바이올린 협주곡 D장조 Op. 77

음악 감상자가 되는 법

나는 멘델스존 바이올린 협주곡을 듣고 직업 바이올리니스트의 길에 올랐다. 하지만 그 길에서 나는 어느새 처음에 가졌던 음악에 대한 사랑에서 이탈해 기술적 압박과 각종 요구로 이루어진 감옥 같은 미로에 들어서고 말았다.

그리고 결국 20년 후에 나의 연주 커리어도 끝났다.

슈테판과 함께 프랑크푸르트로 이사한 뒤 나는 그곳의 교향악단에서 객원 연주를 했다. 이때 바이올린과의 관계는 전보다 좋아졌다. 연습이 즐겁다고는 말할 수 없었지만 연주에 대한 칭찬을 듣고도 그 말을 하는 사람의 얼굴에 주먹을 날리고 싶은 마음은 들지 않게 되었다. 나는 바이올린을 대부분의 사람들이 직장을 대하듯, 그러니까 목표에 이르기 위한 수단으로 생각하게 되었다. 그것은 내가 즐거이 하는 일은 아닐지라도 여전히 내가 잘할 수 있는 일이었다.

오케스트라는 훌륭했다. 나는 콘서트마스터 오디션을 보았고 최종심까지 갔지만 엑섭트 연주만 괜찮았다면 뽑힐 수 있었다는 말을 들었다. (엑섭트 수업을 받았어야 했다.) 그들은 몇 달 동안 객원 연주를 부탁했고 나는 그들이 좋았다. 사실 너무 좋아서 콘서트마스터 자리만 노리겠다는 말도 안 되는 나의 규칙을 깨고 부수석 오디션을 볼까 생각도 했다.

내가 객원 연주로 참여한 프로젝트 중 하나는 부다페스트, 몬테카를로 등 유럽의 여러 도시를 도는 투어 콘서트였다. 아이러니했다. 여러분이 기억한다면 내가 바이올린 커리어를 포기한 일차적인 이유이자 오케스트라 입단을 고려한 주요한 이유가 투어를 그만하고 싶어서였기 때문이다. 하지만 이 오케스트라는 투어를 자주 했고, 이미 말했듯이 나는 그들이 좋았다.

그런데 출발 전날 임신한 것을 알게 되었다. 이 소식은 충격이었다. 겁도 났다. 내가 임신 테스트를 한 것은 투어 중에 안심하고 술을 마시기 위해서였기 때문이다.

갑자기 나는 기저귀, 이유식, 낯선 걱정이 가득한 질풍 같은 미래에 직면했다. 내가 전업주부로 살아가게 될지 또는 진짜 어른의 무게로 무너질지 알 수가 없었다. 투어 걱정이 흥분한 누 떼처럼 머릿속을 뛰어다녔다. 이렇게 매일매일 이동하는 일이 아기한테 안 좋으면 어떻게 하지? 금관악기가 너무 시끄러우면 어떻게 하지? 류블랴나에서 메뉴를 읽지 못해 실수로 날 것이나 덜 익은 음식을 먹고 눈이 일곱 개에 입에는 부리가 달린 아기를 낳으면 어떻게 하지? 또 최근의 울렁거림이 우연이 아니었다는 것을 깨닫자 이제 드디어 무대에서 토하는 악몽이 실현될 것 같았다.

다음 날 아침, 나는 슈테판에게 (다시 한번) 힘겹게 작별 인사를 했다. 내가 원하는 것은 그의 가슴에 납작 붙어서 이 일이 실감 날 때까지 가만히 있는 것이었지만 방법이 없었다. 돌아왔을 때 슈테판이 감옥에 가 있는 건 아닐까 하는 걱정도 들었다. 전날 밤 그는 놀란 나머지 코르크 따개 없이 와인을 따서 부엌과 복도 사이의 6미터 높이 벽을 바롤로 와인으로 도배했기 때문이다. 그는 이제 집주인에게 이 의심스러운 붉은 얼룩이 아내의 실종과 아무 상관이 없다는 것을 증명해야 했다.

나는 투어 내내 이 모든 걱정에 휩싸여 있었다. 그런데 기이하게도 콘서트 때만큼은 늘 나를 괴롭히는 구토감도 불안도 없었다. 내가 연주할 때면 아기가 귀를 기울이고 있다는 환상도 들었다.

나는 말러를 좋아한 적이 없고 특히 그의 5번 교향곡을 싫어했다. 이유는 모든 사람이 좋아하기 때문이다. 그런데 매일 밤 (평소에는 내게서 못마땅한 찡그림 이상을 얻지 못하는) 그 아다지에토의 도입부를 연주할 때 자궁에서 육체적 고양감 같은 것이 솟아오르는 것을 느꼈다. 내 안의 작은 생명이 기쁨과 희망의 광채에 둘러싸여 있는 것 같았다.

프로그램의 또 다른 주요 작품은 멘델스존의 바이올린 협주곡이었다.

렉스의 콘서트 이후 나는 그 곡을 수도 없이 듣고 연주했다. 그 곡은 이미 오래전에 내가 가장 좋아하는 곡 목록 상단에서 사라졌다. 사실 그것은 더 이상은 즐길 수 없는 작품이었다. 그것에 마주칠 때마다 반응해야 한다는, 그러니까 깊은 것을 느껴야 한다는 압박 때문이다. 그러면 나는 대개 반항해서 아무것도 느끼지 않았다. 하지만 이제 아이라는 경이에 사로잡히자 오래전에 나를 사로잡은 그 눈부신 매혹과 기쁨을 다시 느낄 수 있었다.

투어 중에 흥미로운 일이 생겨나기 시작했다. 나는 아기에게 (또는 슈테판에게) 또는 나보다 덜 지친 모든 사람에게 음악이 어떻게 들릴까 하는 상상 너머로 나아갔다. 그리고 어렸을 때 내가 느꼈던 감동을 되살리려는 노력을 멈추었다. 아마도 내

살 떨리는 상태 때문에 방어막이 내려간 건지도 모른다. 아니면 내게 닥친 엄청난 변화들 때문에 내가 아무 영적 인도나 닥치는 대로 잡으려고 해서 그런 건지도 모른다. 원인이 뭐였건 나는 갑자기 음악을 내가 완전히 잃어버린 줄 알았던 방식으로 듣고 있었다. 음악의 여러 층이 보였고, 그것은 이전보다 더 어두운 고통, 분노, 공포, 슬픔을 품고 있었다. 하지만 그 중심에는 위안이 있었다. 내가 엄마가 된다는 무시무시한 사실을 감당하는 데 필요한 위안. 1악장의 두 번째 느린 주제(예전에 우리 가족에 대한 내 감정을 표현한다고 느꼈던)를 연주할 때 나는 어린 시절의 동화들이 다시 떠올랐다.

가슴이 부풀고 얼굴에는 미소가 지어졌다. 눈에는 눈물이 고였지만 흘러내리지는 않았다. 집요함도 원망도 커리어에 대한 불안도 없었다. 나는 그저 음악을 듣는 사람이었다. 어쩌다 보니 동시에 연주도 하게 되었을 뿐이다.

이상하게도 나는 이 투어에서 느낀 기쁨 때문에 연주를 그만둘 수 있었다.

그 투어는 내가 툭하면 아빠의 피아노 밑에 누워 있던 시절, 모차르트의 아리아가 머릿속에 날뛰어서 끔찍한 소리로라도 내지를 수밖에 없던 시절을 떠올리게 해주었다. 국립 오페라극장에서, 그리고 늦은 밤 슈테판과 함께 음악을 들을 때 꼼지락거리던 돌 더미에 깔려 있던 내 일부가 이제 쿵쿵거리고 불길을 너울거리며 나에게 자신은 살아 있다고, 이제 밖으로 꺼내달라고 말했다.

나는 다시는 오디션 준비를 하고 싶지 않았다. 나 자신을 그

숨 막히는 비판적 틀에 넣고 싶지 않았다. 더 이상 음악을 내 인생과 경합시키고 싶지 않았다. 연습 안 하고 보낸 시간을 걱정하지 않고, 손가락 상태를 걱정하지 않고 살고 싶었다. 나는 음악과 함께, 또 음악의 일부로서 인생의 새로운 막을 살고 싶었다.

투어에서 돌아왔을 때 나는 바이올린을 치우고 아이에게 들려주고 싶은 음악의 목록을 만들기 시작했다. 그러면서 새로이 찾은 기쁨 속에 음악을 들었다. 지금 이날까지도 계속해서 말이다.

감사의 말

감사의 말 첫 문장에 "이 책은 제 꿈이 실현된 것입니다" 같은 진실한 상투어 대신 재치 넘치는 표현이나 비올라 농담을 쓸 수 있으면 좋을 것 같습니다. 하지만 이 책은 정말로 제 꿈이 실현된 것이고 그걸 쑥스러워하기에는 너무 많은 사람에게 한없는 빚을 졌습니다.

제가 클래식 음악을 새로운 목적과 관점을 가지고 탐구하게 된 것은 꿈 같은 일이었습니다. 자료 조사 중에 제가 사는 집이 클라라 슈만이 인생의 마지막 20년을 보낸 집과 지척이라는 걸 알게 된 일도 꿈 같았습니다. 모차르트의 편지를 독일어 원어로 살펴보게 된 일도 꿈 같았습니다. (대부분이 똥 이야기였지만.) 저는 여기 적은 모든 분들과 그분들이 이 책에 품은 믿음 덕분에 이 일을 할 수 있었고, 또 엄청난 학비의 음악원을 부모님 돈으로 졸업하고 불과 몇 년 만에 바이올린을 접은 데 대한 죄책감을 마침내 떨칠 수 있었습니다.

베키 스위런은 최고의 출판 에이전트이자 제 글을 집어삼킬 듯 넘실대던 줄표(—)의 침공을 막아낸 전사로, 정말로 '이 책이 세상에 태어나게 만든 사람'입니다. 그녀의 격려와 인도, 그리고 놀라운 중개 능력으로 인해 제가 멋진 출판사를 만날 수 있었지만 그에 앞서 애초에 그녀 덕분에 이 책이 탄생했습니다. 이 책의 아이디어 자체가 베키와의 대화 중에 생겨났고, 제가 당당하게 "좋아요. 난 안 미쳤어요"라고 말하고 일을 진척시킨 것도 그녀의 관심과 지지 덕분입니다. 함께 아이디어 회의를 하던 처음 몇 주 동안 너무도 많은 것을 배웠고, 이후 그녀가 제가 쓴 글에 대해 평을 해줄 때도 마찬가지였습니다. 거기다 베키는 자신의 출산 당일에 퍼트넘 출판사와 저의 계약을 확정했습니다. 그러니까 최고의 에이전트라는 제 말은 빈말이 아닙니다. 그것 말고도 여러 가지로 놀라운 분입니다.

베키와 함께 이비타스에서 일하는 동료들, 특히 에린 파일스와 알리 조핸슨에게도 감사를 전하고 싶습니다. 그들은 이 책의 해외 판권을 훌륭하게 처리해 주었고, 앨리슨 워런과 슈넬 에키시 몰링은 영화와 TV 분야에서 뛰어난 성과를 보였습니다.

그리고 아까 언급한 멋진 출판사에 대해 말해야겠습니다.

2020년 8월, 첫 줌 회의 때부터 저는 퍼트넘 출판사의 모든 분에게서 축제 같은 활기와 열정을 느꼈습니다.

제 담당 편집자 미셸 하우리는 언제나 친절하고 사려 깊게 저와 제 관점을 존중해 주었습니다. 그리고 책에 제 마음을 더 담으라고, 그러니까 제가 바이올리니스트 시절 실패한 일을 글을 통해서 실현하라고 격려했고, 제 초고를 예리하게 평가해서 독자 여러분이 무의미한 중언부언과 잠꼬대 같은 소리, 그리고 에릭 휘태커의 턱선에 대한 더 많은 찬양을 피할 수 있게 했습니다. 이 책의 모양과 영혼의 많은 부분이 미셸 덕분입니다.

애슐리 디 다이오는 참을성 있고 결연한 목동처럼 우리가 이 과정에서 길을 잃지 않도록 인도해 주었습니다. 그녀는 신탁처럼 지혜가 가득하고, 그녀를 두드리면 제가 찾는 답이 나왔습

356

니다. 애슐리가 친절하고 사려 깊고 유능한 데다 서류 작업도 너무도 자연스럽게 요청해서 저는 불평을 한마디도 할 수가 없었습니다. (평소에 저는 서류 작업을 요청받으면 서류와 요청자를 옛날 루니 툰 스케치에 나오는 소각기에 던져버리고 싶어집니다.)

또 제가 영원히 빚을 진 분들은 아래와 같습니다.

샐리 킴과 아이반 헬드는 저에게 이 책을 쓸 기회를 주고, 제가 그들의 임프린트에서 모든 일을 편안히 할 수 있게 해주었습니다.

교열자 실라 무디는 줄표와 중언부언하는 문장들, 그리고 짜증스러운 번호로 가득한 음악 목록과 씨름해 주었습니다.

롭 스터니츠키와 존 맥기는 앞으로 여러 해 동안 저를 괴롭혔을 오류들을 모두 잡아내 주었습니다.

에밀리 마일럼, 에린 번, 리아 마시, 마이자 볼도프는 제 원고를 진짜 '책'으로 만들어주었습니다.

크리스틴 델 로사리오, 앤서니 로만도, 비안 응우옌, 티파니 에스트라이처는 책이 안팎으로 멋진 모양을 갖게 해주었습니다. (이것은 정말로 제가 꿈꿀 수 있는 모든 것입니다.)

알렉시스 웰비, 니시타 파텔, 애슐리 매클레이는 이 책이 실제로 팔릴 수 있게 힘썼습니다. 어떤 (덜 깨인) 출판사들은 클래식 음악 관련 책은 손도 대려 하지 않지만, 여러분은 과감하게 일을 추진한 용맹한 전사입니다.

법률 분야 담당자 분들께도 감사드립니다. (고소당하는 것은 별로 즐거운 일 같지는 않기 때문입니다.) 그리고 이 책의 물질적 생산과 인쇄 작업에 참여하신 모든 분들께도 감사드립니다.

그리고 우리 부모님이 있습니다.

에이다 팬과 피터 워소는 제가 음악가로 성장할 수 있도록 주말의 절반과 모든 수입의 상당 부분을 희생하고, 거기다 수많은 학생 공연을 견뎌주었습니다. 두 분의 오랜 희생을 생각하면 정신이 아득할 지경입니다. 그리고 제가 결국 연주자의 길을 포기했을 때 두 분은 화도 내지 않았습니다. 제 레슨, 악기, 선생님들에 얼마나 많은 돈이 들어갔는지 한 번도 얘기하지 않았습니다. 저를 수많은 일정과 축제에 데려다주고 데려온 시간들에 대해서도 불평하지 않았습니다. 저는 '내가 너무 철딱서니 없이 구는 것 아닌가?' 하고 수도 없이 생각했지만 부모님은 한 번도 그렇게 말한 적이 없습니다. 두 분은 오직 제 행복만을 생각했습니다. 제가 이 책에서 두 분을 많이 놀렸지만 이 책 전체가 두 분에 대한 긴 러브 레터라는 걸 아실 겁니다. 이 책은 언어에 대한 어머니의 사랑과 음악에 대한 아버지의 사랑에 바치는 헌사이자 제가 앤도버에서 두 분의 '언어와 음악' 수업을 들었다는 물질적 증거입니다.

제 동생 마리나 워소팬 비숍도 이 책의 큰 영감이었습니다. 마리나는 이 세상에 태어난 순간부터 모든 면에서 그랬습니다. 마리나와 저는 어린 시절 클래식 음악을 함께 경험했고, 이 음악과 업계에 대해 (좋은 것, 나쁜 것, 아름다운 것, 그리고 나쁘다고까지는 할 수 없어도 어렵고 의아하고 답답한 것들 모두에 대해) 많은 이야기를 나누었습니다. 그래서 여기 적힌 제 생각과 견해의 많은 부분이 마리나의 영향을 받은 것이고, 클래식에 대한 제 많은 기억도 우리가 함께한 경험과 깊이 얽혀 있습니다.

그리고 제 아이들과 슈테판을 빼놓을 수 없습니다.

지난 2년 동안 아이들은 제 가장 큰 영감이자 역경이었습니다. 때로는 아이들이 인간의 모든 생산 활동을 좌절시키려고 지옥에서 보낸 작은 악마들이라는 생각도 들었습니다. 하지만 아이들이 이 음악을 기쁘게 받아들이는 모습(모차르트를 들으며 작은 머리를 까딱이고, 베토벤과 멘델스존을 들으며 팔을 흔드는)은 제가 이 글을 쓰는 데 큰 힘이 되고, 아이들로 인한 수면 부족을 헤쳐나가게 해주었습니다.

여기까지 읽은 분들은 슈테판 라우흐가 제 인생의 절대적 빛이라는 것, 그리고 제가 다시 음악으로 돌아오는 촉매 역할을 했다는 것을 아실 겁니다. 그는 작가의 길에 들어선 저의 첫 번째 지원군이기도 했습니다. 그는 저보다도 그 가능성을 먼저 보고 또 진지하게 받아들였습니다.

제가 출판계에서 관심을 받거나 돈을 벌기 한참 전부터 그는 제가 집필 시간을 확보할 수 있도록 도와주었습니다. 그리고 제가 진짜 작가가 되기 전부터 저를 작가로 여기고 그에 걸맞게 존중해 주었습니다. 그가 변호사로 너무 오랜 시간 일하는 것은 저의 큰 불만이지만, 그는 그렇게 바쁜 가운데에도 시간을 내서 제 초고들을 읽고 한없이 격려해 주었습니다.

거기다 제가 이 책을 끝까지 쓸 수 있었던 것 자체가 그가 그렇게 돈을 벌었기 때문입니다. 만약 제가 노트북 컴퓨터 앞에 앉은 그의 이마를 훔쳐보는 데 그치지 않고 실제로 그와 함께 많은 시간을 보낼 수 있었다면, 아이들을 재우고 나서 밤을 새워 일을 해야 했을 텐데 저에겐 그만한 통제력이 없었을 것입니다. 그러니 설리번 앤드 크롬웰사가 제가 사랑하는 남편에게 한눈팔지 못하게 해주시는 것에 감사드립니다.

고모 부부 린다 팬과 윌 셰퍼, 사촌 랠프, 프레드, 조지 셰퍼에게도 감사드리고 싶습니다. 이분들은 지난 세월 동안 저를 응원하고 세상에 대한 저의 전체적 관점 형성에 큰 역할을 했습니다. 그리고 제 사촌과 결혼한 (그래서 저에게 행운이 된) 프란체스카 페데리코는 이전에도 그랬듯이 이 책을 쓸 때에도 많은 영감과 조언을 베풀었습니다.

제 조부모님 브린과 밥 워소, 무크 랜과 C. T. 팬도 많은 격려와 응원과 믿음을 주셨습니다. 이모 웬디 부얼런드와 로빈 워소, 숙부 존과 사촌 레이나, 케일리, 캐서린, 제이미도 제가 공부하던 초기에 큰 영향을 미쳤습니다. 그리고 제가 언제나 의지하는 시부모님 베아트리체와 안드레아스 라우흐는 이 책을 쓰는 동안 제게 긴요한 도움을 베풀어주었습니다.

제 친구들도 있습니다.

저는 친구들은 시간을 축내는 존재라고, 친구와 보내는 시간은 커리어에 방해가 된다고 여기며 자랐습니다. 그러나 친구들이 없다면 이 책은 존재하지 않았을 것입니다.

베키 스워런은 이미 이 책이 태어나게 만든 사람이라고 소개했고, 그 말은 사실입니다. 하지만 니콜 클라크가 없었다면, 그녀의 무한하고도 자연스러운 친절이 없었다면 저는 베키를 만나지 못했을 것입니다. 그때는 우리가 서로를 안 직후였고, 니콜은 저한테 도움을 베풀 아무런 의무가 없었는데도 그랬습니다. "그럴 필요까지는 없다"는 제 말을 니콜은 "아니, 이렇게 쉬운데” 하며 가볍게 무시했습니다. 그리고 그 도움은 결정적이었습니다.

저는 니콜을 요정 대모라고 부르고 싶지만(니콜은 저에게 환상적인 무도회 드레스도 뚝딱 만들어줄 것 같습니다) 그러면 니콜이 나이 많고 개성 없고 오직 저를 빛내주는 역할처럼 보일 것 같아서 그럴 수 없습니다. 실제로 니콜은 똑똑하고 멋지고 재미있고 재주 많고, 기발함과 세심함을 모두 갖춘 천재 과학자 같은 사람입니다. 이 일뿐 아니라 모든 일에서 니콜이 계산 없이 베푼 관대함은 아무리 감사해도 부족할 것입니다. 또 글을 쓰는 동안 니콜이 베푼 수많은 응원과 위로에 대한 빚도 다 갚지 못할 것입니다. 제가 모차르트의 편지에서 이상한 표현에 맞닥뜨렸을 때 니콜은 자신의 독일어 선생님 비올레타 크로크를 소개해 줘서 위기를 넘기도록 해주기도 했습니다.

조던 와이스먼에게도 감사드립니다. 그는 2020년 1월에 브람스에 대해 갑작스럽고 예상치 못한 열정을 보여주었고, 그것은 아이디어 회의를 하던 초기에 제게 큰 영감이 되었습니다.

이쯤에서 골든보이에 대한 감사도 빼놓을 수 없습니다. 저는 그를 곤혹스럽게 만들 생각은 없었지만 어쨌건 그렇게 했고, 그래도 그는 끝까지 저를 응원하고 이해해 주었습니다. 골든보이, 당신은 친절한 사람이고, 나는 우리가 친구로 남은 것이 기쁩니다.

메타 웨이스는 앤도버에서 처음 만났을 때부터 줄리아드 시절을 지나 많은 공연을 함께하는 동안 저에게 지대한 영향력과 끊임없는 영감의 원천이었습니다. 제가 연주자로 살던 시절 경험한 웃음과 기쁨은 많은 부분이 메타 덕분이고, 제 인생 전체를 통틀어 보아도 마찬가지입니다. 메타의 부모님 줄리와 래리 두 분은 저에게 거의 부모님만큼이나 많은 것을 주셨습니다. 그리고 알리야는 저를 두 번 이상 재난에서 구해 주었는데, 그 일들이 잘못됐으면 저는 평생 심리 치료를 받으며 살아야 했을지도 모릅니다.

윙 창 가족과 창 고든 가족(리사와 린, 젠과 솔론, 크리스)도 오랜만에 만나서 특이한 도움을 주는 가족과 같고, 그것은 피터, 수잔, 피파, 고든 자비스도 마찬가지입니다. 호너 마 가족도 많은 응원과 영감의 원천이었고, 그들이 제 졸업 선물로 아름다운 펜을 선물한 것은 빛나는 예지력이었습니다.

이제 솔 진의 차례입니다. 책 쓰는 일과 육아, 팬데믹 봉쇄와 바쁜 남편으로 인해 저는 지난 2년 동안 의기소침해질 때가 많았습니다. 솔은 프랑크푸르트에 올 때마다 투자 은행가로서 바쁘고도 귀한 시간을 쪼개서 제가 글을 쓸 수 있도록 아이들을 봐주었습니다. 솔은 게다가 (제가 말렸음에도 불구하고) 설거지도 해주고 빨래도 개주었습니다. 그 일은 아직도 생각할 때마다 눈물이 납니다.

레이철 헌트는 집필 중인 제 원고를 읽으며 참고 자료를 찾고 사실을 확인하는 데 큰 도움을 베풀었습니다. 그리고 멋진 프로필 사진을 찍어준 로린 토도 소개해 주었습니다.

플로리안 리온하드와 카를로스 토메에게도 특별한 감사를 전합니다. 이들은 제가 그들의 머리를 빌리고, 그들의 말을 인용하고, 그들의 전문적 기술을 활용할 수 있도록 허락해 주었습니다. 저에게 도움과 조언을 베푼 다른 친구들과 전 동료들에게도 감사드립니다. 모키 깁슨 레인, 젠 창, 제니퍼 크리스텐, 마이크 마틴, 사이먼 곤살레스는 그중 일부일 뿐입니다.

헨리 크레이머, 대니얼 하딩, 엘레나 유리오스티, 지티 라자즈, 그리고 앞서 언급한 메타 웨이스와 데이비드 레퀴로는 귀중한 통찰만 제공해 준 게 아니라 멋진 인생 자체로 제가 우리 업계를 위해 싸우게도 해주었습니다.

칼 존슨은 꼭 필요하고 의미 있는 조사를 수행해 주었습니다.

저는 성장기에 훌륭한 선생님들과 멘토들을 만나는 행운을 누렸습니다. 제 모든 바이올린 선생님들은 (제가 책에서 불평했다 해도) 이 책을 쓰는 데 필요한 끈기와 추진력을 키워 주었습니다. 낸시 밀러, 마크 스미스, 맥덜리나 리크터, 린 창, 맥달리나 리크터, 앨미타와 롤랜드 베이모, 마사오 가와사키, 초 리앙 린, 모든 분에게 감사와 애정을 드립니다.

꼬맹이 시절 저의 음악 멘토는 윌리엄 토머스, 크리스 월터, 피터 로렌조, 힐러리와 덩컨 커밍, 엘리자베스 오러딘, 홀리 반스, 테스 레미 슈마커, 주디 리 같은 필립 아카데미 음악과 선생님들, 그리고 진과 데이비드 레이저, 미미 브레이바였습니다. 저는 또 렉스와 그의 가족에게 입은 은혜를 평생 잊지 못할 것입니다.

저는 줄리아드스쿨에서 발리 누겐트, 빌리 베이커의 인도를 받으며 조지프 칼리크스타인, 로널드 코프스 같은 뛰어난 선생님들의 가르침을 받았습니다. 이분들과 다른 여러 사람들은 제 폭주하는 자의식이 음악에 대한 사랑을 해칠 수 없도록 지켜

주었고, 덕분에 저는 여러 해가 지난 뒤 그것을 고스란히 다시 찾을 수 있었습니다. 학교를 마칠 때까지 저를 후원해 준 폴 그리들리는 너그러운 후원자일 뿐 아니라 저와 마음이 통하는 분이었고 또 진정한 음악 애호가의 모범이었습니다. 줄리아드 덕분에 소중한 친구 엘리자베스 케이틀린 워드와 로더릭 힐을 만나게 된 것에도 감사드립니다.

이 책은 제 인생의 많은 중대한 시기에 제게 영향을 미치고 글쓰기에 대한 제 열정을 알아봐 주신 멘토들 및 영혼의 지도자들 덕분입니다. 초등학교 4학년 때의 우 선생님은 제가 쓴 시를 어린이 시선집에 실어서 제 글쓰기 인생에 자신감의 첫 씨앗을 심어주었습니다. 앤도버 시절에는 메리 풀턴 선생님의 작문 숙제를 하면서 이런 일이 얼마나 재미있는지 알게 되었고, 저는 아직도 그분이 베푼 격려와 신뢰에 보답할 수 있도록 노력하고 있습니다. 음악 경영의 전설 재스퍼 패럿과 찰스 르투노는 숨 막히게 바쁜 일정 속에서도 제 어린 시절 글들을 읽고 격려해 주었고, 그것은 제가 어른이 되어 글을 쓰는 일의 밑거름이 되었습니다.

이렇게 많은 도움에도 불구하고 특정 편집자들과 작가들이 없었다면 저는 글 쓰는 일을 진작에 포기했을지 모릅니다. 애니 로리, 패런 크렌실, 엘리자베스 브루니그, 레이털 크랜츠, 이지 디킨슨, 니컬러스 리치필드, 댄 게디스는 직업 작가로서 첫 걸음을 걷는 제게 격려와 신뢰를 보내주었습니다. 그리고 2013년에 제게 회신을 준 『뉴요커』의 이름 모를 담당자가 있습니다. 그는 제가 그 잡지의 '외침과 속삭임' 코너에 보낸 글에 대해

"분명한 장점들이 있지만" 글을 싣지 못하게 되었다고 했는데, 그 이메일을 읽고 제가 내린 결론은 제 글에 장점이 있다는 것뿐이었습니다.

여기서 언급해야 할 인생 전반의 멘토들도 있습니다. 그분들이 없었다면 저는 오래전에 종적 없이 사그라들고 말았을 것입니다. 앤 윌리엄스는 제게 많은 도움을 베풀었지만 특히 부모님이 몹시 바쁠 때 저와 함께 노스웨스턴대학 기숙사까지 함께 가주었습니다. 앤도버 시절 멘토였던 캐럴 이즈리얼은 제가 수많은 어려움과 딜레마를 헤치고 나가게 해주고 새로운 수준의 성찰과 분석을 보여주었습니다. 레베카와 엘린 사이크는 훌륭한 인생의 모범이었고, 헤아릴 수 없이 많은 방식으로 제게 영향을 미쳤습니다. 그리고 사실 필립스 아카데미의 교직원 전체와 학생들 모두가 제 성장과 발전에 중요한 역할을 했습니다.

로레인 퍼거슨과 애덤 웨인버그는 앤도버 시절뿐 아니라 어른이 된 뒤에도 저를 도와주었고, 제가 생활 기반을 잃었을 때 그들의 집에서 살며 집 주소를 쓰게 하는 엄청난 은혜를 베풀었습니다. (저한테 아직 그 집 열쇠가 있을 텐데 언젠가 꼭 돌려드리겠습니다.)

브라이언 도는 그의 존재 자체, 영향력, 재미난 제스처 게임뿐 아니라 케이크에도 감사를 드려야 합니다. (그의 케이크를 받은 지 오래됐지만.)

더불어 이 책에 언급한 몇몇 분들께 사과를 드리며 그분들의 이해에 감사드립니다. 먼저 에릭 휘태커(저는 선생님을 작곡가로 존경하지, 육체적 아름다움에만 집착하는 게 아닙니다). 그리고 지휘자들(모두가 나쁜 건 아닙니다)과 몇몇 전 남자 친구들(여러분도 마찬가지입니다)이 그들입니다.

케이틀린의 어머니도 제 기억만큼 나쁜 분이 아니었을 것입니다.

저에게 영감을 준 훌륭한 지성과 인품의 소유자들에게도 감사드립니다. P. G. 워드하우스, 피비 월러 브리지, 스티브 클루거 같은 작가, 빅터 보거, 잭 베니, 이구데스만 & 주, 클래식 음악의 갈 길을 보여주는 카림 술레이만, 주네 브리지스, 유자 왕, 셰쿠 카네메이슨 같은 혁신적 예술가들, 독주 투어나 콩쿠르 때마다 외로움과 탈락의 고통을 달래준 댄 브라운, 헨리 제임스 같은 작가들.

저는 마이클 팔로프가 2019년에 유니버시티 클럽에서 한 감동적인 강연을 잊지 못할 것입니다. 또 열세 살 때 들은 어느 학생의 쇼스타코비치의 8번 현악 4중주에 대한 강연도 마찬가지입니다. 그 학생의 이름은 잊었지만, 그 강연은 음악 공연과 감상에 역사와 양식에 대한 지식이 얼마나 중요한지를 알려주었습니다.

저는 개인적으로 이 모든 분들께 항상 감사할 것입니다. 하지만 이 책은 결정적인 두 집단이 아니었다면 폼 나는 불쏘시개에(「왕좌의 게임」의 스타니스 바라테온에게라면 육수 재료에) 그치고 말 것입니다.

음악에 인생을 헌신하고, 우리에게 아름다움과 감동을 전하기 위해 그토록 많은 시간을 바친 수 세대의 작곡가들.

그리고 이 책을 읽고 있는 여러분. 이 꿈을 실현시켜 주어서 고맙습니다.

비올라 농담 하나 더

이것은 내가 가장 좋아하는 비올라 농담인데, 유명한 에머슨 현악 4중주단의 창립 회원인 필립 세처에게서 들은 것이다.

오케스트라에 수석 비올리스트 자리가 비었다. 초빙 광고를 내자 전국에서 지원이 밀려들었다. (그중 많은 수가 바이올리니스트로 살기가 어려워서 어쩔 수 없이 비올라로 전향하는 사람들이었다.) 오케스트라는 수많은 이력서를 검토한 뒤 몇몇 연주자를 오디션에 불렀고 4라운드에 걸친 치열한 경합 끝에 합격자가 결정되었다.

오케스트라 매니저가 그를 불렀고, 그곳에서는 비올라 단원 전체가 기다리고 있었다.

"선생님을 수석 비올리스트로 모시고 싶습니다." 매니저가 친절하게 말했다. "하지만 과거에 있었던 몇 가지 사건 때문에 공식 발표 전에 간단한 지능 테스트가 필요합니다. 아주 쉽습니다."

"네, 좋습니다." 비올리스트가 말했다.

매니저가 클립보드를 내려다보며 물었다.

"3 곱하기 6은 몇인가요?"

비올리스트는 불안해 보였다.

"천천히 하셔도 됩니다." 매니저가 미소를 지으며 말했다.

비올리스트가 입을 뒤틀며 손가락을 내려다보았다.

"저기 혹시…" 그는 멈추고 다시 계산했다. "16인가요?"

매니저가 얼굴을 찌푸리고 고개를 저었다.

"죄송합니다. 선생님을 모시고 싶었습니다만 안타깝게도—"

"한 번 더 기회를 줘요!" 비올라 단원들이 입을 모아 말했다.

매니저가 마지못해 고개를 끄덕이고 말했다.

"좋아요. 다시 해 보죠. 7 더하기 8은 얼마인가요?"

비올리스트는 다시 손가락을 꼽으며 세었다.

"그게… 13인가요?"

매니저가 다시 얼굴을 찌푸리고 말했다.

"정말 죄송합니다. 정말로 선생님을 모시고 싶었지만—"

"한 번 더 기회를 줘요!" 비올라 단원들이 말했다.

매니저는 망설이다가 심호흡을 하고는 말했다.

"좋아요. 마지막 기회예요. 2 더하기 2는 얼마인가요?"

비올리스트가 이마를 찌푸리고 마지막으로 자기 손을 내려다보았다.

몇 분이 지나갔다.

"혹시… 4인가요?" 그가 마침내 말했다.

매니저가 놀라서 고개를 들었다.

"한 번 더 기회를 줘요!" 비올라 단원들이 말했다.

용어 풀이

교향곡/심포니symphony: 교향악단이 연주하는 다악장 작품으로 그중에 한 악장 이상이 소나타형식이다. 심포니는 대편성 오케스트라 앙상블, 즉 교향악단을 뜻하기도 한다. 대편성의 의미는 음악이 공연되는 시대에 따라 달라진다.

대위법counterpoint: 두 개의 독자적인 성부가 리듬적 독립성을 유지하면서 결합돼서 화성적으로 서로를 보완하는 일. 오늘날의 유명인 부부가 각자 매우 바쁘게 살면서도 서로를 보완해주는 모습과도 비슷하다.

리브레토libretto: 오페라의 대본. 대체로 작곡가가 아니라 전문 리브레토 작가가 쓴다.

모음곡suite: 짧은 악장들로 이루어진 작품. 바로크 시대에는 이런 악장들이 대부분 알레망드allemande, 쿠랑트courante, 지그gigue 등의 춤과 연관되었지만 이후 춤과의 관련은 사라졌다. 모음곡은 발레곡을 줄여서 관현악곡으로 만든 것을 가리키기도 한다. 예를 들어 차이콥스키의 〈호두까기 인형〉 모음곡과 라벨의 〈다프니스와 클로에〉 모음곡 2번은 발레곡의 하이라이트와도 같다.

모티프motif: 주제보다 짧은 악상.

무조無調, atonal: 무조음악은 조성이 없다고 여겨지는 음악이다. 이런 음악은 일반적으로 조성 음악보다 불협화음이 강하고 중심점이 부족한 느낌이 든다. 무조음악의 종류는 다양하다. 모든 음이 부조화와 반음계로 이루어진 히피 같은 공동체에서 평등하게 공생하는 것들도 있고, 다른 조직 방식을 따르는 것들도 있다. 하지만 내가 이에 대해 설명하고 싶지 않은 것만큼이나 여러분도 딱히 이에 관한 이야기를 듣고 싶지 않을 것 같다.

미뉴에트minuet: 원래는 춤곡으로 4분의3박자와 춤의 느낌을 가져다가 악장을 만든다. 미뉴에트는 단순한 형태의 작품으로, 일반적으로 중간에 트리오라는 대조되는 부분이 들어간다. 이것은 빵(미뉴에트 파트)사이의 햄 역할을 한다.

미사곡mass: 미사곡은 대체로 성악(독창자와 합창단)과 오케스트라가 결합된 악곡으로 전통적인 가톨릭 또는 성체성사 전례에 따라 키리에Kyrie, 글로리아Gloria, 크레도Credo, 상투스Sanctus, 아뉴스 데이Agnus Dei 등으로 이루어진다. 바흐가 이런 곡을 많이 썼다.

박자표time signiture: 악보에서 한 마디에 몇 박자가 들어가는지를 알려주는 기호. 이것은 작품 전체의 분위기와 느낌에 영향을 준다. 예를 들면 왈츠는 언제나 4분의3박자고, 행진곡은 4분의2박자이며, 「미션 임파서블」의 주제가는 4분의5박자다.

반음계chromatic scale: 조성음악에서 사용하는 7음계(대개 온음 단위로 올라가거나 내려간다) 대신 열두 개의 반음 단위를 사용하는 음계다. 보통 '반음계 음악'이라고 하는 것은 (반음계 음악에도 다양한 단계가 있다) 7음계에 부합하지 않는 반음을 상당 수준으로 사용하는 음악을 가리킨다. 반음계주의는 상대적이다. 아르놀트 쇤베르크의 20세기 12음계 음악은 반음계지만, 모차르트의 음악도 당시에는 반음계로 여겨졌다.

불협화음dissonant: 동시에 울리는 둘 이상의 음이 조화가 되지 않는 것. 피아노 건반을 깔고 앉으면 불협화음을 만들 수 있다. 그러니까 엉덩이가 독특한 모양으로 생기거나 필요한 곳만 누를 수 있는 능력이 없다면 말이다. 불협화음은 다양한 방식으로 사용된다. 엉덩이로 피아노를 치면 강력한 불협화음을 만들 수 있다. 하지만 불협화음은 이따금 한 번씩 지나가면서 쓰는 경우가 대부분이다. 거의 모든 음악이 불협화음을 사용한다. 이것이 없으면 작곡의 재료가 지나치게 한정된다. ("리, 리, 리 자로 끝나는 말은" 같은 간단한 동요에도 불협화음의 한 형태인 경과음이라는 것이 있다.)

서곡overture: 오페라의 도입부에 나오는 음악으로, 대체로 가수들이 무대에 등장하기 전에 오케스트라만 연주한다. 오페라의 주제를 개괄하는 역할을 해서 형식이 약간 메들리 같다. 교향곡 프로그램 서두에 단독으로 연주하는 경우도 많다.

선법modal: 엄밀하게 말하면 선법 음악은 조성 음악 안에 들어가고(으뜸음이 있기 때문이다) 조성 음악은 이 두 용어의 이상하게 넓고 다층적인 정의 때문에 선법 음악 안에 들어간다. 하지만 클래식 업계에서 '선법'이라는 말을 쓸 때는 일반적으로 조성 음악과 구별되는 뜻으로 쓴다. 이 의미의 선법은 확립된 일련의 음계 중 하나를 사용한다는 뜻이다. 이것은 조성 음악에서 사용하는 음계와 아주 다르게 소리가 섬뜩하다. (그래서 내가 어떤 음악을 선법적이라고 하면 내가 좋아하는 음악이 아니라는 뜻이다.)

성격 소품character piece: 구조적 복잡성이나 새로움 대신 분위기나 성격 전달에 중점을 두는 짧은 작품. 간주곡, 즉흥곡, 랩소디, 자장가, 녹턴, 왈츠 등이 이에 해당한다. 오늘날 공연하는 성격 소품은 대부분 유쾌한 것들이고, 특히 앙코르에 자주 사용한다. 쇼팽은 이런 작품을 많이 썼다.

세레나데serenade: 구애를 위한 노래로 시작했지만 지금은 디베르티멘토나 모음곡처럼 여흥을 위한 작품(대체로 배경음악으로 쓰이는)을 가리키게 되었다. 이 종류의 음악을 생각하면 모차르트, 차이콥스키, 드보르자크, 엘가 등이 떠오른다.

셈여림표dynamics: 셈여림 음역의 가장 기본적인 의미는 음악 소리의 크기를 말한다. 포르테(f), 포르티시모(ff), 포르티시시모(fff)는 큰 소리, 아니면 표현하기에 따라서 '강한 소리'를 내라는 표준 용어고, 피아노(p), 피아니시모(pp), 피아니시시모(ppp)는 소리를 작게 내라는 뜻으로 가장 흔하게 쓰는 용어다. 메조포르테(mf)와 메조피아노(mp)도 있으며, 이것들은 각각 약간 강하게, 약간 작게라는 뜻이다. 그리고 크레셴도(crescendo)라는 것은 소리와 강도가 점점 커지는 것, 디미누엔도(diminuendo)는 소리와 강도가 점점 작아지는 것을 가리킨다. 여러분이 이런 걸 알 필요는 딱히 없지만 어쨌건… 이제 알게 됐다.

소나타sonata: 일반적으로 한두 대의 악기를 사용하고(피아노는 대부분 낀다), 2~4개의 악장으로 이루어진 작품. 성악은 허용되지 않는다.

스케르초scherzo: 이탈리아어로 '농담'이라는 뜻으로, 긴 작품의 중간(대체로 4악장 작품의 3악장)에 들어가는 가볍고 빠르고 장난스러운 악장이다. 미뉴에트와 같은 범주에 속하는 형식으로 (한 작품에 미뉴에트와 스케르초가 동시에 있는 경우는 거의 없고, 대개 둘 중 하나만 있다) 미뉴에트와 마찬가지로 샌드위치처럼 대조적인 트리오를 중간에 넣었다가 스케르초로 돌아가서 끝난다.

악구phrase: 음악의 문장에 해당하며, 일종의 종지법으로 끝난다.

에튀드etude: (작곡 또는 연주) 기술의 특정 요소를 가르치거나 연습할 목적으로 작곡한 음악. 일반적인 연습이 음악 버전의 푸시업과 스캣이라면, 에튀드는 좀 더 예쁘고 음악적이며 에어로빅과 비슷한 곡이다. 에튀드는 일반 공연에서 잘 연주하지 않지만 쇼팽과 드뷔시의 에튀드는 예외다.

연가곡song cycle: 여러 곡의 노래를 한데 엮어서 통일된 음악상과 주제를 전달하는 것.

오라토리오oratorio: 오라토리오는 미사곡과 비슷하지만 길이가 더 길고 구조가 자유롭다. 성서 이야기에 토대한 오페라인데 의상과 연출이 없는 것이라고 생각하면 된다.

온음계diatonic scale: 영어로 이 말 앞 단어는 언뜻 '다이어트 음료diet tonic'라고 들리는데, 재미있게도 이것은 반음계가 다이어트를 한 것과 약간 비슷하다. 이것은 (반음계의 12음정 대신) 7음정으로 이루어져 있다. 화성적 조성의 토대를 얻기 위해 반음계의 반음정 5개를 생략하기 때문이다. (온음계 음악은 조성음악을 가리키고, 온음계는 우리에게 가장 익숙한 음계다.)

음정interval: 음계에서 두 음 사이의 거리. 2도 음정은 (피아노 건반으로 볼 때) 두 음이 나란히 붙어 있는 것이고, 3도 음정은 온음계의 음 하나를 건너뛰는 것이다. 이런 식으로 8도까지 올라가면 한 옥타브가 된다. (그러면 음 높이만 높거나 낮을 뿐 주파수가 다시 전과 똑같아진다.)

장식embellishment/ornament: 음악에 장식음을 더하는 건 대체로 공연자의 재량이다. 장식은 꾸밈음처럼 간단한 것도 있고, 아리 아의 반복되는 A 섹션에서 계속 고쳐 쓰는 악구처럼 복잡한 것 도 있다.

장조/단조major/minor: 일반적으로 장조는 밝고 평온하고, 단조 는 슬픔과 분노를 표현한다고 한다. 지나치게 단순한 정리지만 맞는 말이기도 하다. 장조와 단조의 차이는 음계의 세 번째 음 에 있다. 장조 음계에서는 세 번째 음이 단조의 경우보다 반음 높다. 그래서 장조에서는 으뜸화음이 장3도에 토대하지만, 단 조에서는 단3도에 토대한다. 이 미세한 반음 차이가 악곡의 분 위기—소리 세계—를 결정한다. 콜 포터가 쓴 가사가 이 차이 를 적절하게 표현한다. "더 좋은 사랑 노래는 없지만, 우리가 작 별할 때마다 장조에서 단조로 참 이상하게도 변하네." 하지만 (클래식 레퍼토리에서) 단조 작품이라고 내내 단조가 아니고 장 조 작품도 내내 장조가 아니라는 걸 알아두어야 한다. 곡들은 계속 (때로는 악장 전체가) 다른 조로 이동하고, 그것이 클래식 음악을 복잡하고도 충만하게 만드는 요소 중 하나다. 단조가 장조로 바뀌는 것만큼 소름 돋는 것도 없다.

전조modulation: 조를 바꾸는 일.

전주곡prelude: 도입부의 음악.

조調.key: '소나타 2번 어쩌고 장조'라는 작품에서 '어쩌고 장조' 하는 것이 '조'이고 '어쩌고'는 대체로 그 작품이 시작하고 끝나 는 음이다. 그 이유는 '어쩌고'가 으뜸음이 되고, 음악이 이 음을 멀리 벗어날 때마다 모두가 얼른 그곳으로 돌아가고 싶어지기 때문이다. 그리고 조에 따르는 음계는 그 곡의 언어(또는 알파벳)가 된다. '컬러 팔레트'를 제공하는 윅스 같은 유저 친화적 디자인 플랫폼으로 웹사이트를 만들어본 적이 있는가? 거기서 유저들은 기본 선택 사양을 다양하게 조합해서 사용할 수 있고 그렇게 만드는 사이트는 (상대적으로) 통일성을 갖게 된다. 조는 음을 사용해서 그 비슷한 일을 하는 것이다.

조성tonality: 조성은 사람들이 클래식 음악 하면 자연스럽게 떠올리는 소리고, 팝 음악도 마찬가지다. 이것은 (2020년대에) 우리 귀에 가장 익숙한 소리다. 하지만 본래 이 말은 음계와 화성의 확립된 체계에 부합하는 것을 가리키고, 그 체계에서는 모든 소리(음계의 음들, 그것이 만드는 화성, 개별 악구들과 작품 전체의 형태)가 화성의 모든 단계에서 으뜸음과의 관계에 따라 결정된다. 모든 것이 으뜸음으로 다가가거나 거기서 멀어지거나 하고, 마지막에는 모든 것이 으뜸음으로 돌아간다.

종지법cadence: 악구 또는 악장 또는 작품 마지막의 화성적 종결을 가리킨다. 이 설명이 헷갈리면 '화성적 종결'이라는 말을 빼고 '마지막'까지만 읽어도 된다. 종지법은 여러 가지가 있다. 대부분의 클래식 음악은 '완전 정격종지perfect authentic cadence'라는 것을 사용한다. '변격종지plagal cadence'는 찬송가 끝에 '아멘' 할 때를 떠올리면 된다. '허위종지deceptive cadence'(내가 아주 좋아하는 것)는 끝날 것처럼 하다가 다른 것으로 넘어가는 것을 말한다. 다른 종지법들도 있지만 이것들이 가장 흥미로운 것들이다.

주제theme: 음악에서 주제란 대체로 한 개 이상의 악구로 이루어지는 완결된 악상이다. (아빠가 두 개 이상이라고 옆에서 거든다. 하지만 아빠도 책을 쓸 수 있다.)

진혼곡/레퀴엠requiem: 죽은 자를 위한 미사 또는 거기 쓰는 음악.

카프리스caprice: 가장 흔한 의미의 카프리스는 파티 마술처럼 짧고 화려한 테크닉이 가득한 작품으로, 그 난이도는 귀 뒤에서 동전을 꺼내는 수준에서 몸을 두 도막 내는 수준까지 다양하다.

칸타타cantata: 오케스트라 또는 기악 반주가 함께 있는 성악곡. 대체로 독창과 합창이 다 있다. 오늘날 우리가 듣는 칸타타는 대부분 바흐의 작품이다.

코다coda: 작품의 '꼬리'로, 첫째, 앞부분과 확연히 구별되고 둘째, 종결 과정이 진행됨을 알 수 있는 부분이다. 이 용어 설명 섹션도 일종의 코다 같은 것이다.

템포tempo: 작품의 속도 또는 그와 연결되는 성격. 흔히 쓰이는 템포들은 아래와 같다. (tempo의 복수형을 tempi라고 쓸 수도 있다. 역시 친구가 싫은 사람이라면.)

> **그라베**grave: 무겁게, 진지하게
>
> **라르고**largo: 아주 느리게
>
> **렌토**lento: 느리게
>
> **리타르단도**ritardando: 점점 느리게('rit.'로 표시한다.)
>
> **모데라토**moderato: 적당하게
>
> **비바체**vivace: 생기 있게, 활기차게
>
> **아다지오**adagio: 느리게, 부드럽게

안단테andante: 흐르듯이, 산책하듯이

알레그로allegro: 밝게, 쾌활하게 (우리는 이 말을 대체로 '빠르게'라고 해석하지만, 그렇게 말하면 싫어하는 사람들이 있을 것이다.)

프레스토presto: 빠르게

'아사이assai'와 '몰토molto'라는 말도 자주 쓰이는데 이것은 '매우'라는 뜻이고 (그러므로 '알레그로 아사이'는 '매우 밝고 쾌활하게'다) '모데라토'도 비슷하게 쓰이지만 방향은 반대다. (그러니까 '알레그로 모데라토'는 무언가로 인해 기분이 좋지만 어젯밤에 잠을 세 시간밖에 못 잤을 때와 같다.) 접미사 '-에토(etto)'와 '-이노(ino)'도 강도를 약하게 하는 효과가 있고, 접미사 '-이시모(issimo)'는 아사이나 몰토와 비슷하게 강도를 더 높이라는 뜻이다. 그러니까 라르게토 Larghetto는 라르고보다 덜 느린 것이고, 반대로 라르기시모 Larghissimo는 라르고보다 더 느리다. 대부분의 악장은 템포 표시가 바로 제목이 된다.

파고트/파고토fagott/fagotto: 각각 독일어와 이탈리아어로 바순을 가리킨다.

푸가fuga: 푸가의 어원은 '달아난다'는 뜻이지만 음악의 푸가는 그것과 아무런 관련이 없다. 하지만 푸가를 외워서 연주해야 한다고 하면 나도 달아나고 싶은 기분이 든다. 푸가는 한 개의 주제를 작품의 여러 성부에 엮어 넣는 아주 복잡한 구조의 대위법적 작품이다. 주제는 미시와 거시 수준 양쪽에서 다양한 형태로 나타나는데, 대체로 알아차리기 어렵지 않다. 지적으로는 멋진 작품이지만 외우기는 아주 어렵다.

협화음consonant: 군대 나팔 소리를 생각해 보라. 이 음악은 완전한 협화음이다. 작품이나 화성, 또는 음악 마디에 협화음이 쓰이면 긴장이 거의 없거나 아예 없다. 순간적으로 불협화음이 끼어들어도 항상 협화음으로 해결된다.

희유곡/디베르티멘토divertimento: 다악장으로 이루어진 재미있는 곡으로, (대개) 깊은 감동을 주기보다 가벼운 여흥이나 반주의 용도로 작곡한다.

콘서트에서 외치는 말

브라보Bravo: 남자 공연자에 대한 환호

브라바Brava: 여자 공연자에 대한 환호

브라비Bravi: 다수의 공연자에 대한 환호

브라비 투티 Bravi tutti: 공연자 일동에 대한 환호

앙코르Encore: "다시 한번!"

워후!: 나를 비롯해 내가 아는 대부분의 음악가들이 브라보/브라바/브라비/브라비 투티 대신에 외치는 말

어디 가서 뽐낼 만한 말

고정악상idée fixe: 작품 전체에 걸쳐 반복적으로 나타나는 모티브나 음 패턴으로 때로는 작품 전체의 원자료 역할을 한다. 엑토르 베를리오즈가 일찍이 〈환상 교향곡〉에 이 용어를 사용했다고 하는데, 오노레 드 발자크가 같은 해(1830년)에 쓴 소설 『곱세크』에서도 자꾸 반복되는 생각이나 집착을 가리키는 용어로 쓰였다.

라이트모티프leitmotif: 이것은 작품 전체에 걸쳐서 반복되는 주제 또는 주제 요소라는 점에서 고정악상과 비슷하지만 이 경우에는 항상 특정 인물이나 사건, 감정과 결합된다는 특징이 있다. 오페라에서 가장 자주 쓰이지만 비디오 게임이나 영화음악 같은 다른 작품에도 많이 쓰인다.

순환곡cyclic: 한 가지 주제가 작품의 여러 부분을 통일하는 음악. 이 주제는 대부분 작품 초입에 나왔다가 우리를 울리기 위해 마지막에 다시 나온다.

참고 문헌

Avins, Styra, comp. *Johannes Brahms: Life and Letters.* Translated by Josef Eisinger and Styra Avins. New York: Oxford, 1997.

Conway, David. *Jewry in Music: Entry to the Profession from the Enlightenment to Richard Wagner.* New York: Cambridge University Press, 2012.

Debussy, Claude. *Lettres de Claude Debussy à son éditeur.* Compiled by Jacques Durand. Paris: Durand, 1927.

Holden, Anthony. *Tchaikovsky: A Biography.* New York: Random House, 1995.

Klassen, Janina. *Clara Wieck-Schumann: Die Virtuosin als Komponistin.* Kassel; New York: Bärenreiter, 1990.

Kostalevsky, Marina, ed. *The Tchaikovsky Papers: Unlocking the Family Archive.* Translated by Stephen Pearl. Adapted from the Russian edition, compiled, and edited by Polina E. Vaidman. New Haven, CT: Yale University Press, 2018.

Krausnick, Michail. *Du bist mir so unendlich lieb.* 3rd ed. Mannheim: WellhöferWellhöfer, 2017.

Ostwald, Peter. *Schumann: The Inner Voices of a Musical Genius.* Boston: Northeastern University Press, 1985.

Poznansky, Alexander. *Tchaikovsky: The Quest for the Inner Man.* New York: Schirmer Books, 1991.

Rimsky-Korsakov, Nikolay. *My Musical Life.* 3rd ed. Translated by Judah Joffe. New York: Knopf, 1942.

Shaffer, Peter. Preface to *Amadeus: A Play.* Harmondsworth, UK: Penguin, 1985.

Stiftung Mozarteum Salzburg und Packard Humanities Institute, ed. "Mozart

Briefe und Dokumente—Online-Edition." 2006 ff. https://dme.mo
zarteum.at/DME/briefe/doclist.php.

Tchaikovsky Research Project, ed. Works, letters, and diaries. 2006 ff. https://
en.tchaikovsky-research.net/pages/Project:Tchaikovsky_Research.

Warrack, John. *Tchaikovsky*. London: Hamish Hamilton, 1973.

옮긴이 고정아
연세대학교 영문학과 졸업 후 번역가로 일하고 있다.『전망 좋은 방』『천국의 작은 새』『컬러 퍼플』 등의 문학작품을 비롯해『히든 피겨스』『여행자의 어원 사전』 등의 인문 교양서,『클래식 음악의 괴짜들』『엘 데포』『우리는 우주를 꿈꾼다』 등의 어린이·청소년 도서를 번역했다. 2012년 제6회 유영번역상을 받았다.

당신의 저녁에 클래식이 있다면 좋겠습니다

초판 1쇄 인쇄 2025년 4월 7일
초판 1쇄 발행 2025년 5월 8일

지은이 아리아나 위소팬 라우흐
옮긴이 고정아
펴낸이 김선식

부사장 김은영
콘텐츠사업본부장 임보윤
책임편집 곽세라   **책임마케터** 이고은
콘텐츠사업3팀장 이승환   **콘텐츠사업3팀** 김한솔, 권예진, 곽세라
마케팅2팀 이고은, 양지환, 지석배
미디어홍보본부장 정명찬
브랜드홍보팀 오수미, 서가을, 김은지, 이소영, 박장미, 박주현   **채널홍보팀** 김민정, 정세림, 고나연, 변승주, 홍수경
영상홍보팀 이수인, 염아라, 석찬미, 김혜원, 이지연
편집관리팀 조세현, 김호주, 백설희   **저작권팀** 성민경, 이슬, 윤제희
재무관리팀 하미선, 임혜정, 이슬기, 김주영, 오지수
인사총무팀 강미숙, 이정환, 김혜진, 황종원
제작관리팀 이소현, 김소영, 김진경, 이지우, 황인우
물류관리팀 김형기, 김선진, 주정훈, 양문현, 채원석, 박재연, 이준희, 이민운
외부스태프 표지디자인 퍼머넌트 잉크   일러스트 쏨마

펴낸곳 다산북스   **출판등록** 2005년 12월 23일 제313-2005-00277호
주소 경기도 파주시 회동길 490
전화 02-704-1724   **팩스** 02-703-2219   **이메일** dasanbooks@dasanbooks.com
홈페이지 www.dasan.group   **블로그** blog.naver.com/dasan_books
종이 스마일몬스터   **인쇄** 민언프린텍   **후가공** 제이오엘앤피   **제본** 다온바인텍

ISBN 979-11-306-6588-7 (03670)